現代語で読む

新島襄

現代語で読む 新島 襄 編集委員会編

丸善出版

Neesima Joe

for

Today's Readers

1 箱館(函館市)を脱国した時の写真をもとに原田直次郎*が描いた新島襄の肖像画

2 湯浅一郎*が描いた新島の肖像画

③ 新島が少年時代に描いた水墨画——落款は「平涯」

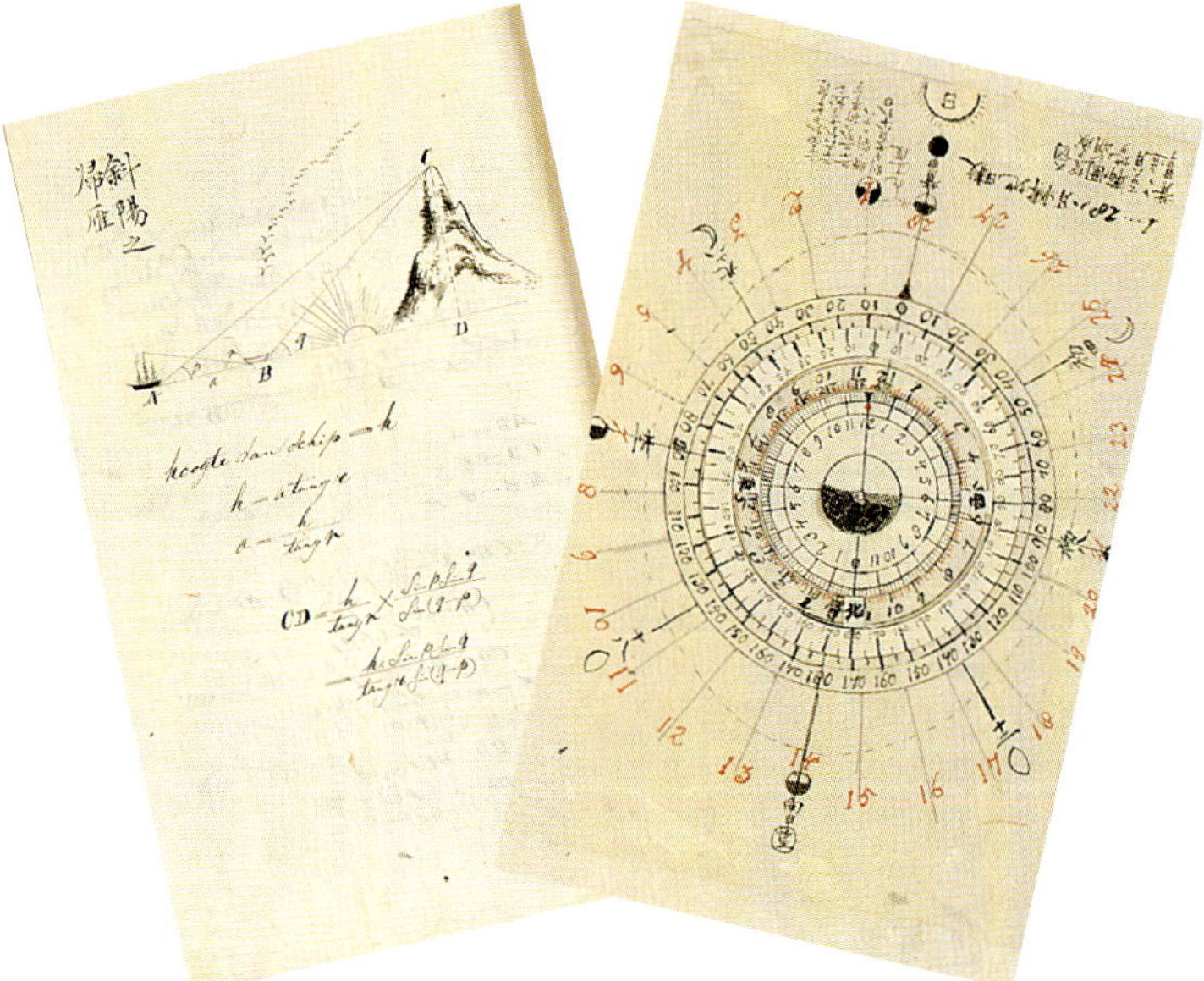

④ 新島が江戸で蘭学を学んだ時のノート

5 新島が玉島(倉敷市)、ついで箱館へ航海した快風丸

6 板倉勝静*——備中松山藩(岡山県高梁市)の藩主、主席老中。快風丸*を購入して各地と交易をし、新島に同船への乗船を許可した

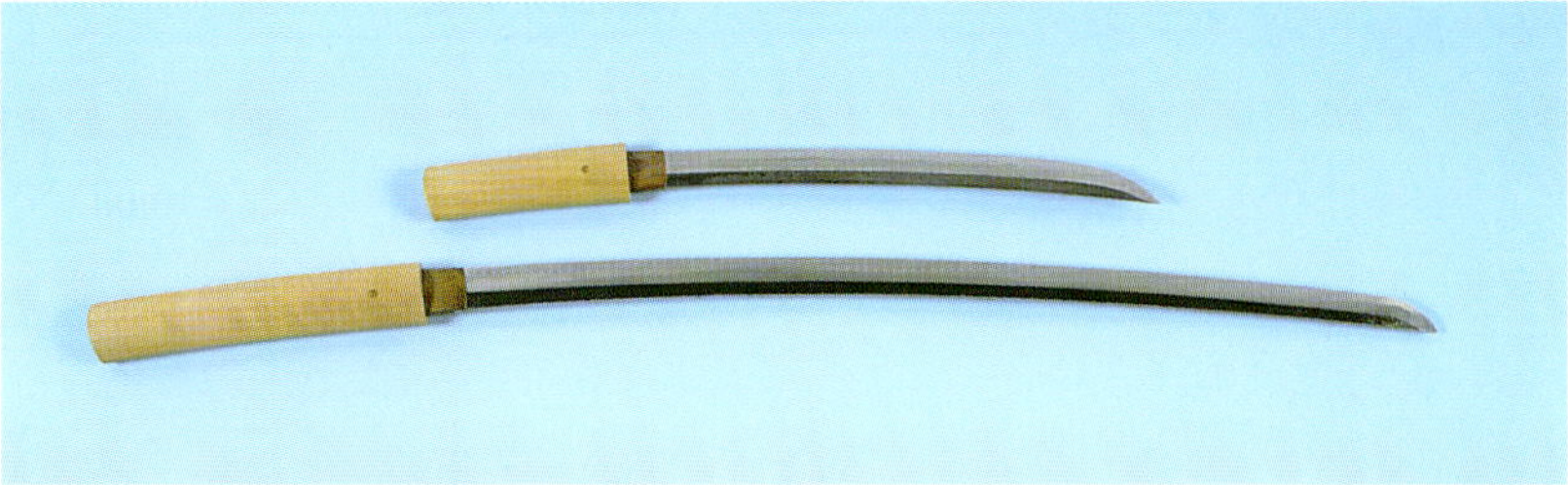

(7) 脱国時に新島が携えていた大小——太刀は船賃の代わりにH.S. テイラー船長*に渡し、小刀は香港で漢訳聖書を買うために同船長に買ってもらった。「武士」から「クリスチャン」への転身である

(8) ワイルド・ローヴァー号*——新島を上海からボストンまで運んだ船で、船主はボストンの資産家、A. ハーディー*

(9) 新島がフィリップス・アカデミーで学んだおりのノート類

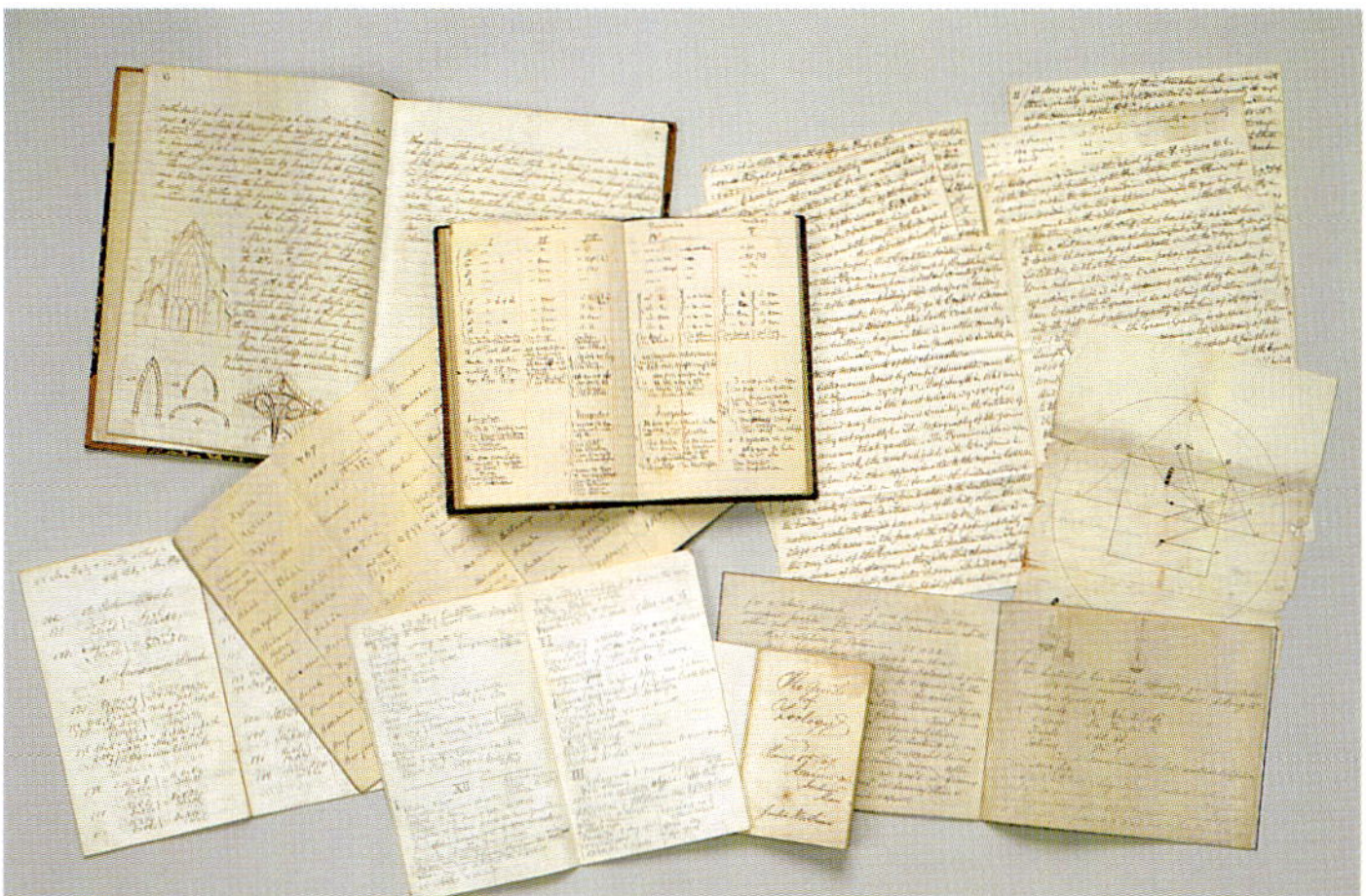

(10) アーモスト大学*で新島が使用したノート類

(11) 新島の留学中の「作品」で、アメリカ(マサチューセッツ州セーラム)のピーボディー博物館が所蔵する

(12) 新島を受け入れたA.ハーディーの邸宅で、ボストンのビーコン・ヒルに現存する

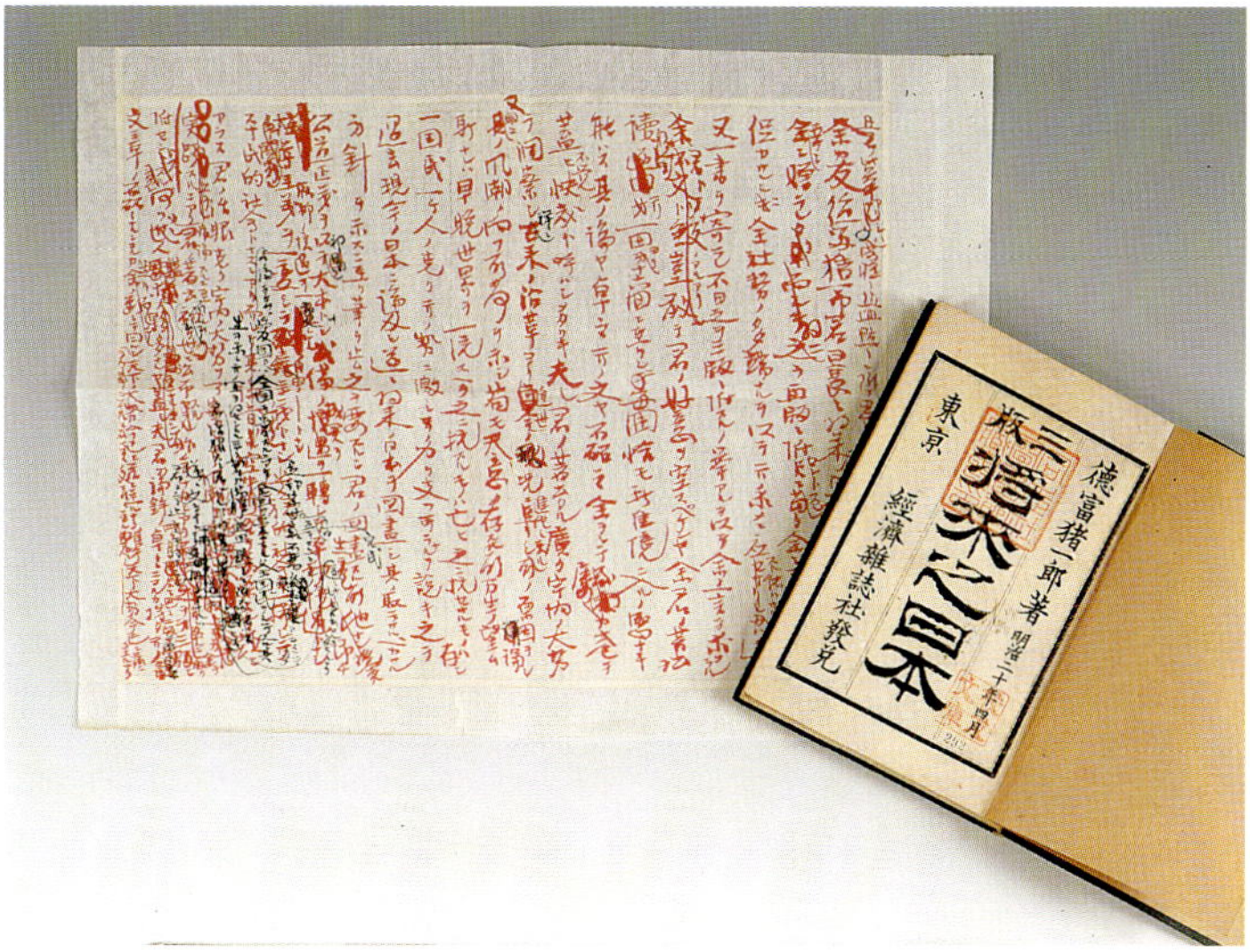

(13) 同志社での教え子、徳富猪一郎*（蘇峰）の出世作、『将来之日本』（3版）と新島が寄せた序文の草稿

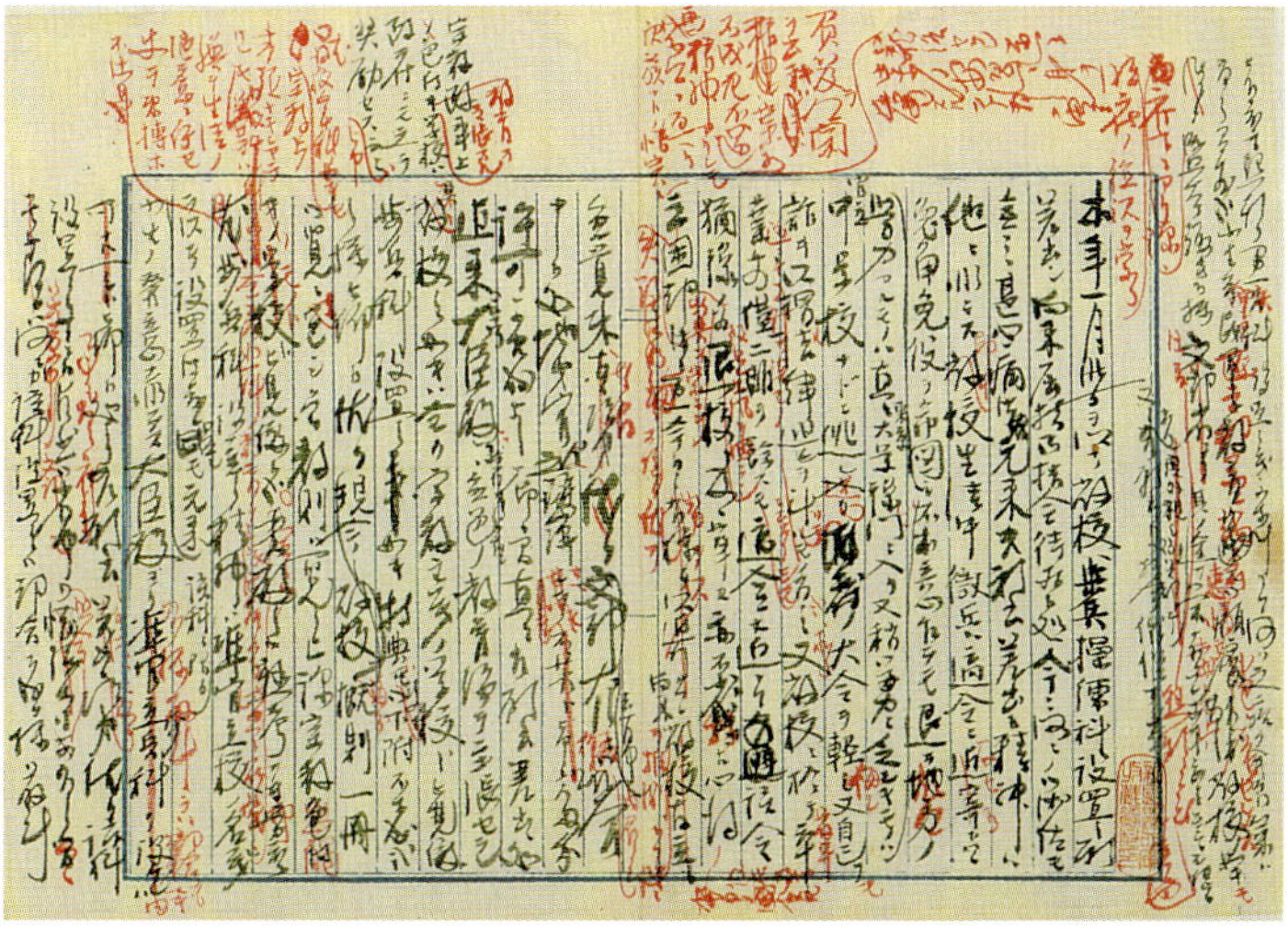

(14) 京都府知事、北垣国道*に出した新島の手紙（1886年9月6日）の下書きで、歩兵操練科ならびに神学科の設置要請に対する回答を求めている

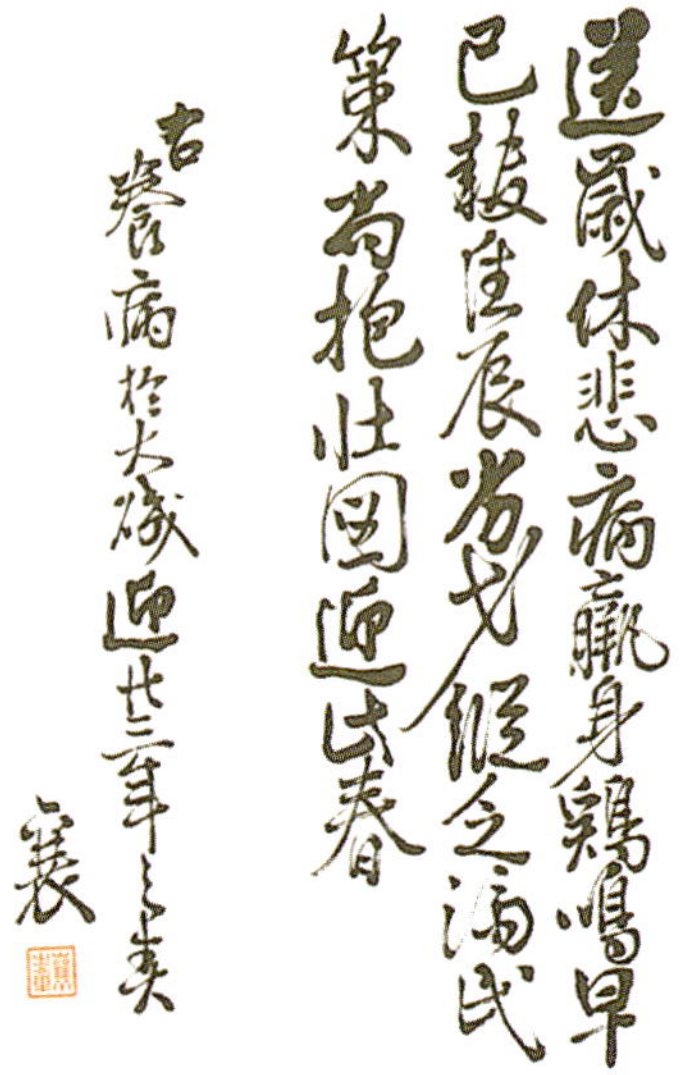

(15) 神奈川県大磯で迎えた正月に作った漢詩(1890年)——亡くなる３週間前の揮毫で、最後まで望みを捨てない決意があふれている

歳を送りて悲しむを休《や》めよ
病羸《びょうるい》の身
鶏鳴早く已《すで》に佳辰を報ず
劣才縦《たと》え済民の策に
乏しくとも
尚壮図を抱いて
此《こ》の春を迎う

(16) 久保田米僊*が大磯の百足屋の離れで描いた新島の臨終——手前の女性は新島夫人(八重*)

『現代語で読む新島襄』刊行に寄せて

新島襄がその生涯を通して書き記した、書簡、手記、日記、説教草稿、趣意書などのなかから選び出された七十七点の現代語訳をここに上梓することとなった。

新島襄は天保十四（一八四三）年、神田一ッ橋の安中藩江戸屋敷に生まれ、わが国の激動する幕末のなかに、多感の若き日々を送り、ついに意を決して国禁を犯し、アメリカ商船に搭じ、一年にわたる苦役に服したのちアメリカのボストンに到着した。その後、忍苦勉励して学問をおさめ、この地でキリスト教信仰を深め、また明治五年、岩倉具視全権大使一行とともに米欧の教育事情視察をともにして、世界的人類的視野を自らのものとすることができた。帰国して明治八年、京都に官許同志社英学校を創設したが、その後の生涯を苦難のなかにキリスト教伝道と教育に献げ、明治二十三（一八九〇）年、四十七歳を直前にして永眠した人物である。新島は一つの私立学校の創立者であるばかりでなく、明治初頭からのわが国近代化のなかにあって、キリスト教精神に生きた真摯な教育者、指導的な教育思想家であった。

新島が没して以来、すでに百十年を越えている。この間に、わが国の社会的、文化的環境は歴史的に大きく変化し、それに応じて、当時語られた明治の言葉は、現代に用いられている言葉とはほど遠いものとなっている。現代の人びとが、ことに若い人びとが、新島の信仰、思想、その念願を十分に理解し、新島を知るよすがとなる入門書であるために、本書は彼の書簡、日記などを現代語に訳し、できるかぎりわかりやすさを意図して編集されている。さらに、新島は幼少のときから絵画や書をよくしたが、その作品をはじめ、彼をとりまく環境や、友情をともにした人たちに関係する資料や写真なども加えて、数多くの人びとが読むに価するように工夫されているとともに、新島研究の最新の成果をも反映させた、歴史的、科学的研究によるものである。ここに選出された七十七点の資料は、すでに刊行されている『新島襄全集』全十巻（同朋舎）を底本としている。

この現代語訳は同志社創立百二十五周年を記念して企画されたが、その実現は内外から長く待望されていたものである。『現代語で読む新島襄』編集委員会の井上勝也教授、伊藤彌彦教授、本井康博講師、沖田行司教授、坂本清音教授、および事務局である同志社社史資料室の堀川宏前室長、河内谷亨室長、田村日出男事務長の方がたの、なみなみならぬご努力によって完成したものである。ここに記して深甚の謝意を表したいと思う。

二〇〇〇年十一月

同志社総長　松山義則

はしがき

二十一世紀を迎えようとしているいま、未来を担う若者、学生、生徒そして読書愛好家の諸氏に、現代語による新島襄の言説をとどけたいと思う。歴史の激動期にあって、新島襄は運命と格闘し、自分の人生および時代を開拓することを決してあきらめない人間であった。彼の文章が人を魅きつけるのは、その四十六年の短い人生を、抑圧の幕末に生き、新世界の米欧に生き、そして維新期の明治に生き、三つの世界で懸命に生きた生身の姿が浮かび上がってくるからではないだろうか。ただ彼は著述家ではなかったから、最初に載せた自伝的手記「私の青春時代」を除けば、ここに収録した文章のほとんどは人生の場面場面で出された書簡であり、あとは少々の演説、説教、手記、日記などである。

幕末、不本意人生を強いられていたこの青年は、偶然の機会をとらえて函館修学への合法的な家出と離藩に成功した。さらにそこから禁令を破って国外脱出の壮挙におよぶ。第一章に記録されたそこにいたるまでの意識の成長と行動の足跡はみずみずしい。

新大陸で出会ったのは、水準の高いニューイングランド文化圏の人間、生活、教育、宗教、政治、社会であった。人生意気に感じて、以来生涯にわたって新島襄を支援してくれることになったのはハーディー家の人びとであった。新世界では、女性も独立心と見識をそなえているのを発見し、車道と歩道を用意する政治のなかに東洋以上に「仁政」が実現していることを検証し、食後のプリンやパイに生活の豊さも知った。このころの手紙は祖国へ伝えた異文化情報としても興味ぶかい。こんななかで生活にとけ込んだキリスト教にふれ、近代文明の基礎がキリスト教と学校にあることを確信することになった。また新島の存在は渡米中の岩倉遣外使節団からも一目置かれたのであった（第二章）。

明治は時代の夜明けである。十年ぶりに帰国した新島襄のまえには、新しい時代を築こうとする諸勢力の渦があった。新島はキリスト教伝道と同志社英学校開設事業をもってその渦に加わっていった。自ら体験した文明を、日本人とくに青年に伝えようとする使命感に突き動かされていたかのようである。そして明治国家の性格が固まろうとする時期に、教え子徳富蘇峰の協力をえて、平民主義の原理を説き、開設される国会に期待を託し、大学設立運動に邁進するさなか、志半ばで病に斃れたのであった（第三章、第四章）。

いま振りかえると、封建の世から抜け出たばかりの日本に、新大陸で学んだキリスト教や市民社会や近代国家の原理、たとえば自由教育・自治教会・一国の良心を定着させようとした努力はあまりにも時代に先走っていたともいえる。むしろ市民社会やボランティアという言葉がやっと市民権をもち始めた今日、新島襄の思想は評価されるにふさわしい時節に達した感がある。それだからこそ二十一世紀をまえに、ここに現代語による新島襄の言葉を贈りたいと思う。本書をきっかけとして、次に本書の十数倍の情報量を有する『新島襄全集』全十巻を繙いていただくことを願ってやまない。

二〇〇〇年十一月

『現代語で読む新島襄』編集委員会（伊藤彌彦）

『現代語で読む新島襄』編集委員（ＡＢＣ順）

同志社大学文学部教授　井上勝也
同志社大学法学部教授　伊藤彌彦
同志社大学文学部嘱託講師　本井康博
同志社大学文学部教授　沖田行司
同志社女子大学学芸学部特任教授　坂本清音

《目次》

コラム・その3 188

第四章 宿志を託す（一八八六年〜一八九〇年）
――永眠まで――

《凡例》

一、本書は『新島襄全集』全十巻(一九八三年～一九九六年、同朋舎)を底本とする現代語訳である。

二、『新島襄全集』全十巻から興味深いと思われる資料七十七点を抜き出して現代語訳し、編年順に資料番号[1]～[77]を付した。ただし、資料[1]は後年の記録ではあるが、全体の理解に便利な伝記的な記述のためにあえて導入として最初においた。また資料[43]は『新島襄全集』では年月の特定に誤りがあるので、本来の所に置いた。

三、資料の選定、現代語訳ならびに編集は、『現代語で読む新島襄』編集委員会(一九九八年～二〇〇〇年)が担当した。委員会の事務局として同志社社史資料室から堀川宏、河内谷亨、田村日出男が加わった。

四、現代語訳にあたっては「わかりやすさ」を第一に心掛け、全訳を原則とした。ただし、日記のうち、資料[25]、[46]、[51]、[52]は重要部分だけの抄訳である。さらに、資料[37]、[42]、[55]は原文が断片的な草稿のために、論旨を明白にする必要から原文を取捨選択、あるいは前後を逆にするなどして、内容を再構成(編集)した。

五、それぞれの資料の最初に付した**【Ⅲ-四】**などの表記は出典表示で、原文が『新島襄全集』第三巻、四ページ(以下)に収録されていることを示す。

六、原文(漢詩をも含めて)は一部の漢語表現を除いては、再録しなかった。ただし、資料[8]は、新島襄の当時の英語力がうかがえる貴重な資料なので、現代語訳(a)のほかに原文の英文を全文、(b)としてあえて収録した。

七、段落(改行)、「　」、振り仮名(ルビ)は適宜、補充した。

八、原文の傍線、圏点(。)、イタリックスは傍点にした。

九、長文を複数の短文にわけ、逆にいくつかの短文を一文にまとめたり、接続詞を適宜、取捨したりして、読みやすくした場合がある。

十、本文中に＊を付した用語は巻末(二七九ページ～三〇一ページ)に簡単な注があることを示す。注の配列はＡＢＣ順とした。

十一、現代語訳がすでにあるものについては、それらを参照した。とくに資料[1]については児玉実英訳(『日本人の自伝』第三巻、平凡社、一九八一年)、ならびに北垣宗治訳(『新島襄全集』第十巻、一九八五年)を、資料[7]については北垣宗治訳(『新島襄全集』第十巻)を、そして資料[63]については(森中章光訳)『同志社大学設立の旨意』(同志社、一九五九年)をそれぞれ参照し、負うところが大きかった。

十二、写真、スケッチ、挿図などは口絵、本文をとおして通し番号(1)〜(164)を付した。その所蔵者（提供者）あるいは出典については巻末に一覧表（三〇二ページ〜三〇五ページ）で示した。

十三、訳注、資料[1]ならびに資料[63]の小見出し（原文にはない）は、〔 〕で囲んで本文とは区別した。（ ）の使用は原文のとおりである。

十四、全体の理解を助けるために各章の終わりにコラム記事を用意した。個々の記事ついては[3]のように通し番号を付して参照しやすいようにした。

十五、いわゆる「をも見よ」参照は、☞マークで表示した。

十六、暦（月日の表示）については資料[2]、[3]、[4]、[5]、[6]は太陰暦（旧暦）、それ以外は太陽暦（新暦）である。

十七、歴史的な地名（江戸、箱館、大坂）については配慮した。

十八、仮名遣いなどの用語表記については『朝日新聞の用語の手引き』（朝日新聞社、一九九七年）などを参考とした。

十九、各資料の解説や訳注などについては同志社編『新島襄書簡集』（岩波文庫、一九六六年）、『日本キリスト教歴史大事典』（教文館、一九八八年）、同志社編『新島襄――その時代と生涯――』（同志社、一九九三年）、『新島襄全集』全十巻、北垣宗治『新島襄とアーモスト大学』（山口書店、一九九三年）などを参照した。

二十、巻末の「新島襄略年表」は資料索引を兼ねるように収録資料を中心にして作成した。

第一章

千里の志（一八四三年〜一八六五年）

——渡米まで——

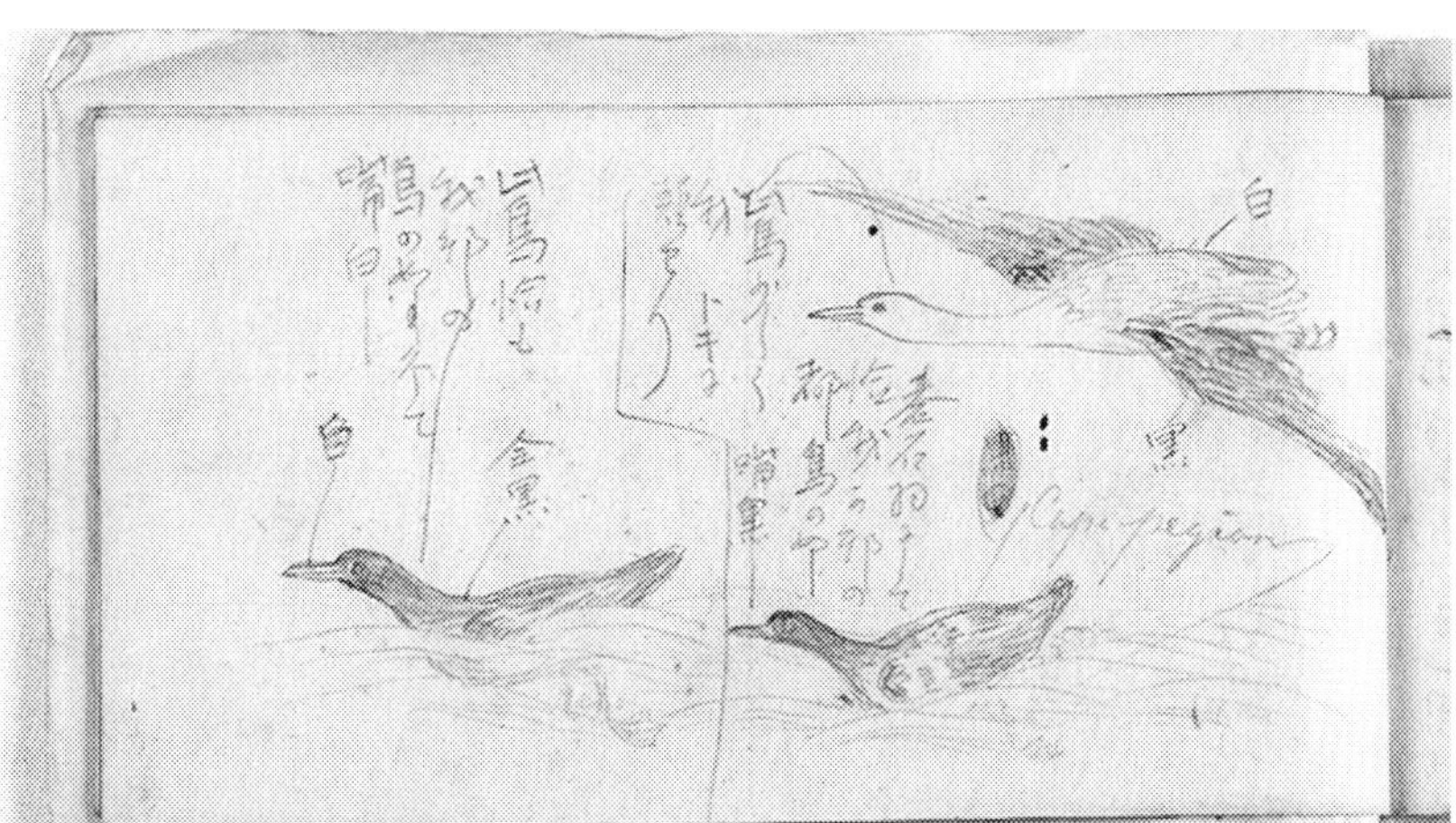

(17)インド洋を航海中に新島が日記に記した海鳥のスケッチ

1 私の青春時代（手記）

一八八五（明治十八）年八月二十九日

【VII-八、X-一二】原英文。四十二歳の時に、二十一歳で脱国するまでの半生を回想した新島の自伝的手記。二度目の渡米のおり、メイン州ウェスト・ゴールズバラにあるA*・ハーディーの別荘で書きあげ、後見人のハ*ーディー夫妻に献呈された。原文は無題であるが、文中の一句（my younger days）から「私の青春時代」と呼ばれている。

⑱ヴァーモント州ラットランド*のグレース教会に保存されていた新島の肖像画

[1] 1885

一八八五年八月二十九日　京都（日本）

〔A・ハーディー〕ご夫妻は物心両面で私の幸福のために限りない愛と絶えざる関心とを示してくださいました。実の親以上に負うところの多いお二人に心からの感謝と愛情とをこめて私の青春時代に関するこの短い手記を捧げます。

お二人の変らぬ息子
ジョセフ・ハーディー・ニイシマ

〔江戸藩邸で誕生〕

私は日本のある藩主〔板倉勝明《かつあきら》*〕に仕えていた家に生まれた。藩主は、江戸（一八六八年以降、「東の都」すなわち東京と呼ばれている）の市中、それも江戸城からさほど離れていない場所に藩邸を構えていた。

上野《こうずけ》〔群馬県〕にある彼の領地は安中《あんなか》と呼ばれる城下町で、江戸から京都へと直接通じる二本の街道のうちの一つ〔中山道〕に沿っている。城下町は人口四千人にも満たない質素な町で、江戸のほぼ北方約七十マイルの所に位置していた。江戸藩邸は、周囲を家臣たちの大きな屋敷で取り囲まれ、まさに正方形の形をした囲い地であった。

私は一八四三年一月十四日〔旧暦〕にこの囲い地の中で生まれた。私より先に四人の姉〔くわ、まき、みよ*、とき〕が生まれていたので、私はこの家族の中では最初の男の子だった。封建制度がしっかりと根をおろしていた当時、日本語でサムライと呼ばれる階級のしるしとして大小の帯刀を許されていた家では男子は女子よりもはるかに歓迎された。というのは父親が亡くなった場合、その身分と俸禄〔給与〕を相続するために家族には男子の相続人が必要であったからである。

　そのようなわけで私の誕生は家族、とくに祖父〔弁治《べんじ》〕*にとっては大きな喜びであった。彼は男の子が誕生したと聞いて「しめた！」と叫んだ。これは私たち日本人が、長い間心に抱いていた望みや願いがかなえられて大喜びする時によく用いる叫びなのである。

〔名前の由来〕

　太陰暦〔旧暦〕は太陽暦〔新暦〕よりも一ヵ月遅いためちょうどその時は正月の松の内にあたり、私たちにとってはめでたい時期であった。どの家にもシメ〔飾り〕と呼ばれる手の込んだ風変わりな飾りものがとりつけられていた。その飾りを家〔の軒〕からはずすという日の明け方、わが家に男の子が与えられたのである。シメは縁起がいいという理由で、それにちなんで「シメ〔七五三〕の男」すなわちシメタ〔七五三太〕と命名されたことは疑いない。

　しかし、近所の人の間では私が生まれた時に祖父が叫んだ「しめた！」という叫びにちなんで名前がつけられたという話が広がった。もしかすると二重の意味があるのかもしれない。とにかく私は七五三太と呼ばれ、わが国の習慣に従って、新島という苗字の次にその名が書かれることになった。私が赤ん坊だったころにわが家で起こった出来事についてはもちろん何も知らない。

〔宮参り〕

　しかし、記憶している限りでは私は家族、とくに祖父から可愛がられ、主に祖父の膝の上で育てられた。また時には祖母〔ます〕に背負われた記憶もかすかにある。母〔とみ〕*が縫い物やつくろい物などの家事で忙しい時には私は姉に背負われてよく戸外へ連れ出されたものだった。

　四歳の時、弟〔双六〕*が生まれた。その時どんなにうれしかったか今でもよく覚えている。弟がとても小さな赤ん坊だったことも覚えている。また、彼がもう少し大きくなって、こまを回してやったり、たこをあげてやったりすれば、どんなに喜ぶだろうかと思ったものだった。

　五歳の時、私は生涯の守護神と思われていたお宮の神のもとに連れて行かれ、私を守ってくれることに対して家族の感謝が捧げられた。それは、家族にとってはとても喜ばしい儀式だった。父*〔民治《たみじ》〕はその時、腰にさす小さな刀を二本買ってくれた。また、その儀式で着用する立派な絹の着物一式も作ってくれた。私は両親と祖父母に連れられて神社へ詣でた。帰りには飴や小さなたこ、こまなどあらゆる種類の玩具を手に持てないほど買ってもらった。

〔祖母の死〕

祖母があの世に旅立った時、人間の死というものがいかに深い感銘を与えるものであるかを知ったのをよく覚えている。祖母は気だての優しい女性で、晩年には貧しい人に惜しみなく施しをするのを常としていた。あれだけいつも施しをしてきたのだから祖母の安息の地はあの幸福な涅槃《ねはん》であるに違いない、とよく言われていた。

彼女が臨終のさい「ああ、参ります。参ります」と叫んだのをまざまざと思い出す。その時私は祖母が涅槃に入り、慈悲深い仏さまのふところに受けとめられようとしている、と思った。私は葬儀の日にどれだけ家の中が混雑したか、どんな風にして近所の人々が家にやって来て、どのように遺族を慰めようとしてくれたか、そして祖父があれこれと気前良く彼らにいろいろな菓子や食事や酒を振る舞ったかを覚えている。

当時私は六歳だった。葬儀が行われた時、私は葬列に加わり、時には歩いたり、時には男の人に背負われたりした。祖母が先祖とともに埋葬される墓地のある寺は遠かったために私たちは朝早く家を出た。寺の広間に通されると、紫や赤、黒の袈裟《けさ》をまとった僧侶が大勢現れて、太鼓をたたいたり、鐃鈸《にょうばち》を打ったり、お経を唱えたりして厳粛な儀式を執り行った。

幼いころ、父は毎月あるいは毎年の祭礼の日を守って、いろいろな神社にお参りするために私を連れ出してくれたものである。そういう日には神社の境内はあらゆる種類の屋台でごったがえし、絵、たこ、こまなどさまざまな種類の遊具をはじめ、菓子、飴、果物、花、植木などが売られていた。

〔父と祖父の信心〕

ここで忘れずに述べておかなくてはならないのは、父と祖父がいかに熱心な偶像崇拝者だったかということである。祭礼の日には二人は必ず神社にお参りしたし、また家の中にもたくさんの神々を祭っていた。居間の神棚には十二の神、客間にはさらに十二の神と先祖の位牌、そして台所にも少なくとも六つの神が祭られていた。

朝にはそれらにお茶とご飯を供え、夕方には灯明をあげた。お供えのたびに神々に深々と頭を垂れ、家族のために祈るのであった。私が思い出す限りでは、ふたりは家族の生命と繁栄とは神仏しだいであると信じきっていたに違いない。私は幼くて思慮がなかったので、祖父と父こそは世界で最良の人だと思っていた。

もちろん私は目のあたりにする彼らの行動を手本にして、立派な武士になれるよう知恵と技能を習得したいという子どもなりの大望を心に抱きつつ、しばしばこれらの物言わぬ偶像の前に頭を垂れた。

父は書道の教師だったので、書道と学問の神〔天神〕をとくに信仰し、そのお宮に詣でては息子が書道に熟達しますように、と祈るのであった。私が後継者となり、指導のさいの助手となることをどれほど切望していたかは、私にはよくわかっていた。私はあの退屈な仕事に専念する気は全くなかったが、少年時代には何年間にもわたり、父が丁寧に書いた手本〔山本流〕に従い、角張った文字を半日、何度も何度も書かされた。

〔親に口ごたえ〕

若いころに私が受けた家庭教育についてここで一つ例を出してみたい。ある日私は腕白ぶりを発揮して、母から頼まれた用事をしようとしなかった。そして母に叱られると、私は下品な言葉で口ごたえをした。祖父はそれを聞きつけ、まっすぐに私の所にやって来て、ひと言も言わずに私を取り押さえ、布団にくるんで押し入れに閉じ込めてしまった。閉じ込められてから一時間後に私はお仕置きから解放されたが、これこそ私が祖父から受けた最初の罰であったと思う。その時私は、この程度のささいな反抗にしては祖父のやり方は厳しすぎるという気がして、客間の隅で泣いていた。

しばらくすると祖父は私の所にやって来て、やさしく「もう泣かんでもよい」と言った。それから彼は私がそれまでに聞いたことがないような、やさしくて愛情に満ちた言葉で笹の話をしてくれた。

「憎んでは打たぬものなり笹の雪」（その意味は、もし若笹のことが心から好きでなければ、誰が笹を杖で打って垂れ下がった笹から雪をふるい落とすだろうか）という句を教えた後で、「七五三太よ、この意味が分かるか」と聞いた。そしてその意味を説明してくれた。「おまえはまだ幼くて、ちょうど笹のように柔らかい。わずかな雪の重みでも柔らかい笹が簡単に折れるように、もしおまえが悪い癖のためにだめになってしまうなら、どんなに悲しいことか。おまえをこのように罰した私を冷酷だと思うか」と。

私はその時、黙っていた。しかし、祖父が言おうとした意味と私を正すために祖父がどんなに温かい意図を持っていたかは、はっきりと分かった。私は自分の口ごたえを心から恥じ、祖父の罰は私への深い思いやりから出たものだと思った。この件は私の幼い心に深い印象を与え、それ以後、前よりもずっと素行が改まる契機となったと確信する。

〔遊びと怪我《けが》〕

しかしながら、私はほかの男の子たちと同様に快活でよく遊んだ。こま回し、輪回し、それにたこあげが大好きだった。とくに好きなのはたこあげで、たこをあげに出て行くと食事の時刻に帰宅するのをよく忘れ、母を大変困らせた。このために父は、一切たこを買ってくれなくなった。

そこで父に内緒で、私はたこを作るのに必要な一切の材料を確保し、独りで一級品のたこを作りあげた。そのたこが青空にまっすぐあがるのを見て、どんなに胸が高鳴ったか、とても言葉には表せないほどであった。

走ったり跳んだりすることもまた大好きだった。左のこめかみの上にある傷跡は誤って転んだ時のものである。それは私にはとても大きな屈辱であり、そのためにおよそ二ヵ月間も家から出られなかった。

それ以来、私は子どもっぽい乱暴な遊びとは手を切り、家にいるほうがよくなり、勉強や書道をするようになった。私はまた隣人〔江場新太郎〕から絵の手ほどきを受け、伝統的な日本画流に遠近法を使わないで鳥や花、樹、山を描いた。当時私は九歳になったばかりだった。

〔作法を習う〕

私は跡取り息子であったから、藩主に仕えている上級の家臣に対して深々とおじぎをするように、と母からとりわけ注意されていた。上級家臣たちに引き立てられて、私が父よりも高い地位につけるように、というのが母の望みだった。しかし、私は周りの若者とは違って上級家臣に対して非常に丁寧なおじぎをしたり、お世辞を言ったりするようなことには全く関心を払わなかった。子どもなりに私は、そのような行為に対して反発していたのだろう。

さらに、私はとても内気で、しゃべる時に多少どもることがあり、初対面の人と話さないといけない場合には、はっきりとものを言うことがほとんどできなかった。時には近所の人と話すことさえ、避けるほどであった。これは母にとっては大きな心配の種であった。

母の勧めなのか父の決断なのかは分からないが、私は礼儀作法の塾に通わされることになった。その塾で身分の高い人と接する際にとるべき、もっとも丁寧なおじきの仕方や上品な立ち居振舞いなどを習い、礼儀正しい言葉の使い方を身につけた。私には先生が全く天才に思えた。先生は面白い話をしてくれて、できるだけ頻繁に塾に来るようにと言ってくださった。私は伝統的な礼儀作法を習得するのにたしか一年以上の月日を費やしたと思う。だがその時には、そのありがたさについては気がつかなかったのである。

〔家老のお気に入り〕

私の少年時代の出来事はすべて藩主が所有する正方形の囲い地〔藩邸〕の中で起こった。それはほんの小さな区域ではあったが、私にとっては決して小さな世界ではなかった。そこで起きたどんな出来事も、そこで流されたどんな噂も子どもの私には大事件だった。とりわけ藩主は私たちにとってはつねに恐怖であった。藩主は思うままに私たち家来を不届き者として首をはねたり、追放したりできた。藩主から示されるちょっとした好意でも、私たちには大変な幸福に思われた。それゆえ藩主に仕える者は誰でも、藩主の領地を事実上管理している家老たちを通して藩主にとり入りたいと願ったのである。

私が幼かったころ、父はよくそのような家老のひとり〔*尾崎直記《なおのり》〕の所に私を連れて行った。その後は父に伴われず、自分ひとりで彼の屋敷に行った。というのも、来たい時にはいつでも来なさいと言ってくれたからである。彼には子どもがいなかったので、特別の用がない時には私が遊びに行くといつも喜んでくれた。夕方までそこにいて、彼の膝の上で眠ってしまい、よく彼に抱かれて家に帰ったものであった。絵を描き始めたころには、よく絵を持って彼の家まで見せに行った。彼は絵が上達したのを見て心から喜んでくれた。

彼は客があるとしばしば私を呼び出した。私は礼儀作法の塾で作法、とくに食事や宴会の席で来客に酒をついだり、もてなしたりする社交術を習得していたため、そうした場面では非常に重宝がられたのである。

彼は先祖〔の墓〕や神社にお参りするのによく私を連れて出かけた。本当に私は彼になついていた。私をまるで自分の息子のように可愛がってくれたからである。彼は乗馬の名手であり、弓術でも達人だった。そのうえ品性のある人だった。藩主の極端な気まぐれや深酒に対してよく彼は藩主を諫《いさ》めたものだった。そのため藩主は彼をそばにおくのを煙たがり、昇進と言う美名のもとに自分の名代〔城代家老〕にして城下町の安中に追いやってしまった。

彼が安中に向けて江戸を出発しようとする日は、私にはどんなに辛かったことか。私は父やその他大勢の人々と一緒に、あの大都会の外れまで彼を見送りに行った。最後のお別れをする時、私は激しく泣いた。彼もいくらか感傷的になったようだが男らしくそれを抑え、私には愛情に満ちた感動的なほほえみを見せた。

彼の別れの言葉は「七五三太よ、さようなら。良い子になれよ。大きくなったら安中まで会いにくるんだぞ」であった。そして彼はお供の者たちに出発の合図をした。彼は多くの供を従え駕籠《かご》に揺られて去って行った。私はひどく疲れ、落胆して父とともに家路についた。

これは私が十歳になるまでに起こった重大事件の一つだった。同じくこの間に私の姉二人〔くわ、まき〕が結婚した。

〔ペリー*が浦賀に〕

ちょうどこのころ、わが国は非常に憂うべき状態にあった。人々は三世紀近くの間、徳川家の支配のもとで平和に慣れきっていた。彼らの掟は厳しく不動であった。上級役人たちは極度に疑い深く、またおそろしく高圧的であった。人々の希望はことごとく踏みにじられた。武士たちの多くは刀の使い方をほとんど忘れてしまった。鎧《よろい》は骨董品として蔵にしまいこまれ、朽ちて使えなかった。

実際、人々は臆病と堕落に染まり、軟弱になっていた。放蕩の気風はほぼ全国に広がっており、まさに何らかの改革が必要であった。先見の明のある少数の愛国者たちはこの悲しい状況を嘆き、本格的な革新の希望を抱いていた。しかし、それを実現することはほとんど期待できそうにもない状態であった。

ちょうどそのころ〔一八五三年〕、ペリー提督が指揮する有名なアメリカの艦隊が、突然わが国の海域に現れた。このことは国内におそるべき動揺をもたらした。人々はアメリカの大砲のものすごい音に驚愕《きょうがく》した。しかし、日本の指導的な藩主のほとんどはアメリカ人に対して実に性急な攘夷論を唱え、アメリカ船をわが国の海域からただちに追い出すように幕府にさかんに求めた。

しかし、わが国には要塞も軍艦も大砲も、さらには戦闘の訓練を受けた軍隊も無かった。大老や老中たちは、アメリカ人をわが国の海域から追い払う試みがいかに無益であるかをすぐに見抜いた。彼らはアメリカ人の動機が全く平和的であることも知っており、通商のためにいくつかの港を開くことに同意した。

まさにこのアメリカ人との条約が締結されたために間もなくヨーロッパの列強との間にも同様の条約が締結されたのである。しかし、老中や大老たちがとったこのような措置は性急に攘夷を訴える藩主たちを憤慨させた。あらゆる種類の批判が幕府に向けられた。将軍は彼らから臆病者とか野蛮な外国人の奴隷などと呼ばれた。

やがて党派心が燃えあがり、九州や四国の指導的な藩主は同盟を結び将軍にさからって立ちあがった。彼らは血気にはやる若い武士たちを全国に送り、将軍の失政や諸外国に対する人々の憎しみを煽《あお》りたてた。

王政復古と野蛮な外国人打ち払いの叫びはほとんど日本中に広まった。それはわが国における革命の出発点であり、革命は幸運にも王政復古をもたらした。またわが国が外国人を沿岸から追い払うかわりに外国との自由な通商を開く結果にもなった。

〔わが藩主・板倉勝明〕

日本の歴史上、異常なこの時期に関連して私の藩主について少し述べなくてはならない。彼は漢学に精通しており、国内の藩主中もっとも傑出した学者としてよく知られていた。先見の明があり、意思も固かった。アメリカの艦隊が日本の海域に現れるおよそ五、六年前にほとんどの時間を世間から隔離された藩邸の中で過ごしてきたにもかかわらず、この藩主は、わが国の軍事制度は改善されなければならないこと、人々はより良い教育を受け、もっと知的にならなくてはいけないことを察知していた。

彼は家臣の中から二、三の将来性のある青年を選び、幕府の全面的援助によって建てられたばかりの講武所*に入学させた。彼は家臣に命令を下して、老人の一部を除いてすべての者に剣術と馬術の訓練を受けさせた。さらに彼は漢学の学問所を設立し、若い家臣に強制的に教育を受けさせた。

彼は若い時分に酒に溺《おぼ》れたり、気に入った友人や家臣に高価な贈り物をするのが好きだったので、いざ家臣たちに外国製の武器を装備させようとしても資金はほとんど底をついていた。オランダ人が日本に持ちこんできたばかりのヨーロッパ製の大砲や小銃を購入するためには、自分の領内に住む農民や商人に特別の税を課すしかなかった。彼は藩内の仏教寺院から青銅の鐘をすべて没収し、それで多くの野砲〔軽カノン砲〕、臼砲《きゅうほう》〔砲身の短い火砲〕を鋳造した。そのような途方もない努力をして、ようやく彼はすべての家臣が使用するのに足りるだけの新式の大砲や小銃を準備させることができた。

藩主の命令を受けて私は十一歳の時に馬術の訓練所と剣術のけいこ場にそれぞれ通い始めた。馬術は剣術ほど面白くはなかった。馬はよく訓練されておらず、中には全く手に負えないのがいて、馬に乗るというよりもその背で運ばれているような状態であることがよくあった。

〔漢学と蘭学〕

十四歳の時に私はこういった武術をやめ、漢学の勉強に打ちこんだ。ちょうどそのころ、藩主は蘭学に精通したある日本の学者（田島順輔《じゅんすけ》）を藩に招き、その風変りな言語を家臣に教えさせた。藩主は家来の中から三人〔菅沼総蔵、岡村喜四郎、新島七五三太〕だけを選び出し、彼の授業を受けさせた。私はその時選ばれた三人の中の一人であり、しかも最年少であった。私はこの教師についておよそ一年間オランダ語を学んだ。

彼の学識はやがて幕府の知るところとなり、彼は長崎〔海軍伝習所〕に行って機械工学と航海術をオランダ人から学ぶように指名された。彼が長崎に行ってから、私は徐々にオランダ語を学ぶ興味を失い、しばらくオランダ語を学ぶのをやめてしまった。一方その間に私の漢学はかなり進歩した。そのため私は藩主にとくに引きたてられ、学問所の助教に任じられたので、漢学の研究にいっそう興味を持った。

〔勉強意欲をそがれる〕

そのころ藩主は重病にかかり〔一八五七年四月十日に〕

亡くなった。それは私にとって大きな失望であり、悲しみであった。彼の弟〔板倉勝殷《かつまさ》〕が後を継いで藩主となったが、彼はどの点から見ても亡き兄にはるかに劣っていた。家臣たちの境遇を改善する気は全くなかった。藩邸内のすべての事柄がそれまでとは違った様相を呈した。

彼の主な楽しみは飲食であり、自分の家臣を昇進させたり罷免したりするのにお気に入りの妾《めかけ》の意見を取り入れることが多かった。その時、私は勉強を続けていく望みがすべて失われていくように感じた。

しかし、私は自分の目的を遂げるのを怠ったわけではなく、できる限り勉強を続けて行こうと努力した。だが、父は私がそれ以上学問を続けるのが賢明なのかどうか疑い始めた。父は生徒の中によく見かける無礼で軽率な連中に私が影響されないか、と心配していた。

そのうえ父は、私に書道塾の後継者になってほしいとの希望をいぜんとして持っていた。そこで私の勉強に口をはさみ、書道の指導を助けるようにとしきりに言い始めた。しかし、私はあまり気が進まなかった。

当時は息子が父親の命令に背くなどということはほとんど不可能であったので、私は父に従うほかなかった。私の目的が達成できるといえば、私の漢学の教師〔添川廉斎《れんさい》〕*と前にも述べた安中の紳士〔尾崎直記〕から何らかの方法で引き立ててもらうことだけであった。

そのことについて深く考えているうちに、そうした方々が二、三ヵ月の間に次々と亡くなった。その時はどんなに落胆したことか。私は何度も心の中でこう叫んだ。「お殿さまも先生も亡くなった。最後の望みの綱をかけていた安中の知人〔家老〕も僕から取り去られてしまった。僕はなんと不幸な人間なのだろう。勉強を続けていくのを助けてくれる人はいないのだろうか。僕のこれからの運命はどうなるのだろうか」と。私はこの世の中に独りぼっちにされ、頼るべき人がいないような気がした。

〔出仕にいや気〕

十六歳になると、私は藩主に仕え始めねばならなくなった。藩邸の正面玄関に続く狭い執務室に座っているのが私の職務であった。そこには常に六人以上の者が詰めていた。私たちの務めは玄関番で、藩主の外出や帰宅のたびに私たち全員は玄関の片側に一列に並んで座り、藩主に向かって畳の上で深々とおじぎをしなければならなかった。

それ以外では私たちは藩主の記録係であった。しかし、私たちの主な仕事は、頻繁にお茶を飲みながらばかげたうわさ話をしたり、しゃべったり笑ったりして、時間を費やすことであった。私には連中とつきあうのがほとんど耐えきれなかった。しかし、私にはそうしたつきあいから逃れる術《すべ》はなかった。それればかりか、執務室での私の勉強は彼らにずいぶんと邪魔をされた。

私が十七歳の時の早春、藩主は将軍の命により約三世紀前、日本全土を平定して統治した有名な英雄、秀吉が建てたあの巨大な城を警護するため大坂〔大阪〕に赴いた。当然ながら藩主は多くの家臣を連れて行った。父もその一人であった。

父は祐筆職〔書記〕として藩主に随行して行ったので、父の塾は私の手に委ねられた。私はまた藩主からも父の留守中、江戸藩邸で祐筆職となるように命じられた。私は家と藩邸での二重の義務に追い回される一方で、ヨーロッパ諸国の事情を知りたいという新たな欲求が起こり、どうしてもそれを抑えきれなくなった。

当時は私たちが学びうる唯一のヨーロッパの言語はオランダ語であった。私は家から一マイルも離れていないところに優れたオランダ語の先生を見つけた。多くの義務に縛られてはいたが、少しでも時間を見つけると、私はそこへ通った。

しかし、その新しい勉強に強く興味を持つようになると、私は藩主と父とから有無を言わさずに課せられていた義務を怠り始めた。私は執務室にいるように命じられていたけれども、よくそこを留守にした。私はわざとそうした。というのも、藩主の命令を無視したという理由で免職されるのを望んでいたからである。しかし、私の代わりになる人がいなかったので、なおも私はその執務室に留められていた。

度重《たび》なる私の不在のために留守中藩邸を預かっていた上級役人には多大な不便が生じた。彼は書類をたくさん書かせるために執務室にやって来ても私がいないので、よく私を叱責《しっせき》した。しかし、私はそれを気にしなかった。ただもう、すぐにでも私を免職してほしいと彼に懇願するばかりであった。彼は自分の手に負えないことに気づくと、私の祖父をよく呼びつけて、祖父をも叱責した。そこで祖父は、私の勉強に干渉し始めた。

しかし、この苦しい状況の中でさえ、私はいぜんとして頑固に勉強を続けた。父が大坂から帰ってきて職務に復帰したので、私はやっと解放された。しかし、それでもなお藩主の務めから完全に逃れられたわけではなかった。

〔家出の計画〕

ちょうどその当時、わが国はおそろしく動揺した状態にあった。暗殺と流血がほとんど毎日のようにあちこちで起こっていた。臆病な私の藩主はこのことに恐れをなし、家臣の中から数多くの青年を選んで自分の護衛とした。不運にも私はそのうちの一人に選ばれてしまった。藩主が藩邸から外出する時にはいつでも私は随行せざるを得なかった。

十八歳の年の早春、私は遠く安中までもお供した。もちろん藩主は駕籠《かご》に乗り、私たち護衛の者は徒歩でついて行かねばならなかった。そのような苦役を強いられるのは、私には耐えがたいことであった。

安中から戻ると、私は藩主に対する務めにすっかり嫌気がさしていた。それから逃れるために私はしばしば家出の計画を立てたが、それを実行に移すほどの勇気はなかった。自分の家に非常に愛着があり、両親や祖父を深く悲しませたり、彼らに不名誉を与えたりするのではないか、と懸念したからである。

このような苦しい板ばさみの中にあっても私は望みのない先行きに落胆することなく、藩主に仕える家老のうちの一人〔横井保吉、のちの源右衛門〕から助力を得ようと試みた。彼の力のおかげで、私は藩主の務めを一部免除された。勉強できる時間が増えると分かった時、私はどんなにうれしかったことか。

〔オランダ軍艦を見て圧倒される〕

当時の私は、物理学や天文学に関する簡単な論文を読める程度にはオランダ語をすでに身につけていた。しかし、数学に関しては全く知識がなかったので、数学の論文に出てくるもっとも簡単な計算でさえ理解できなかった。そこで私は早速、江戸に開設されたばかりの幕府の軍艦教授所〔後に軍艦操練所*〕に行き、数学の授業を全くの基礎から受けることにした。そこは当時、有能な数学教師を見つけることができる国内唯一の学校であったと思う。そこでは教師たちから外国の蒸気船について話を聞く機会があったので、時には実物を見たいとも思った。

ある日、たまたま江戸湾沿いを歩いていると、オランダの軍艦が何隻も碇泊しているのが目についた。軍艦はなんと威厳に満ち、おそろしく見えたことだろう。威風堂々としたこれら海の女王たちとわが国の不恰好で不均衡な帆掛船とを比べてみた時、そのような軍艦を造った外国人は日本人よりも知性に富んだ優秀な人々だ、と納得するよりほかなかった。

　それは私にとってわが国の全面的な改善と革新を求めるという大志を奮起させるための強力な実物教育のように思われた。最初にすべきことは、海軍を創設すること、ならびに外国貿易を促進するために洋風の船を建造することであると私は考えた。この新しい考えが、すぐさま航海学の勉強へと私を駆り立てた。

　二年間、猛勉強をした結果、私は算数、代数、幾何学をやり終え、また航海学の基礎理論をも習得した。しかし、悲しいことにひどい麻疹《はしか》にかかって私の勉強は中断した。病気は大変重く、私は完全に衰弱した。そしてほとんど三ヵ月もの間、休学を余儀なくされた。だが、まだ衰弱してはいたが、私はオランダ語の本で代数を勉強し始めた。戸外に出られるくらいに体が回復するころには、もうそれを終えていた。

　しかし、こうして一見回復の兆しを見たものの、病気は私に大きな打撃をもたらした。視力の低下、頭痛、不眠が次から次へと私を襲い、とうとう私はしばらくの間、勉強を断念せざるを得なくなった。

〔玉島へ初航海〕

　同じ年の冬、私は玉島〔倉敷市〕という岡山の少し先の海港へ初めて蒸気船〔実は帆船の快風丸*〕で航海する機会を得た。その洋式帆船は〔備中〕松山藩主〔板倉勝*《かつ》静《きよ》〕が所有するもので、彼は私の藩主と密接な関係〔安中の板倉家の本家〕にあった。そのため彼は無償で乗船を許してくれた。

　江戸に戻ってくるのに三ヵ月あまりかかったが、私はその航海を心から楽しんだ。しかも、私が青春時代のすべてを過ごした安中藩主の正方形の囲い地〔江戸藩邸〕――そこでは私は、天というものが四角形で切り取られたほんの小さな一区画でしかないと思っていた――からはるか遠くに離れたのは有益なことだった。

　これが、いろいろな人々と交わり、さまざまな場所を目にする初めての体験であった。この航海によって私の精神的な視界は明らかに大きく広げられた。大坂の町を訪ね、初めて牛肉というものを味わった。

　自由への新鮮な思いに満たされたので、私は幕府と関係を取り持つことにより、藩主の義務から免れることも考えた。それを実現する方法とは、航海士として幕府に雇われることだった。

しかし、幕府の海軍に雇われている人々の生活ぶりが少し分かると、その計画は間もなく私の頭から消えてしまった。下品で放蕩な彼らの生活に私は衝撃を受けた。彼らとはつきあいたくなかった。

そういうわけで、私は藩主との関係を断つ道を全く見出せなかった。それでもなお自由を手に入れたいという私の強い願望は、藩主を無視し彼に服従しないようにしようという確かな動機となっていた。無理やり小銃をとらされ、彼の兵士となる準備をさせられたが、私はその命令をきっぱりと拒否した。

〔尊王派に共鳴〕

当時、国内では戦争の暗雲が色濃く立ちこめ始めていた。私の藩主は、勢力を増してきた尊王派に対して不運な将軍〔徳川家茂《いえもち》〕のために立ちあがらざるを得なかった。私個人としては尊王派に強く共感していたので、しばしば彼らに加わりたいと思った。

しかし、私を両親や祖父と結びつけていたのと同じ親愛の絆《きずな》が、いぜんとして私と藩主をもつなげていた。それは私にとってもう一つの厳しい試練であった。そのため私は極度にいらいらし、怒りっぽくなった。

もしこの試練から私を救い出して慰めてくれる友人がいなかったら、私は完全に駄目になってしまっていただろう。その友人は一緒にオランダ語を勉強しようとよく自宅に私を招いてくれた。しかも、彼は私よりもはるかに勉強が進んでいたので、私にとって大いなる助けとなった。

〔ロビンソン・クルーソー物語〕

また彼は、読むべき本をたくさん私に貸してくれたが、その中にロビンソン・クルーソー物語の日本語訳があった。その本により外国を訪ねてみたいという願望がかきたてられた。私はたいそうその本が気に入ったので、祖父にもそれを見せ、ぜひ読んでほしいと強く勧めた。それを一読すると、祖父はおごそかにこう誡《いまし》めた。「七五三太よ、こんな本は読んではならない。お前の道を誤らせはしないか心配だからだ」と。

そのころ私は、藩主から私塾に通う許可を得ていたので、出勤の義務がない時にはそこで過ごすこともあった。それからしばらくして、友人が私にたくさんの漢文の書物を貸してくれた。その中の一冊は、中国北部伝道に携わった牧師〔アメリカン・ボード*宣教師〕、ブリッジマン*博士が書いたアメリカ合衆国の歴史地理〔『連邦志略』*〕の本であった。

そのほか中国にいたイギリス人宣教師が書いた簡単な世界史の本や、ウィリアムソン博士の小雑誌もあった。そして私の好奇心をもっとも刺激したのは、上海か香港で発行されたキリスト教に関する二、三の書物であった。

〔「天父」を発見〕

私はそれらの書物を夢中になって読んだ。疑う気持が起きた反面、畏敬の念に打たれもした。以前に勉強したオランダ語の本を通して、「創造主」という名称は知ってはいたが、漢文で簡潔に書かれた、聖書にもとづく歴史書で神による宇宙の創造という短い物語を読んだ時ほど創造主が身近なものとして私の心に迫ってきたことはなかった。私は、私たちが住んでいるこの世界が神の見えざるみ手により創造されたのであって、単なる偶然によるものでないことを知った。

そして同じ歴史書において、神が「天父」とも呼ばれているのを知り、神に対していっそう畏敬の念を持つようになった。なぜなら、私にとって神は単なる世界の創造主以上の存在として感じられたからである。これらの書物すべてのおかげで、生まれてから二十年間、見えなかったものがいくぶんかすかに私の心の目に見えるようになった。

当時、外国人宣教師に出会うことは不可能だったので、私は多くの疑問点について説明が受けられなかった。そこで私は福音が自由に宣《の》べ伝えられていて、神のみ言葉を教える教師たちが派遣されて来る土地をすぐにでも訪ねてみたいと思った。神を私の「天父」と認めたからには、私はもはや自分の両親と分かち難く結ばれているとは感じなかった。

私は、親子関係についての孔子の教えは、狭すぎて間違っていることに初めて気がついた。その時私は、「僕はもはや両親のものではない、神のものだ」と心の中で言った。その瞬間、父の家に私を固く縛りつけてきた強い絆は、ばらばらに断ち切られた。私はその時、自分自身の道を進まなければならないと感じた。私は地上の両親よりも「天父」に仕えなければならない。この新しい考えが私を力づけてくれたので、藩主を捨て、家や祖国を一時離れる決心ができた。

〔箱館行きの作戦〕

ある朝、江戸の通りを歩いていると、全く思いがけないことに〔前年〕玉島への航海の時に知り合った友人*〔加納格太郎〕に出会った。彼は藩主の洋式帆船〔快風丸〕が三日以内に江戸を出港して箱館〔函館〕に行く予定になっていることを私に話してくれた。

彼は私がまだ航海に興味を持っているのを知っていたので、箱館までこの船で短期の航海をする気がないか、と言った。おそらく彼にとってはあいさつ代わりの質問だったであろう。しかし、私にとってはそれは大いに興味をひく質問であった。彼は足早に去って行った。私もこの件では何もはっきりしたことを言わないで、先を急いだ。

しかし、彼と別れたとたんに、一つの考えが稲妻のように私にひらめいた。箱館に行くこの機会を逃してはならない。そこから外国への脱出を試みるのだ、というものだった。そうなると、問題はどうやってこの機会を利用するかであった。私の藩主が箱館のような遠隔地へ行く許可を与えてくれそうにもないことは、私には分かり過ぎるほど分かっていた。その時私は、目的を達成するためにもっともうまくいきそうな方法は、藩主や両親に言い出す前にまず洋式帆船の持ち主である松山藩主の許可を得ることであると考えた。

私は帰宅しないで、松山藩主に信任の厚い家臣*〔川田剛か〕のもとに直行し、藩主の好意で箱館まで無償で船に乗せてもらえるようにとりなしてほしいとお願いした。私は以前からその家臣とは知り合いだったので、彼は喜んで会ってくれ、私に代わってすぐにその件を藩主にもちかけてくれた。

その時に松山藩主と取り決められた内容は、彼が箱館に向かう自分の船に私を雇い、安中藩主に私の渡航許可を願い出てくださるというものであった。松山藩主は私のすべての要求を喜んで承諾し、職務免除の許可をとるために安中藩主に使者を送ってくださった。使者は安中の藩主から即断で承諾の返事をもらってくるようにとくに言い含められていた。もちろん私の藩主は、松山藩主から出されたこのような特別な要求を拒否することはできず、その場で使者に承認の答えを出した。これで私の問題はまんまと解決し、私が箱館へ出発するのを妨げることができる者は誰もいなくなった。

〔送別会〕

この知らせが父のもとに届いた時、彼はすっかり困惑してしまった。彼は私を行かせることには全く乗り気ではなかったが、藩主の命令を変えることはできなかった。近所の人々や知人たちも皆驚いた。準備のためには時間を無駄にすることはできなかった。しかし、母や姉たちの大奮闘のおかげで、出発する準備がすぐにすっかり整った。

家を離れなければならないと決まってから二日後に祖父はご馳走を並べた夕食を用意して、近所の人々や友人たちをわが家に招待した。一同は客間に車座になった。銘々の前に低いお膳が据えられ、食事を始める準備が整った時、祖父は冷水が入った盃を回した。私たちはそれに少しずつ口をつけた。これは二度と再び会えないかもしれないという時に日本で一般的に行われる厳粛な旅立ちの儀式の作法に従ったものであった。

人生経験の浅い私にとっては何というつらい時間だったであろう。というのも同席した者は皆泣き、私と祖父以外は誰一人として顔をあげる者がなかったからである。祖父はうまく涙を隠し、いつになく快活さを装った。私は雄々しさを失わないでいた。

夕食が終わると祖父は私にこう言った。

「七五三太よ。おまえの未来は満開の花の山に行楽に行くようなものだ。〔祖父は「行けるなら行って見て来よ花の山」の句で激励したという〕。何の心配もせずに自分の道を進め」と。

祖父の口から思いもかけない言葉が出たので、男らしく家を出立する勇気が十分に与えられた。そこで私は祖父、両親、姉たち、そこに招かれていたすべての人々に別れを告げて、広大な世界を見るまでは二度と再び帰って来るつもりのない愛《いと》しのわが家を後にした。

弟は江戸の通りをかなり遠くまで私について来た。彼に話しかけようとして振り返えると、弟は悲しそうに泣いていた。そこで私は言った。「双六よ、なぜ泣くのか。女の子のようだぞ。もうここで帰るがいい」と。

こうして、しっかり勉強に励むように、という別れの言葉とともに彼を送り返した。(これが弟を見た最後となった。彼は一八七一年、私が帰国する三年前に亡くなった)。

〔箱館のニコライ*〕

翌朝早く私たちは江戸湾から出帆した。雪を頂いた美しい富士山が遠くに時折見えたが、あの大都会はしだいに水平線の彼方に沈んでいった。箱館に行く途中、備中松山藩主の商用のためにあちこちの港に立ち寄った。ある港〔興津《おきつ》〕の入り口では、岩礁に当たる強い潮に流されて身動きがとれなくなってしまった。もし岸から親切な助け舟が出て、危険な状態から引き出してくれなかったら、難破の憂き目に遭っていたかもしれない。

私たちが江戸を出たのは一八六四年の早春のころで、一ヵ月たらずで無事に箱館に到着した。ここで私は外国人に接触を試みた。彼らの好意によって脱国することを目論んでいたためである。一友人〔菅沼精一郎*〕を介して、ロシアの司祭であるニコライ神父に紹介され、彼の日本語教師となった。彼の力を借りて、私は自分の目的を遂げようと思ったからであった。

家から遠く離れてみると、私は今までより注意深く観察するようになった。私が一番衝撃を受けたのは、人々の堕落した状態だった。その時私は、彼らの道徳がそのような嘆かわしい状態にある限り、単なる物質的な進歩はそれ自体が無益であるのを示すだけだ、と思った。日本が必要としているのは、単なる物質的な進歩よりも道徳的な改革なのである。

こうして外国に行くという私の目的はいっそう強まった。

〔脱国計画〕

ロシア人司祭の家に一ヵ月近く滞在した後で、私は胸に秘めた目的を少しずつ彼に話し、実行するための力添えをお願いした。私はその時彼にこう言った。「日本が一番必要としているのは道徳的な改革であり、私が信じる限りではその改革はキリスト教を通してもたらされなければならない」と。

彼は私の話を非常に喜んでくれたが、彼に打ち明けたような計画に対しては私を戒めた。彼は私にぜひ自分と一緒にいるようにと勧め、英語だけでなく聖書も喜んで教えよう、と言った。

彼の警告にがっかりした私は、外国人居留地で友人を探し始めた。そこで私が見つけた最初の友人こそ、イギリス商人〔A*・P・ポーター〕に雇われていた日本人店員〔福*士卯之吉、後の成豊《なりとよ》〕であった。少し話しただけで、私は彼に不思議なほど好意を示してくれた。私は彼がとても気に入り、彼の事務所をたびたび訪ねていいかと申し出た。彼は、自分の仕事がない時ならいつでも歓迎すると言い、そのうえさらに英語を教えてくれることにも同意してくれた。

二、三度話をした後で私は長年胸に秘めてきた計画を彼に打ち明けた。彼はそれを聞いて大変喜び、それを口外しない約束をしてくれた。その計画を何としても実行したいと強く願ったので、私は町人の服装をし、箱館の通りを歩く時には人目につかないように注意した。当時、武士階級の証しとされていた大刀《たち》は差さずに〔部屋に〕置いておいた。また丁髷《ちょんまげ》もより簡単な形にした。

その友人に秘密を打ち明けて一週間とたたないうちに彼は、ただちに出国する準備を整えるように、と私に言った。あるアメリカ人船長が、私を中国まで連れて行ってくれるのを承諾してくれたのだ。船長の思惑では中国まで行きさえすれば、アメリカに渡る機会に恵まれるだろうとのことであった。海の向こうの見知らぬ土地で何かを捜し求める絶好の機会があると知らされたその時、私はどんなにうれしかったことか。

ちょうどそのころ、ニコライ神父は夏休みのため不在で、家の管理はすっかり私に任されていた。箱館に二ヵ月近くいたので、私には多くの知人ができたが、その中には地方の役所の高官もいた。しかし、私が計画を打ち明けたのは、そのうちのほんの二、三人だけであった。

アメリカ船に乗りこむ準備がほぼ完了した時、私は実家に呼び戻されたように装った。というのも、私が突然箱館から姿を消せば、外国船に逃げこんだのではないかという疑いが役人たちの間に起き、役所の船が私を追跡してくるかもしれなかったからである。当時、役所の許可なしに出国を試みるものは誰でも、捕まれば死刑に処せられた。

あわただしく準備をする間のわずかな暇を見つけて、ロシア人技師に写真を撮ってもらい、別れの手紙に添えて両親に送ることにした。そうすることによって私は両親に遠く離れた国——ひとまずはアメリカ——に向けて旅出ったことを知らせた。

〔真夜中の冒険〕

約束しておいた時刻に私は外国人居留地で働く友人〔福士〕を訪ねた。その友人が、翌朝上海へ出港しようとするアメリカ船〔*ベルリン号〕へ連れていってくれることになっていた。彼は外国人居留地で私を待っていて、温かく迎えてくれた。彼は真夜中の冒険に出かけるにあたって、一緒に飲むために温かいレモネードを作ってくれ、危険に満ちた冒険に神経を高ぶらせてはいけない、と言ってくれた。

しかし、私の記憶する限り、神経は全然高ぶってはいなかった。彼の所へ行く途中のことであったが、犬が遠くで吠えているのが聞こえた。はき物の音が犬の注意を引いたのだとすぐに気づいたので、犬がどれほど遠くなのか、またどの方向にいるのかを確かめるためにその場ではき物を脱ぎ捨てた。私がはき物を脱いだ場所を教えると友人は裸足で駆け出して行き、拾ってきてくれた。

それから私たちは波止場へとおりて行った。そこに彼は小船を用意しておいてくれた。波止場に立っていると、誰かが近づいてくるのが聞こえた。私は急いで小船に乗りこみ、船底にうつ伏せになって、わずかな持ち物をくるんだ風呂敷包みの一つであるかのようなふりをした。近づいてきたのは見張りの者であった。彼には私たち二人を捕まえる好機であった。

しかし、幸運なことにその見張りは臆病者で、私たちが誰であるかを見分けられるほど近くには来ようとはしなかった。波止場で小船の綱をまさに解こうとしていた私の友人を見ただけで彼はおびえ、ふるえた声で「そこにいるのは誰だ」と尋ねた。

「私です」と友人は落ち着いて返事をし、「アメリカ船の船長にどうしても明日に延ばせない用件がある」と言った。友人は見張りによく知られていたので、見張りはすぐに彼だと分かった。友人は平静でうちとけた様子で手短かに説明したので、真夜中の時刻であったにもかかわらず波止場を出るのに十分な通行証となり得た。

〔ベルリン号にもぐりこむ〕

私たちは船を漕ぎ出したが、岸には幾千もの明かりが灯《とも》されているのが見えた。異教の神々の祭礼が行われていたのだった。アメリカ船は岸からかなり遠くに碇泊していたので、到達するにはかなりの労力が必要だった。船長は私たちを待っていてくれ、すぐにベルリン号に乗りこませてくれた。友人は心から私の手を握って別れを告げ、一人で岸へと漕いで帰った。私は船室の物置に連れて行かれ、鍵をかけられた。私はすぐに眠りについた。すばらしい一夜であった。

朝、頭上を行き交う水夫たちの威勢のよい足音で目を覚ました。また、船室で日本人たちが船長と話しているのが聞えた。出航前の船を検査するために乗りこんできた税関の役人であった。私は物置に閉じ込められていたので、起きあがったところで無駄であった。そこで、私は静かに船長からの呼び出しを待っていた。

〔上海へ〕

その時、それまでの人生で経験したすべての出来事が脳裏に浮かんできた。私がもっとも苦しめられたのは両親と祖父に対する家族としての愛情であったが、そうした思いがその時胸がしめつけられるほどに湧きあがってきた。

しかし、もはや振り返るには遅すぎた。私はそれまでの成功をうれしく思うだけであった。全くの苦労知らずであった私にとって新しい生活を始めること、抑えきれない欲望を満たしてくれるものを探し求めて、無限ともいうべき大海に船出することは、決して小さな企てではなかった。私が勇気を持ちつづけられたのは、見えざるみ手が必ず導いてくださるとの思いがあったからであった。

また、自分の命をこの新しい冒険に賭《か》けようとも思っていた。私は心の中でこう言った。「たとえ私の企てが全く失敗に終わったとしても、私の国にとっては何の損失にもならないであろう。しかし、いまだ見も知らぬ国で長い流浪生活を送った後でもし帰国が許されるなら、愛する祖国のために何らかの奉仕はできるであろう」と。

正午近くに船長は私がいた物置の鍵をあけ、甲板にあげてくれた。船は港からかなり遠く離れ、あの美しい町、箱館がまさに水平線の向こうに消えようとしていた。私たちは海岸に沿って航海した。十二日間は青い山々が見え隠れしていた。

島々の青い山頂を横一直線の水平線の向こうへと見送る時がついにやって来た。私はその姿の最後を見届けようと綱でマストによじ登った。私はいくぶん感傷的になった。しかし、未来のことを思うと新たな勇気が湧いてきた。ふり向いて故郷を見る代わりに前方の中国に目を向けた。

わが島国の山が視界から消えてから三日後に船は小さな引き舟に曳《ひ》かれて上海に入港した。

〔激怒してあわや抜刀〕

ここで航海中の経験を語らねばならない。私は船賃が払えなかったので、代わりに船内で働くことを船長に約束していた。こうして船室での私の仕事が始まった。だが、悲しいかな、私は英語が一言も話せなかった。そこで、船長は親切にも船室で目にする物の名前を教えてくれた。それはまぎれもなく実物教育だった。船長はある物を指さし、私が聞きとれるようにその名前をはっきりと言ってくれた。

ある乗客がいた。彼がアメリカ人なのかイギリス人なのか私には分からない。彼も私に英語を教えてくれた。彼はとても親切に接してくれることもあったが、時には私を非常に乱暴に扱った。

ある時、何を命令されたのか分からなかったために私は彼から殴られた。私は激怒し、仇《かたき》をとるために日本刀を取りに自分の部屋へ急いで駆けおりた。刀をつかみ、まさに部屋から飛び出そうとしたその時、胸に湧きあがってくるものがあった。このような行動に移る前にはよくよく考えなければならない、との思いであった。

そこで私はベッドの上に座り、心の中でこう言った。「おそらくこれはささいな出来事だ。今後もっとつらい試練に出会うかもしれない。もし今、この程度のことに耐えられなければ、どうして重大な試練に立ち向かうことができようか」と。私は自分の忍耐力のなさを非常に恥ずかしく思った。そしていかなる場合でも二度と刀に訴えるべきではないと決心した。

〔銀のスプーン〕

中国への航海中、もう一つの出来事が起こった。皿洗いの後、洗い桶の水を海に投げ捨てた時、中のスプーンに気がつかず、うっかり一本海に捨ててしまった。中国人の給仕から「船長に殴られるぞ」とおどされた。私は高価な銀のスプーンかもしれないと思った。

そこで持っていた日本のお金をすべて取り出すと船長の船室へ向かい、彼に身振り手振りで事の次第を打ち明け、なくしたスプーンの代わりにこのお金を受けとってほしいと頼んだ。ところが大変驚いたことに、彼は私にほほえみかけ、お金を受けとろうとはしなかった。

自分の船を失う危険をおかしてまでも親切に中国まで連れていってくれたその船長の名前をここで決して言い忘れてはならない。その人はマサチューセッツ州セーラムの市民、ウイリアム・T・セイヴォリー*船長であった。

〔ワイルド・ローヴァー号*に乗り換える〕

上海で、私はワイルド・ローヴァー号というもう一隻のアメリカ船に乗り換えた。その船はマサチューセッツ州チャタムの出身である*ホレース・S・テイラー船長が指揮をとっていた。セイヴォリー船長は自分の船で日本に戻らねばならなかったためにテイラー船長に私の世話を頼んでくれた。

ワイルド・ローヴァー号へ乗り移って二、三日後、私は船長へ大刀《たち》を差し出し、アメリカ合衆国へ連れていってくれるように頼んだ。船賃の代わりに無給で働くことに同意して、彼の船室で働き始めた。日本語で私の名前を呼べなかったため、船長は私にジョー（Joe）という「新たな名前」をくれた。この結果、〔アメリカに上陸後は〕私のアメリカの両親〔養父母となってくれたハーディー夫妻〕は私をジョセフ（Joseph）と呼ぶようになった。

船は九月上旬まで上海に碇泊し、それから福州へ木材を積みこむために向かい、また上海へと戻った。それから船は香港へ行き、そこからサイゴンへ行って米を積んで、また香港へ戻った。

〔刀を聖書に代える〕

香港で中国語の新約聖書を一冊買いたかったが、持っていた日本のお金がそこでは通用しないことがわかった。そこで船長に小刀《しょうとう》を八ドルで買ってくれるように頼んだ。その金を手に入れてからしばらくして、船長は私が中国人の給仕と一緒に市内見物をするために上陸する許可をくれた。そこで私は中国人の書店で新約聖書を購入する好機を得たのだった。

船は積荷を降ろしてからすぐにマニラへと向かい、そこで船いっぱいに麻を積みこんでから帰国の途に着いた。マニラ港を出航しようとしていた時、イギリスの蒸気船がアメリカ船を待ち伏せして港の入り口に碇泊している、という情報が入った。

私たちはその時、アメリカの南北戦争〔一八六一年―一八六五年〕がすでに終っていることを全く知るよしもなかったため、船長はイギリス船が危害を加えるのではないかと恐れた。船長は望遠鏡を手にデッキをあわただしく動きまわり、航海士たちは自衛用の火薬と砲弾を取り出すために弾薬庫へ急いで駆けおりていった。しかし、私たちは怪しいその船の方へ船を進めたけれども、何ら妨害されずに通り過ぎた。

〔一路ボストンへ〕

私たちがマニラを出たのは一八六五年の四月一日であった。そしてボストンへ到着するのにちょうど四ヵ月かかった。私たちは食糧と水を十分に積みこんでいたため途中で一度も寄港することはなかった。

航海中の私の仕事は船長の食事の給仕をし、船室をきちんと整えることなどであった。船長の仕事がない時はよく〔マストの〕綱を引く仕事もした。航海中もっとも楽しかったことは、船長とともに毎日船の位置を計測することであった。彼は私には非常に親切で、自分の弟のように接してくれた。私に対して一度も意地の悪い言葉を吐かなかった。

船中の誰もが私に気持よく接してくれた。私は船首にある水夫部屋へ行って船員たちに会いたいとよく思ったが、許してもらえなかった。船長は「彼らに近づかないように」と私に忠告した。

一、二度激しい嵐に出くわしたほかには、私たちは航海中、好天気と順風に恵まれた。ちょうど喜望峰の沖合を航行中に竜巻を見たが、かつて見たことのないすばらしい景観であった。それから私たちは貿易風に乗って、平均時速十三マイルで毎日進んだ。

コッド岬に近づいた時、一人の漁師から南北戦争が終り、リンカーン大統領*が暗殺されたことを知らされた。船がゆっくりとボストン港へ入っていくと、金色のドームの建物〔マサチューセッツ州議会議事堂〕がある美しくてにぎやかな町が間近に目に入ってきた。船長は乗組員に錨を降ろすよう命じた。錨が降ろされた。船上の者は皆航海が終ったのを喜んだ。

しかし、私にとってそれは単なる喜び以上のものであった。なぜならこの航海の終りが私の幸福な運命へとつながっていることが間もなく分かったからである。

船長の好意により私は船主〔A・ハーディー〕とその夫人〔S・H・ハーディー〕*に紹介された。彼らはすぐに私の養父母となってくださった。彼らのたゆまぬ気づかい、賢明な導き、絶えざる祈りによって私は、若いころ故国で実にしばしば、また非常に漠然と抱いていた数々の夢を、私を養子として受け入れてくれたこの国で実現することを許されたのであった。

2 *尾崎直記《なおのり》への手紙

一八五八（安政五）年七月上旬

(19) 数学ノート（その6）の表紙に記したスケッチ。殿の似顔絵か

【VI-四】原漢文。十五歳の敬幹（元服後の新島の諱《いみな》）が、自分を可愛がってくれた安中藩の家老に送ったもの。現在知られる限りもっとも初期の手紙で、「今学ばなければ時を失う」といった新島少年のあふれる学習意欲が伝わってくる。

尾崎さまに差しあげる書

新島七五三太

敬幹からつつしんでこの書を差しあげます。このごろ世間の噂ではおそらく天下に大乱が起きるだろうということです。またこのごろ、アメリカが何度かやって来て貿易を求めています。天下の意見は入り交じって紛糾し、一つにまとまることがありません。

今ここに二人の人がいるとします。一人は「貿易は世界を一つにし、民衆の生活を安定させる」と言います。また、もう一人は次のように主張します。

「アメリカの国土は広く、日本の国土は狭い。狭い国土の産物を広い国土の産物と交換すると、往々にして前者の産物がつきてしまう。そうであれば、日本には有益なものが少なくなり、アメリカの無益なものが満ち溢れるようになる。有益なものが少なくなり、無益なものが多くなると天下は共に貧しくなる。

今もし日本がアメリカの物を輸入し、日本の物を輸出すれば、それは蘇合丸という貴重な薬を棄てて、蜣蜋《きょうろう》〔くそ虫〕という無益なものを取るようなものである。今間違った判断をして貿易をするならば、アメリカはことごとく日本の有益なものを取りつくして、日本にアメリカの無益なものが満ち溢れるだろう。

もしそうなれば、諸侯が政治をする場所に羅紗《ラシャ》〔厚手の毛織物〕の着物を着て出るようになり、酒屋が酒を入れるのに金剛鑽《こんごうさん》〔良く切れる粉末の研磨剤。転じて飲酒などの欲を断つという意味〕を用いるようなことになる。ああ、そうなればどうして夷狄《いてき》〔野蛮な異民族〕と異なることがあろうか。これは庶民といえども非常に悔しく残念に思うところである。今早くそうならないようにしておかなければ、後におそらく悔やんでもおよばないようになるだろう」と。

　このようにこの二人の間においてさえも異なった考えが見られます。ましてやこれが何万人ともなれば、どうなるでしょうか。こういう理由でおそらくは内乱となるでしょう。もし諸侯が全国各地に割拠して各々の覇権を争えば、天下の勢いは必ず疲弊します。天下の勢いが疲弊すると、アメリカは必ずいろいろな方法と手段で攻めてくるでしょう。そうなれば、僕は学問ができなくなります。

　しかしながら、今は幸いなことに乱はまだ起こっていません。今学んでおかなければ、おそらくは時を失ってしまうでしょう。だから、儒者のもとで学問をしておきたいのです。

　けれども、僕はまだ無収入ですので、儒者のところに通うことができません。それゆえご迷惑でしょうが、あなたから僕の父に手紙を書き送って学問ができるようにしていただけないでしょうか。その際、できましたら次のような文章を書いていただけないでしょうか。

「このごろアメリカが何度かやってきて貿易を求めています。日本では騒動が各地で頻発し、紛然として今にも乱が起こりそうです。もし乱が起これば、敬幹は学問ができなくなります。今学んでおかなければおそらくは時を失ってしまうでしょう。どうか敬幹を塾に入れて目を開かせてやってください」。

　これは僕が心から願ってやまないところです。

　　敬幹　伏してお願いします。

　ああ、ああ、哀しいかな、僕は才能に乏しく山本流の書道を学び終えることができず、ついにやめてしまいました。初めてあなたが江戸藩邸に来られた時、僕に「君は山本流の書をしっかりと学んで父の後を継ぐべきだ」とおっしゃいました。それに対して僕はただ「はい、分かりました」とだけ答えていました。僕は才能に乏しく、おまけにせっかちです。みみずのような文字は好きではありません。だから、ついに止《や》めてしまいました。

　ああ、僕はあなたの罪人です。願わくば、僕の罪をお許しくださり、僕の意とするところを深くご理解いただき、少しでもお情けをいただきたく存じます。

3 箱館紀行〔日記〕

一八六四（元治元）年三月～五月

(20) 塩田虎尾*

【Ⅴ-八】 原文は無題。二十一歳の新島が江戸から函館（一八七一年までは箱館）までを航海したおりの旅日記。一八六四（元治元）年三月七日から五月二十二日までの約五十日間の消息が記されている。「フィールド・ノート」を思わせる寄港地の観察記や消息記事もおもしろい。

駿河台〔袋町〕の川勝*〔広道〕先生の塾に下宿して航海書を読んでいたが、ところどころむずかしいところがあってどうしても分からない。そこで〔芝新銭座に住む〕中浜万次郎*を訪ねて彼の説を聞きたいと思い、航海書を携えて、いつものようにガラガラと高下駄を鳴らして駿河台を下ってきたところで遠くに武士が三人、意気揚々と来るのが見えた。

よく見れば、私の友人で本家〔備中松山藩〕の家臣である加納*〔格太郎〕氏と柏原〔一二三〕氏（もう一人は知らない人〔林銕《てつ》太郎か〕）であった。

その二人はちょうどよかったとばかりに手を打って、自分たちが乗る船（アメリカ製の洋式帆船）快風丸*が箱館に行くために四、五日の間に出帆するが、私に箱館に行く意志があるかどうか聞いてきた。私は踊りあがらんばかりに「これこそ僕が常日ごろから抱いている志だ。しかし、期日があまりにも迫っていて、藩主や父母の許可が得られるかどうか心配だ」と答えた。私は何とか工夫をしてみようと言って両君とは別れた。

私は中浜氏の所には行かずに早速藩邸に行き、目付役の飯田*〔逸之助〕氏にそのことを相談すると、彼は私が学問に深く志しているのを好ましく思っていて、喜んで「ひとつ君のために周旋してみよう。しかし、うまく行くかどうかは約束のかぎりではないが」と言ってくれた。

この人は軽々しく人の依頼を承諾する人ではないので、必ず私のために力をつくしてくれるに違いないとひそかに考えた。そして別れを告げてわが家に帰り、本家の船が箱館に行くことだけを告げて、急いで家を出て駿河台に帰り、飯田氏の周旋を待つばかりであった。これは元治元年三月七日のことである。

さて、この日の夕刻になって父が書き付けを送ってきて言うには、飯田氏はまず本家に行って乗船できるかどうかを尋ねた方がよい、と言われている云々《うんぬん》（ただし、父がこの書き付けを送ってきたのは、飯田氏が父に右の一件を相談したからである）。私はもしかすると、これはうまく行くのではないかと思った。

その夜の十二時ごろまでに箱館に持って行く物と持って行かない物を仕分けした後で床についたが、いろいろなことに思いを巡らしてなかなか眠りにつけず、四時ごろにしばらく眠ったと思ったらすでに箱館に到着している夢を見た。太陽がまだあがっていないうちに目覚めたので、はやばやと支度して本家を訪ね、加納氏の家の場所を尋ねようとしたところ、本家の前で旧友の塩田虎尾*（本家の家臣）に会った。

そこで二人で加納氏の家に向かうと、塩田はほほえみながら、「主君の命を受けてこのたび快風丸に乗り込み、箱館に行くことになった」と言った。私は「昨日そのことを加納氏から聞き、実は今日ここに来たのはそのためである。私は以前から箱館に行きたいと望んでいた。何とか君公〔本家の藩主〕にお願いして箱館に行けるようにしてもらえないだろうか。思うにこのたびの箱館行きは逃せない好機会だからだ」と話した。

彼は私の志に共感し、いろいろと苦労して家老に願い出て、家老から君公に願い出てもらったところ、君公はことのほか賞讃してくださり、早速お許しが出た。そこで飛ぶように走って安中藩の江戸藩邸に戻り、飯田氏に本家の許可が出たことを告げ、周旋のことを強く頼んだ。

翌朝の未明にまた本家に行き、出帆の期日を尋ねたところ十一日と決定したとのことであった。そのことを飯田氏に報告しようと彼の家に行ったところ、飯田氏から箱館行きに関する藩主の内々の許可があったと告げられたので、喜びに耐えられず思わず大声を出して「ああ、天はわれを見捨てなかった。わが学問の成否はまさにこの一挙にある」と叫んでしまった。

すぐさま家に帰って、支度のことを頼んでおき、塾へ戻って航海書や日本地図を調べた。東北の海はいまだ乗り入れたことがないので、この機会に多くの港を測量したいと思って夜となく昼となく勉強した。また種々の用事で日夜奔走し、あっという間に時が過ぎて十日となってしまった。この夜、川勝先生が私を書斎に招いて珍しいご馳走をしてくださった（田中浩造は長岡出身、鈴木熊六、邨尾《むらお》四郎は松前藩出身で、この三人が同塾の者である）。

さて、その夜も寝ずにすぐに翌朝におよんだ。そこで塾においてあったものを取り集めて急いで退塾した（川勝先生および先の三名から丁重な餞別をもらった）。（ただし、この間にいろいろなことがあったが、ここでは省略する）。

さて、今日はいよいよ出帆なので、親族が皆やって来て、酒肴《しゅこう》を用意して別れの杯を交わした。その時の祖父の顔は悲しみと喜びとが入り交じり、今でも眼前に浮かぶようである。

正午になって、ようやく藩主から私の箱館行きの許可がおりて、俸禄のほかに修行料として一年分十五両の手当てを賜った。午後に本家の家臣である塩田虎尾が私を迎えにきた（本家の役人林富太郎が、私が親族と別れがたいことを察してこの人を迎えに来させたのである。この人は主君の命を受けて乗船する）。

八時に支度がすべてととのい、塩田と同道して家を出た。この時の母の顔は悲哀に堪えきれない様子で、どうしようもなく気の毒な限りであった。しかし、将来学問の修行を終えた後で家に戻り、海よりも深く山よりも高い恩に報いることができれば、決して不孝の子とは言えない。

二人は飛ぶように歩いて、ほどなくして本家の中《なか》屋敷（木挽町《こびきちょう》三丁目）の産物会所に到着した。そこから小舟に乗り品川沖に碇泊中の快風丸に行くことになっていたが、折り悪《あ》しく川の水が少なかったので、ここで一夜を明かした。

朝食を終えてからあわてて支度をして、乗船する二人と芝大《だい》門まで歩いて行き、そこから船に乗り、品川沖に碇泊していた快風丸には正午に着いた。私は東北の海を測量しようと思い、地図なども準備し、乗船して早速測量器具を尋ねたところ二、三日前に産物会所に置き忘れたとのこと。

そこで、小舟を用意して再び木挽町河岸まで漕ぎ着け、会所へ行って測量器具を求めたところ、江戸城間近の上《かみ》屋敷にあるとのこと。人を頼んでその測量器具を取りに行かせたが、君公が不在ということでそれも果たせず、不愉快に思いながら空しく品川に帰り着いた。

〔三月〕十三日

さて、午後三時三十分ごろに品川沖を出帆した。

午後三時四十分、浦賀港に碇泊。東西浦賀の戸数はおよそ四百軒あまり。

十四日

南風がはなはだ強いため逗留《とうりゅう》する。

この日旧友に再会し、こまごまとした談話をする。

十五日

同じく南風のため逗留する。

十六日

十時四十分、浦賀港を出帆。

十七日

北風にして小雨。午後三時二十分に総州〔千葉県〕の興津《おきつ》港〔勝浦市〕に碇泊する（碇泊したのは北風が強かったため。この港は戸数がわずかに百あまり、多くは漁業に従事する）。

十八日

逗留。

十九日

上陸し、浦部という船宿に行って入浴し、それから船に帰ろうとしたが、にわかに風雨が強くなり、帰船できなくなったので一泊した。

さて、翌朝になって風雨はますます激しくなり、朝食後窓を開けて山や海を眺めていたら、もの寂しい思いにとらわれ始めた。そこで一首浮かんだ。

錦《にしき》きずばいかで帰らじ故郷を
　思わず偲ぶけさの嵐に

錨《いかり》をあげて、船がおよそ十七、八間も走り出したころ、愉快な気分になって思わず一首できた。

武士《もののふ》の思い立田の山紅葉
　にしききざればなど帰るべき

二十二日

午後になり風波がおさまったので帆を開いたところ、にわかに風が止《や》み船が潮に流され、もう少しで暗礁に乗りあげるところであったが、浦部氏のはしけが一隻来て、こちらからもはしけをおろし船を曳《ひ》いたので辛うじて命拾いをした。

私は測量をしなかったが、目で見て描いた興津港の様子は次の図のとおりである。

さて、災難も辛うじて免れ、白里灘《しらさと》〔九十九里浜の中央部〕の沖まで走っていったが、北風がにわかに吹いてきて、進路が右に左に揺れるので、船を操るのが大変だった。しかし、一向に前に進まず、やむを得ず引き返す。

二十三日

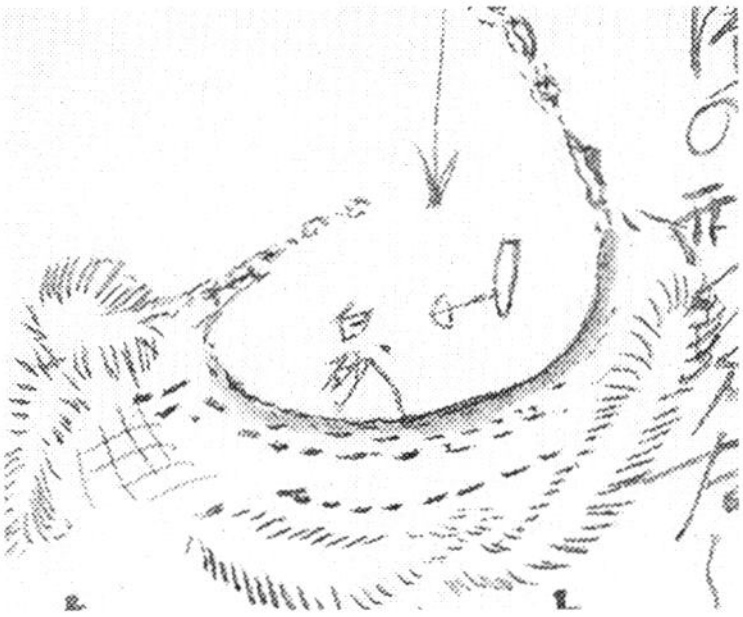
21 新島が描いた興津港

朝八時、総州の砂子《さご》ノ浦〔勝浦湾〕に碇泊する。早々と上陸し、昼食を終え、それから東北の方へ一里あまり離れた勝浦（戸数およそ一千あまりで、「総州の江戸」と呼ばれている）という所へ行き、いろいろな所をくわしく見物したが、大変賑やかで料理屋なども多かった。

さて、興津港の入り口で九死に一生を得た祝いをここでしようと、上品な料理店を選んで入ったところ、幸いに昨日江戸から到着した芸娼がいるとのこと。

そこで酒肴とともにかの美人を頼むと、ほどなくして酒肴の用意がととのい、美人二人がやって来て、黄色い声をあげて私たちを酔わせた。この時の気分は再び本性そのままであった（この地の荒れ狂い方は恐ろしいほどである。どうしてかというと、甘い言葉で人を誘惑し、後で人を苦しめるからである）。

二十六日

朝八時、砂子ノ浦を出帆。風波も良好である。

二十八日

午後四時に、奥州磐前《いわさき》郡中之作〔福島県いわき市〕へ落碇する。ここは大変危険である。危険な岩礁が高く突き出ているうえに港口には暗礁があり、もし不案内でこの港に来れば必ず危ない目に遭うであろう。そのうえ港に停泊しても、ひとたび大きな南風に遭えば逃れる所がない。これは東、西、北がともに岩礁からできているためである。

さて、「ここには売り渡すべき物があり以前に貸しておいた金もあるので、六、七日逗留する」と船頭の佐吉が私に話した。この日、急いで上陸し、当地の見物を終えてから仙台屋という家へ逗留した（戸数は百に満たないが、娼家が多い。その理由はこの地は石炭を産出し、また種々の物産をこの港から内地の十五、六里四方へ運送するため、始終商船が出入りして絶えることがないためである）。

二十九日

早朝から乗船仲間とともに平城《たいら》（安藤侯の居城）の後方一里ほどの所にある赤井嶽という名山を見物しようと

出かけたが、折り悪《あ》しく途中で強風と雷雨に遭い、ようやく夕刻に平城に到着した。そのためついに赤井嶽までは行けずにそこで一泊した（宿は十一屋清蔵という）。この宿の主人から聞いて自分で確かめたことは左に記すとおりである。

岩城四郡―一に菊田郡、二に磐前《いわさき》郡、三に岩城郡、四に楢葉《ならは》郡

右の四郡を領地とするものは幕府のほかに松平周防守、牧野備中守、松平豊後守、本多越中守、内藤長寿麿（一万二千石）、安藤理三郎。

平城の略縁起

ここの平城（平城内郭の周囲はおよそ十四町あまり。別名は飯之城。これは場内に飯沼があることによる）は鳥居侯が十二万石の時に築いた城であったが、その後内藤侯（三万石）がこれを拝領するようになってあちこちを改築した。その際、場内にあった飯沼という沼を埋めようとしたが、一方を埋めれば他方から水が出て、あらゆる手段を講じたがなかなかうまくいかなかった。

そこで人柱を立てるという評議が決定し、多くの人を募ったが、応じる者が誰もいなかった。ところが、城下の近くの菅波《すけなみ》村にいた六十歳あまりになる丹後という老人が参上して、「老人は死が真近なので、応じたい」と言ったので、この老人を人柱にした。この時からこの沼を丹後沼とも言うようになった。

その後、安藤侯がこれを領地とした。そのためか安藤侯の石高に比べればこの城ははなはだ壮麗であった。

安藤侯の所領は二万三千石である（ただし四十三ヵ村の内二十一ヵ村、およそ一万二千石は対馬守が役職を退いた時、幕府がこれを取りあげたとのことである）。

安藤侯の所領は美濃と三河にあり、この二ヵ所を合わせれば、およそ二万七千石とのこと（ただし、美濃には一万九千石、三河には八千石。先に言ったとおり、この八千石はお取りあげになった）。右の三ヵ所合わせて五万石である。城の大手口の北の方へ一町あまりの所に大変壮麗な神社がある。これを飯之八幡宮という（ただし城内の飯沼のあたりにあった八幡宮のお社《やしろ》は城外に移されたとのこと。飯沼の名はもとはこの八幡宮のお社があったことによる）。

武士および足軽らの戸数はおよそ六百あまり。

安藤侯の石高は五万石であるが、今は減らされてはなはだ困窮の状態で、家臣にはすべて面扶持《ぶち》〔給与として

の米〕で支払われた。また高禄〔高給〕の者には米五十俵に代えて十両賜わるとのこと。しかし、男子は十五歳以上になれば稽古料として一人扶持《いちにんぶち》〔月俸、米一斗五升〕を支給される（次男、三男でも同様である）。このようなわけで上下の者が困窮し、家臣一同は傘を張って生計を立てているとのこと（城中は竹が多く、城外には紙が多い。そこで自然と傘張りを内職とするようになった）。

文武ともに寂しい限りである（知識人に神原千之助という人がいるという）。しかし、志のある武士は強いて傘を張り、火薬などをこしらえて時々城外に出て大砲の試し打ちをするとのこと。ああ、この武士の心中は賞讃せざるを得ないし、また憐れまざるを得ない。

城下の町は数多くあるが本通りと称するものは五町ぐらいで、戸数は五、六百とのことである（家屋は少なく寂しい限りである）。

城下には芸娼や遊廓もなく、また怪しい者も一切いない。

馬子は城下を往来するたびに浪費し、また荷物が軽い時や無い時には必ず乗馬し、武士が来るのが見えても一切下馬しない。だから、私たちが厳しくおりろおりろと言って、初めてしぶしぶ馬からおりる有様である。これを見て法令が厳しくないのを知った。また、宿の主人の話によれば、庶民に善行をした者がいてもとくに表彰することもなく、罪を犯した者も強いて罰しないとのこと。城中に立派な人物がいないことをますます確信した。

城下近くの収穫の良い田の租税は、およそ十分の六、中ぐらいの田は十分の四、辺鄙《へんぴ》な所の田はおよそ十分の三または二とのこと（ただし、安藤侯が困窮しているわりには、とくに庶民から租税を搾《しぼ》りとってはいない）。

産物は石炭、藍染《あいぞめ》、岩城紙、それに先ほど言った傘などである（ただし傘の値段は非常に安価で、江戸では一分《ぶ》以上の傘がここでは八、九匁《もんめ》である）。

海辺に住む者の多くは漁猟を職業とし、鯛《たい》、カレイ、ヒラメ、ホウボウの類が多い。また鰹《かつお》など時々たくさんとれるが当節はとれなくなった（漁猟の税金は漁獲高によって変わるとのこと）。

海辺にヒラメ、ホウボウなどを乾すことが多い。これは干物として四方へ運ぶという。

山並が幾重にも連なり、見渡す限り山また山で人の目を驚かす。しかし、中之作から平城までの道のりには小川を見なかった。ただ小さな堀に水が小波を打っていた。

四月七日

明け方六時に中之作を出帆して、沖合に落碇した。夜半の二時に帆をあげて、十日の正午に仙台の金華山を左舷に見るころ、一片の黒雲がその山頂から現れたかと思うと大雨に変わった。強風の音は普賢《ふげん》菩薩の軍隊を驚かせ、激しい波の勢いは豊臣秀吉の肝を抜くかと思うばかりであった。船を操る人々が騒がしく入り乱れる様子は、言葉では表現できないほどであった。

ところでその場も無事に逃れた。

十一日　快晴

朝八時二十分に南部鍬《くわ》ヶ崎港〔岩手県宮古市〕に停泊する。この港は東北の海では第一の港で、四面は大小の山々が層になっていて、どのような風雨でも難破の心配はないと思われる。この地の戸数は六百あまりで、ここから西北に六、七町離れた所に宮古という所がある。ここ〔宮古〕は南部領内では商売がさほど盛んでない所である。戸数はおよそ一千あまりであるが特別の金持ちはいないようである。上陸して伊勢屋清兵衛の家に宿をとった。

鍬ヶ崎の様子を見て驚くべきことがあった。というのは、家ごとに芸娼が二、三人あるいは四、五人はいる。その総計は三百人あまりになるとのこと。これは商船の出入りが多いことによる（現在港内に停泊している商船は三十六、七隻）。

この地の人物は表面は粗野であり、内は狡《ず》賢《る》いことが多く、憎むべき風俗である。

〔以下、一部欠損〕

港の税は十分の一とのこと。しかし、物を売買しなければ無税である（売買した物の十分の一の金額を納める。ただし十分の一は法律上のことで、実際にはそのように多くは納めないとのことであった）。

この港から積み出される産物は左のとおりである。

蚕、紫根《しこん》〔染料〕、紅花（これから紅をとる。この花はおもに京都へ送る）。銅、鉄くず、ガン鉄、干海鼠《ほしこ》（いりこのこと。なまこのはらわたを取り去って煮て干したもの）、鮑《あわび》（最後の二品は長崎へ回す）、木類（桐、樫《かし》、杉、つつじの類が多い）、綿は大変少ない。もし商船が南部領へ行くならば、木綿および綿を持って行くべきである。

南部領内の産物、ならびに諸品の産地名。

盛岡からの里数は□で記す。

宮古からの里数は○で記す。

金は春日野(○七十里、□三十里)、銀は大槌(□三十里、○十里)。

銅は野田(□二十里から十里に至る。○十五里より十里に至る)。ただし銅はこのほか各地より産出するとのことである。鉄くずは野田で同上。鉛、野生の馬、グナイ(里数は忘れたが、この地は馬の産地で将軍の乗馬はここの馬を献上するとのこと)。ガン鉄は釜石の鉄鉱山(○二十里、□十五里)。

　南部から幕府への献上品。

串貝、鮭、斗《のし》、カタクリ。

　最近玉川という川のあたりで砂鉄が発見された。その量は無尽蔵と言うべきであろう。

十六日

半ば晴れで南東の風。十時に鍬ヶ崎を出帆する。この日、朝は快晴であったが、離別の涙雨なのか雨が暗く煙るように降り、いよいよ離別の情を切なくさせた。

十七日

何事もなく、船足が実に早い。

十八日

　午前は半ば晴れ。午後から曇り、夕刻になって雨。尻屋崎以西まで南西風が吹くが、尻屋崎以東から北風が吹き、東からの潮の流れが強く、とくに箱館に行くのが困難である。そこで午後五時に下風呂〔青森県風間浦村〕沖に停泊する。

十九日

下風呂へ上陸し、佐賀屋という船宿へ行き、それから温泉場へ行く。この温泉場は湯元から少しばかり離れているので、細い筧《かけひ》で温泉を引いている。

　この温泉をなめてみると酸味がして塩からく、硫黄の香りが強い。

　この温泉は大変有名で五、六十里の遠方からも入浴しに来る人がいるとのことであった。

　この温泉は湿疹、腫《は》れ物、中風《ちゅうふう》などに効用があるとのこと。

下風呂の戸数は二百軒足らずである。

　この地は箱館への道中で、人足はおもに女性である(「宿継《しゅくつ》ぎ」には牛を用いることが多いが、たまには馬を用いる。女性の多くは風呂敷のようなものを頭に被り、大変見苦しい)。

　山並が連なり田地は見られない。しかし、漁業(この時期はカシぺというアカヒのような魚が多い。六月ごろにはイカが多くとれるとのこと)のほかは昆布などをとり、越後新潟あたりに出荷して生計をたてている（焼酎《しょうちゅう》はかなり安価で、一升ビンの値段が金一朱）。同時に諸々の品物を新潟あたりから買い取っているとのこと。

二十日

朝七時二十分に上陸して、例の温泉に入浴する。午後三時に帰船し、早速帆をあげる（好都合な東風が吹いたためである）。

二十一日　晴れ

明け方五時に箱館港に到着。この日午後から上陸し、築島近く（大町の横町《よこまち》）の讃岐屋英三郎の家を宿とする（船宿である）。

この港は、地峡と港口のほかはすべて山に囲まれ、港湾は大変広く、数百隻の船を入れるのに十分である。

現在、港内に停泊している日本の黒船は三隻（すべて洋式帆船で一つは亀田丸、一つは快風丸、一つは大野丸）、イギリス船は三隻（一つは蒸気船でほかは三本マスト）、アメリカの洋式帆船二隻、プロシアの蒸気船二隻などである。ただし、商いをする日本の船は四、五十隻。

港口に砲台が設けてある。この砲台はまだ未完成であるが、将来できあがっても役に立たないであろう。というのは、両岸の間には距離があり、もし敵の船が対岸を航行してもこちらからの弾丸はとどかない。

逗留中に見聞したことを略記する。

日本人の戸数はおよそ三千あまり。ただし奥羽あたりから人が日々移住して来るとのこと。思うにこの港は将来大都会となるだろう。

薬師山〔函館山〕の麓にロシア、イギリス、アメリカ、フランスの館が立ち並び、太陽に照らされた白壁、風にひるがえる紅旗は人の目を楽しませてくれる。

同山の麓に「山ノ上」と呼ぶ一世界がある（家の数は三十戸あまりで、一家に十五人から二十人ほどの娼妓がいる。ここに磁石があるかのように青年を引き寄せるのこと。青年が足を踏み入れるべき地ではない。というのは、ここの黴毒《ようどく》〔性病〕はよそよりもとくに悪性とのこと。これは不作法な船乗りが北の地に行き湿気を受け、また鮭の類をたくさん食べ、黴毒にかかっても別に治療も受けず、この地へ来て娼妓に感染させるからである。

ああ、男子が一度この毒にかかったら生涯血を損ない、毒は子々孫々に伝わり、子どもが産まれるとすぐに腫《は》れ物ができたり、あるいは愚鈍になるとのこと。これは青年がもっとも恐れることである（この黴毒がはなはだ恐ろしいことは、ロシアの司祭*ニコライの話による。この司祭のことは後で詳しく書く）。

仙台、南部、秋田、津軽、会津侯などの屋敷があるが、みな小さく、武士もとくにいないとのこと（右の諸侯のうち南部の武士がもっとも多いとのことである）。

*武田〔斐《あや》三郎の〕塾のことは別に論じた。

この地の風俗は大変悪く、町人が物を売るのに客に対して喧嘩腰であり、あくまでも利を貪《むさぼ》り、あらゆる物価は、高値の江戸の二倍ないしは五倍である。鰹節一本（江戸では百文《もん》ぐらい）の価格が五百文ぐらい、汁粉一杯（江戸では十六文）が五十文、また薬は大坂から送られてくるとのことで（西洋の薬は長崎から大坂にきて、そこからこの地に送られてくるという）、ことのほか高価である。しかし、菓子は思いのほか安く、江戸で一分五厘のものが、ここでは二分五厘ぐらいである（ただし、菓子の製造は決して江戸に劣るものではない）。

(22)武田斐三郎

銭湯は男女混浴で入浴料は九文である（この地において安いのは銭湯だけである）。しかし、右のように物価は高いが、思いのほか融通がきくとのこと。

二十五日

武田塾へ行き、旧友の木村隆吉（桜井藩）〔千葉県〕、*田中茂手木《もてぎ》〔会津藩〕を訪ねたが、木村は蒸気船（ただし、幕府の船）に乗りこみ江戸へ行ってしまい、田中は去年二月に下風呂へ湯治に行くといって出航したが、どこへ行ってしまったのか、いまだ帰ってこないという（この人はイギリス商人デウスの家に行き英語を学んでいたため、彼を頼ってイギリスへ行ったのかも知れない）。そこで空しく帰る。

二十六日

再び武田塾へ入塾しようと思って行くと、幸いにも長岡藩の*菅沼精一郎君に巡り会ったので、入塾の件を頼み、しばらくいろいろと話をして別れた。

現在、塾生は四、五人でとくに外国語が読める人はいないという。また武田先生は江戸に行かれ、そのうえ僅かの書生で飯炊き男を雇っているのは無益であり、出費もかさむためそれぞれ自分の屋敷あるいは宿舎へ帰って食事を済ますとのことで、大変不都合である。だから、私は西洋人の家に行こうと考えた。

二十八日

武田塾へ行き、いろいろ話をしたいと菅沼氏を誘ってみたところ、早速準備をして私を筆屋という料理屋に連れて行ってくれ、船員二人を招いて酒肴を注文した。しばらく杯を交わして盛りあがったころ、西洋人の家に下宿したいことを話した。彼が答えて言うには、「ロシアの司祭でニコライという人を知っている。この人は鋭敏で博学であるので、ロシア皇帝の命を受けてここに来て日本語を学んでいる。最近日本学の教師〔木村謙斎〕にやめられたため熱心に代わりの人を探している。この司祭の家に行かれてはどうか。また、この人は英語にも通じているので英学を学ぶのに少しは助けとなるだろう」とのことであった。私は意を決してその家に行けるように頼んだ。

五月三日になって、宿泊している讃岐屋まで菅沼氏が私を訪ねてきてくれて、その司祭の家まで連れて行ってくれた。そして司祭に「この人は私の旧友で、このたび江戸からこの地へきて英語を学ぼうと望んでいるのだが、現在武田塾の塾生も少なく、ほかに頼るべき人もいないため、あなたの所に住みこんで学びたいと望んでいます。お引き受けくださるつもりはないでしょうか」と頼んでくれた。

司祭は喜んで「私は最近日本学の教師を失ってしまった。もし来ていただければ大変幸せです」と言った。このようにして早速話がまとまり、翌日荷物を持参することを約束した。

しかし、四日には船〔快風丸〕のことについて私も相談に加わったためとうとう彼の家に行くことができず、五日の夕方六時過ぎに荷物を持って同家に移った。彼は私に十畳ほどの一室をくれ、蚤《のみ》よけのような高い床〔ベッド〕と大きな読書机を貸してくれた。彼は私が英学を志して一人で遠路はるばるやってきたのを喜んだのであろうか、いたれりつくせりの応対をしてくれた。

〔五月〕六日

この司祭は朝食をとらず、ただ中国茶に砂糖を入れて、菓子を二、三個食べるだけである。私にも同じように茶を入れ、遠慮なく食べるようにと菓子を進めてくれた。

私は彼に向かって、長い間目を患っているためロシアが建てた病院で治療を受けたいと話した。

代数学を学びたいと私が話すと彼は早速よくできた英語の代数学の書物を貸してくれた。

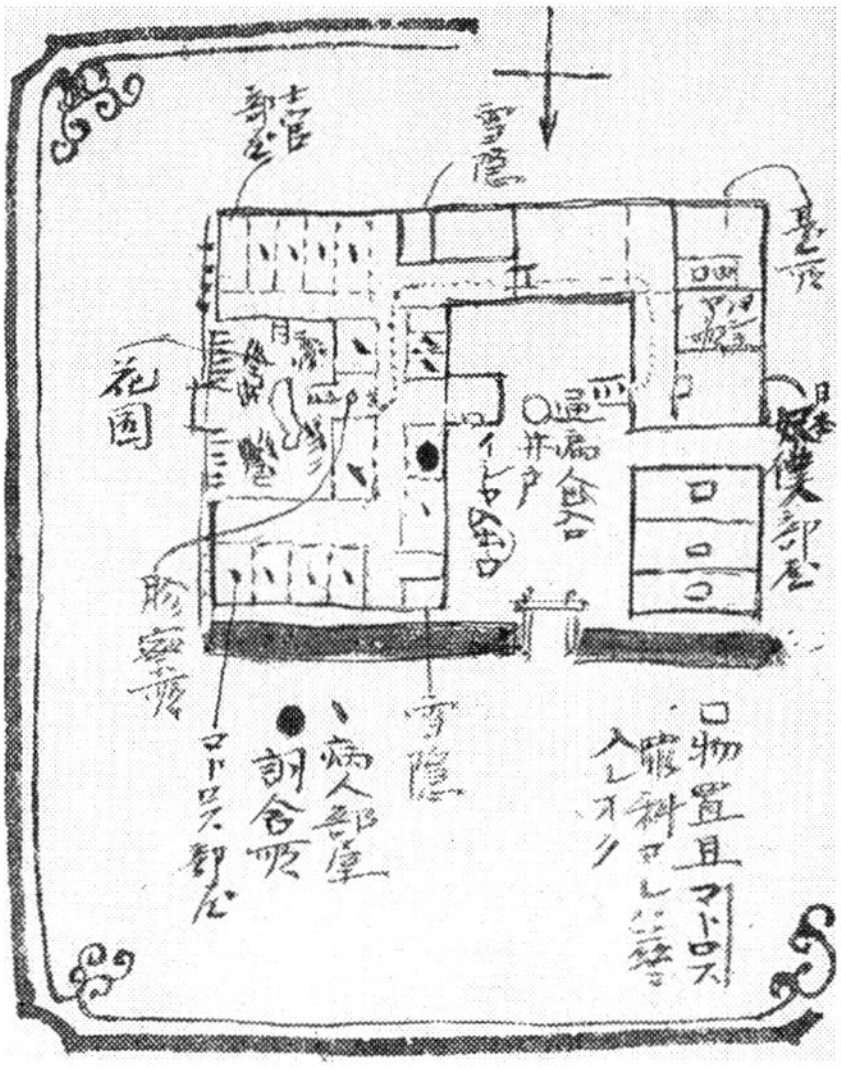
㉓新島が描いたロシア病院

英語を学びたいという私の希望を聞き入れて、英語を実によく理解しているロシアの士官ピレルーヒンの家に連れて行き、毎日通って英語を学ぶことを頼んでくれた（この士官は病気で大変暇だったからである）。

七日

この日、私は船員の塩田虎尾（この人は道中、体調が悪くなった）とともにロシアの病院に行き、ロシアの医師ザレスケーという人に目の治療をしてもらった。そして、会津藩士の島彰氏に会って、病院の様子をすべて知ることができた。上〔右〕の図のように、ロシアが建てた病院は診察室（ここは通院の病人を診察する）一ヵ所、病室十二（大小があり、四人部屋から七人部屋まである）、ロシアの士官および船員部屋各々一つ、そして中庭にはすばらしい花園があり病人を時々散歩させる。

ところでこの病院に入るには、沖の口の役所に事情を届け、許可を得た上で入院するとのことであったが、最近は直接病院に行き、医者に面会して入院を願い、医者の許可を得て入院することができる（ノートがあって病人の出生地、姓名、年令などを記す）。病人が入院すればベッド、食卓、布団（シーツは一日ごとに新しいものと取り替える）、病人用の衣服、襦袢《じゅばん》、股引《ももひき》などを貸してくれる。そして三度の食事は病気によって違いはあるが、一般的な食事は牛肉の煮つけ、牛肉を細かくたたいて丸め豚の油で揚げたもの、あるいは卵スープ（牛骨を大量の水で煮こみ、ニラなどをきざんで入れ、それに塩少々を加えたもの）。

また、飲み薬に関しては、医者が朝七時（西洋の時刻）に病院に来て入院中の病人をすべて診察し、カルテをその病人のベッドの上に掛けておく。午後ロシア人の通訳がカルテを取り、薬の調合所へ持って行って薬を調合し、それぞれの部屋に配らせる。医者は入院中の病人を診察の後、診察室へ行き通院の病人を診察する。そして、それぞれにカルテがあり、薬を受け取る時間は午後二時から四時までである。

　さてこの病院はロシアの皇帝がすべての経費をまかなっている。

　日本の医者が（十中八、九まで）病人の貧富を見分けて薬を差別するのと違い、物乞いのように貧しいものにも病気しだいで高価な薬を与える。その願いは病気が全快し、患者がロシア人を慕うのを望むことだけである。右のように手厚く対応をしても、一切謝礼を要求せず、全くの施しである。しかし、人々は皆全快すればなにかしら品物を持参して医者に感謝するという。

　日本の政府が建てた病院はロシアの病院とは相反し、食事は良くなく（卑しい役人がこれによって金を得る）、病人が必要とする薬も良くない（医者がこれによって金を得る）。それはさておき、薬を調合し、病気を診察する肝心の医師は竹林《ちくりん》より来る藪医者なので病院の中には人がいない（掃除は行き届かず、衣類も時々しか替えない。施しをしようという考えなどどこにもない）。

　これに反してロシアの病院には病人が充満し、外来の病人はおよそ五、六十人ほどである。箱館の人が長年ロシアの恵みと救いを受ければ、日本の政府にそむき、心からロシア人を尊敬するようになるだろう、と大変嘆《なげ》かわしく思う。

　ああ、ロシアの先を見越した政策をわが日本政府はなぜ察知しないのであろうか。ここに堤防があるとしよう。水によってほんの少し堤防が破壊されるだけでも、早く修復しなければついに堤防はすべて破壊されて、田畑は荒らされ、人家は押し流されて、庶民に害がおよぶにいたる。ああ、わが政府はわずかに壊れた箱館の堤を早急に修復しなければ、ロシアの水がついにすべての堤防を潰《つぶ》してしまい、庶民は水に流され、百万人でもそれを塞《ふさ》ぐことができなくなる（ああ、私の嘆息《ためいき》はゴマメの歯ぎしりと同じであろうか）。

　八日

　今日よりニコライとともに『古事記』を読み始める。司祭の話によれば、わが履中《りちゅう》天皇のころ（紀元後四百年代）にロシアはいわゆるバルバリー（無礼無知の意味であろうか）であったので国民はことごとく戦闘にあけくれて、各地へ移動しては奪ったり掠《かす》めたりした。そして男子は人を殺さなければ女性を娶《めと》ることができなかった。女性もまた人を殺さなければ男性と結婚できないという風習があったという。

西洋において文字を作り始めたのはフェニキアであるという。

ロシア人スオロフ(人名)。ナポレオン時代のロシアの英雄。

同じくビリリョウ（人名）は〔クリミア戦争中の〕セヴァストーポリの戦においてフランスの陣地に忍びこんで、しばしばフランス人を悩ましたという。

同じくトテレベン。やはり同所の戦いにおいて地下に道を造って、地雷を仕掛け、しばしばフランスの陣地を崩壊させたという。また、フランスからも地下道を造りロシアの陣地に行こうとしたが、この人の聞き耳は大変敏感でフランス人の地下道がどこにあるかを聞きつけて、フランス人が造った地下道の下に地下道を掘った。そして火薬でフランス人を焼き殺し、ロシアの陣地内には地下道を決して造らせなかったという（ああ、世はますます開け、人知はますます高くなり、空の上で戦い、地下においても戦うようになる）。

今日、医者が私の目に水薬を滴《したた》らせたうえに丸薬を渡し、固くてすっぱいものを食べるのを禁じた（思うに、この丸薬は水銀剤で血を清めるためであろう）。

24 沢辺数馬（琢磨）

菅沼の親友で神明社の神主、*沢辺数馬〔琢磨〕という人が訪ねて来た。私はこの人がただ者ではないと見抜いたので、儀礼的なやりとりをやめ、旧知の間柄のように世間のことを話した（この人はもと土佐藩出身であったが、しなくてもよい議論を俗吏と交わして憤《いきどお》りに堪えず、ついに脱藩してこの地に流れ住み、しばらくの間、神明社に籍をおいているとのこと。しかし、この人がいつどこに去って行くのかは分からない）。
快風丸も明日はサハリンへ行くため当港を出帆するので、船員の林銕太郎と別れの杯を交わす。ただし、塩田氏は気分がすぐれず、療養のためこの地に留まる。

十六日

朝五時に快風丸が当港を出帆する。風波はことのほか良好で、船は飛ぶように走り、しばらくすると帆影が見えなくなった。

二十二日

今日、ポルトガルの領事がアメリカの領事ライスの家で病死する。夫人の年齢は二十二歳で子どもが二人いる。また、間もなくもう一人出産するとのこと。まことに同情と哀れみの至りである。この領事はラテン語、英語、フランス語、スペイン語、ドイツ語などに通じていたという。

4 新島民治*への手紙

一八六四（元治元）年四月二十五日

【Ⅲ-一一】 新島が箱館に着いて二週間後に船宿（讃岐屋）から父の民治（江戸）に送ったもの。箱館までの道中や箱館、武田塾などの様子を知らせている。「脱国の理由書」7や「私の青春時代」1と合わせ読むと、一層興味深い。

(25)新島民治

一筆お便り申しあげます。向暑の候ですが、お祖父さま始め皆さま、ますますご健康であられますこと大いにお慶び申しあげます。

さて私は、去る十六日、南部藩〔盛岡藩〕鍬ヶ崎〔宮古市〕を出帆し、十八日には風がなく潮流もよくありませんでしたので、同国〔南部藩〕の下風呂〔青森県風間浦村〕という所へ寄港いたしました。そこには結構な温泉があり、万病に良いということを伝え聞きましたので、早々に上陸し温泉に入りましたところ、硫黄と塩分が含まれ、入浴後の心地は実に肩から重い荷物をおろしたようでした。十九日の午後四時過ぎごろにその地から帆を巻き、二十一日の午前五時ごろには滞りなく箱館港へ到着しました。

同日到着して早速武田塾へ行きましたところ、先生〔*武田斐《あや》三郎〕は江戸へ行かれていて留守中で、また私の親しい者たち〔木村隆吉、*田中茂手木〕も皆不在でした。越後長岡藩の*菅沼精一郎という人が万事お世話をしてくださり、先生は留守中ではありましたが、近々入塾できるようになりました。またロシア人から砲術を習う件につきましては、その人が目下体調が思わしくなく、さらに塾生も病気などでそれぞれ出払っているので、当分の間休みとのことです。

さて、外国船は英国船が三隻、アメリカ船が二隻、日本船は官船の亀田丸（この船は近日長崎へ行くそうです）

と大野藩〔福井県〕土井氏所有の船一隻〔この船は近日出港とのこと〕と快風丸*の合わせて三隻が碇泊しております。また日本の商船はおよそ四、五十隻もあります。人家はおよそ三千あまりとのことで、外国人の家も所々に見られますが、領事の屋敷は薬師山〔函館山〕という山の麓に立ち並び、皆ことごとく白壁で囲まれ、随分ときれいなものです。また昼間は各国が国旗をあげるのですが、午前八時ごろからあげ、午後四時過ぎごろにおろします。それらの旗が陽に照り輝き、風に翻るさまは実に美しい光景です。

二十二日も上陸し、かねてから聞きおよんでいたロシアの病院へ行き、見学いたしました。この病院は、薬を無料で与え、謝礼を一切取らないといいます。それだけでなく、重病人には入院をさせたうえで、夜具や襦袢《じゅばん》、股引《ももひき》、枕からパンや牛肉、鶏肉などを与え、看病人もつけるので、病人は不自由のない様子です。

入院している日本人はすでに二十四、五人おり、また通院して薬をもらっている者も三、四十人いて、大変混んでいるようです。諺に「まかぬ種は生えぬ」とありますが、ここにおいてその正しさが明らかになりました。

まことにこれからの苦労が思いやられます。あらゆる品の価格が高値で、江戸の倍ほどはします。そのことを考慮して買い物などを控えれば、かえって生活のためにはプラスになるかと思われます。いろいろと申しあげたいことはありますが、何分用事があって取り急いでいますので、後便にて心おきなく申しあげることにいたします。

おそれかしこみて筆を置きます。

四月二十五日　七五三太

お父上さま

なお、季節がらお祖父さま始め皆さま、お体をつとめて大切にしてください。また、私のことに関しては一切心配をされないようくれぐれもお願い申しあげます。

一、武田塾には書物も随分とあり、また測量器具も揃っているので学習には支障がありません。故郷に錦を飾る時期は、もうしばらくご辛抱してお待ちください。ところで例の即興の歌一首をお祖父さまにご覧にいれてください。

武士の思ひ立田の山紅葉
錦さらして祖父に見すらん

一、到着後まだ日も浅く、情勢もはっきりとは分かりませんから、今回は横井太夫〔横井保吉〕、星野〔関四郎〕先生、菅沼〔錠次郎〕氏へは手紙を差しあげませんので、どうかよろしくお伝えくださいますようお願い申しあげます。

一、勉学の件につきましては、表立っては無理ですが外国人に師事して学習することはできる様子です。

一、川勝*〔広道〕先生の塾にいる〔長岡藩の〕田中浩造君、松前藩の郁尾四郎君、同じく松前藩の鈴木熊六君からは出発の折に餞別を頂戴しましたので、手紙を差しあげたいとは思いますが、到着後多忙で、また先に書きましたとおりまだ情勢も分かりませんので、くわしい事情は後便で申しあげるとお伝えください。また杉田*〔廉卿《れんけい》〕君にもよろしくお伝えください。

双六*殿が帰宅したら、なにとぞ勉強をするようにお申しつけください。さらに添川鉉之助君〔恩師添川廉斉*の次男〕にもついでの折によろしくお伝えください。

一、お母さまはきっと私のことばかりを案じていらっしゃるとひたすら推察し、心配しています。決して余計なご心配はなさらないよう、またくれぐれも慰めてあげてくださるようお願い申しあげます。取り急ぎ用件だけで失礼いたします。

補記

一、大森の件はその後どうなったでしょうか。星野氏へお尋ねくださいますように。また出発の折の川田*〔剛〕先生への手紙は出してくださったでしょうか。今一度お尋ね申しあげます。

一、ついでの折には〔親戚の〕植村、速水両氏へもよろしくお伝えください。

追伸

武士の思ひ立田の山紅葉
錦着されば など帰るへき

なお、〔姉の〕おみよさまにもお母さまのお言葉*は〔仕方ないものと〕聞き流されて、かんしゃくなど一切起こさないように十分諭《さと》し、しばらくはなにとぞご辛抱なさるように、とお伝えくださるようお願い申しあげます。

5 福士*卯之吉〔推定〕への手紙

一八六四（元治元）年八月九日、十日

【VI-三】 原英文。箱館を密出国した新島が、上海で書いたもの。あて名はないが、箱館の友人、福士卯之吉あてと考えられ

(26)福士卯之吉（成豊）

る。彼はアメリカ船（ベ*ルリン号）まで新島を決死の覚悟で運び、密出国を助けた。福士が英語に通じていたために、手紙はたどたどしい英文で綴られており、船上での新島の英語学習の成果がうかがえる。残された新島の英文としては、もっとも古い。

今日、〔ベルリン号の〕セイヴォリー*船長が、もう一人の船長〔ワイルド*・ローヴァー号のH*・S・テイラー〕を船に連れて来て、こう言いました。「この船長が君を引き受けたいと言っている。この人のほうが私よりも早くアメリカに行くだろう。〔自分と〕長崎へ行くのは危険だと思うので、この人とアメリカへ行く方がいい。船長は君に給仕として働いてもらいたいだろうし、またいろいろなことを教えてもくれるだろう」と。

私は「箱館からあなたと一緒にここ〔上海〕まで来ました。だから、ご一緒にアメリカに行けたらと願います。しかし、あなたと長崎まで行くのは大変危険です。そのため私はテイラー船長について行かねばなりません」と返事をしました。

あなたにお礼を言います。……ご機嫌いかがですか。お祈りください。元気でいてください。またお目にかかりましょう。

どうぞ沢辺*〔琢磨〕さんと菅沼*〔精一郎〕さんによろしく。〔お体を大切に〕

また、沢辺さんには「昆布一束＝一ドル」とお伝えください。

敬具

元治元年七月九日　七五三太

こんどの船長〔H・S・テイラー〕は前の船長よりもずっといい人だと思います。私は新しい船長にこう言いました。「ごらんのとおり、私は全くの無一文ですが、アメリカに行きたいのです。そしてたくさん本を読みたいのです。お願いですから、どうか私の目的をとげさせてください」と。

船長は「いいよ」と答えて親切そうな顔で笑いました。私はまず、給仕の任務を理解しました。今日はこの新しい船での仕事をした後、本を読む時間がたくさんあります。船長は衣服係のボーイを呼んで、私の上衣とズボンを作るように命じました。

元治元年七月十日

6 *新島双六への手紙

一八六五（慶応元）年三月

(27)新島双六

【Ⅲ-二一】渡米の途次、四歳年下の弟に香港から出した手紙。弟の双六はこの時、十八歳である。新島は双六に大きな期待をかけていたが、新島の帰国前に死去した。

お別れしてから手紙を差しあげなかったことを許してください。

さて、私は少年の無謀な冒険心を抑え難くて、昨年六月十四日〔陽暦七月十七日〕、人が寝静まったころ、ひそかにアメリカ商船（二本マストで名を〔*ベルリン号〕という）に乗り込み、同十五日未明、箱館港を出港し、七月一日、上海に到着しました。七月十日、この船は長崎へ向かうため、船長は私を他のアメリカ船（三本マストで名を〔*ワイルド・ローヴァー号〕という）へ乗り移らせてくれました。

この船で上海から福州に行き、福州から再び上海へと戻ってきました。船はさらに上海から香港へと向かい、〔香港〕から交趾《こうし》〔後の交州、今のベトナム南部〕のサイゴン（仏領インドシナ）に行き、サイゴンから再び船は香港へと戻ってきました。近日中に船はこの港を発ち、アメリカへ向かおうとしています。そこで、どうしてもこの便りを一通書き送っておきたいと思いました。

私は未熟者ではありますが、心から国家の不振を憂い、わずかな力ですが役立てようという思いから、犯し難い国禁を犯し、別れ難い藩主や父と別れ、このような思いきった異常な行為に走りました。長く父母を悲哀のどん底に沈めるのはもってのほかのことです。許されがたい罪です。しかしながら、将来この企てが成就した後、藩主と父に心から仕えれば、少しはその罪を償うことになるのではないかとひそかに考えています。すでに流れだした水を元に返すことはむずかしく、今後はその成就をひたすら期するばかりです。

　また、もしこの企てが成らなければ、二度と江戸の地を踏むまいと心に決めたためどれほど長く父母に仕えることができるかは予想もつきません。そのためあなたに望むことは、私の企てがうまくいかなければ、父母の誤解を誠意をもって正し、私が意味もなく家を離れたのではないと説得して、少しでも父母の憂いを無くすようにしてもらうことです。また、そのためにも時々、暇を見つけては父母を神社仏閣に連れて行くようにしてください。

　しかし、あなたはますます奮起し、ささいな事のために志を屈することなく、また窮地に追いこまれても卑劣な志を生むことなく、華やかな都の若者の風俗に染まることなく、友人には信義をもって接し、兄の名を汚すことのないようにしてください。

　昔、〔『十八史略』の中で〕呉の呂蒙《りょもう》が「士三日《さんじつ》逢わずば、応《まさ》に刮目《かつもく》して見るべし」〔有為の人物は三日後に再会した時には見直さなければならないほど進歩している〕と言っています。ましてや、あなたとはこんなに長く別れているのですからなおさらです。将来、故郷に錦を飾り、あなたと議論を戦わせることもまた大いに望むところです。いざ手紙を書こうとしても、思いが錯綜して伝えたいことが書きつくせません。お許しください。

追伸

　お祖父さまのご病気はいかがでしょうか。両親を始め皆さま方にはつつがなくお過ごしでしょうか。上海の漢竹、福州の明月、香港の漁火、サイゴンの猿声に強く心を動かされ、故郷の父母を想ってつい感傷的になりました。お祖父さまや父上母上によく仕えるようあなたにお願いすることはもちろんですが、足の不自由なお姉さま〔*みよ〕を助けるようとくにお願いします。

　*杉田、*吉田、鈴木の諸先生、それに*飯田、江場、菅沼、*添川の皆さまへもお便りを差しあげたいのですが、長くなり過ぎるのが心配でそれもかなわない、という事情をあなたからよろしくお伝えください。とりわけ飯田先生には、「先生のご親切は決して忘れることはできません」とお伝えください。

　私が各地で見聞したことを一つひとつ書き記すのはむずかしいですが、ただ、中国人の風俗についてだけ述べると、彼らは表面のみを飾り、議論は高尚ではあるけれども内面は卑しくて、さらには世の不正を憤《いきどお》るだけの気概もなく、実にのんびりとしています。また西洋人から軽蔑され、豚や犬のように見られています〔以下、破損のため不明〕。

7 私はなぜ日本を脱国したのか（脱国の理由書）

一八六五（慶応元）年十月

【Ⅶ-三、Ⅹ-一二】 原英文。ボストンに着いた新島（二十二歳）が、ワイルド*・ローヴァー号の船主、A*・ハーディーならびに夫*人（ボストン在住）に提出した手記。英語を学び始めて二年目の新島は、同市の船員ホームで自分が渡米を志した動機を渾身の力をこめて英語で綴った。夫妻はこの手記に心打たれて、新島の後見人（養父母）となる決意を固めた。

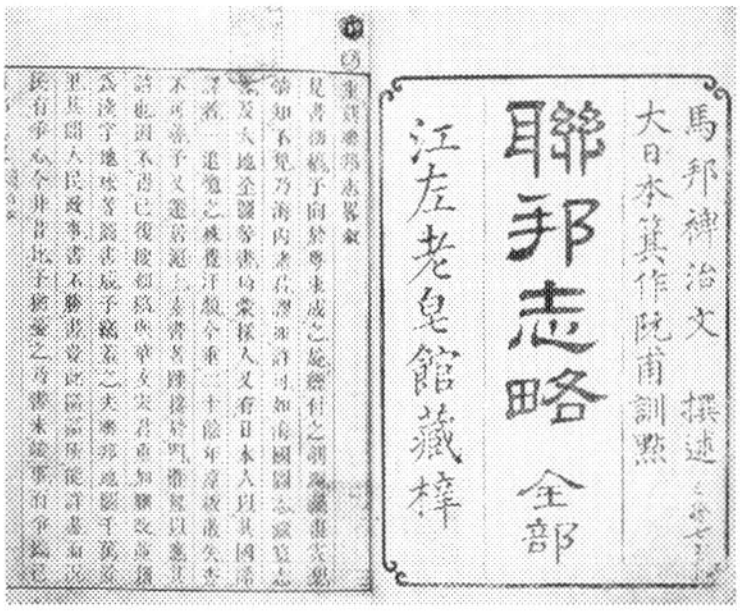

(28)『連邦志略』*

私はある藩主〔板倉勝明*〕の江戸藩邸で生まれた。父〔新島民治*〕は藩邸内で書道の師匠と祐筆をつとめていた。祖父も藩主に仕える身で、全体〔足軽など〕を取締る執事だった。私は六歳から日本の古典と漢籍とを学び始めたが、十一歳の時、それまでの考えを一変させて剣道と馬術を習い始めた。十六歳の時、漢籍を学びたい気持が高まったので、剣道などはやめてしまった。

けれども藩主は私を日誌記録係に抜擢《ばってき》した。しかし、それは私がやりたくなかった仕事だった。私は一日おきに藩邸の執務室に通わなければならなかった。そのうえ自宅で父に代わって男の子や女の子らに書道を教えなければならなかった。そのため漢学塾に通って漢文を勉強することはできなかった。けれども本は毎晩自宅で読んでいた。

ある日、友人がアメリカ合衆国の地図書〔『連邦志略』〕を貸してくれた。それはあるアメリカの宣教師〔E・C・ブリッジマン*〕が漢文で書いたもので、私はそれを何度も読んだ。その本で大統領の選出、授業料無料の公立学校や救貧院、少年更生施設、工場などを建てることを知って、脳みそが頭からとろけ出そうになるほど驚嘆した。そこで私は、わが国の将軍もアメリカの大統領のようでなければならないと思い、こうつぶやいた。

「ああ日本の将軍よ、なぜあなたはわれわれを犬や豚のように抑圧するのか。われわれは日本の人民だ。かりにもわれわれを支配するのならば、あなたはわれわれをわが子のように愛さなくてはならない」と。

その時以来私はアメリカのことを学びたいと思うようになった。しかし、残念なことにそれを教えてくれる教師はひとりもいなかった。私はオランダ語を勉強したくはなかったけれども、私の国ではオランダ語を読める人が多かったから、それを勉強せざるを得なかった。そこで私は蘭学を学ぶために教師の家に一日おきに通った。

ある日、私は藩邸の執務室に出ていたが、記録することは何もなかった。そこで執務室を抜け出し、蘭学教師の家に行った。やがて藩主が私に会いに執務室に来られた。ところが誰もそこにいなかったので、藩主は私が戻ってくるまで待っておられた。私に会うなり藩主は私を殴りつけた。「なぜ執務室を抜け出したのか。ここから逃げ出すとはもってのほかだ」。

十日後に私は再び逃げ出したが、藩主には気づかれなかった。しかし、残念にもその次に逃げ出した時には見つかってしまい、殴られた。「おまえはなぜここから逃げたのか」と尋ねられたので、私は答えた。

「外国の知識が学びたかったのです。外国のことをできるだけ早く理解したいのです。ですから執務室に詰めて、お殿さまが決められた規則を守らなくてはならないことは承知しておりますが、私の心は勉強のためにすでに先生の所に行っております。それゆえ私の体もまたそこへ行かざるを得なかったのです」と。

すると藩主は非常にやさしくこう言われた。「おまえは習字が上手だからそれで生計を立てていける。二度とここから逃げ出さないならば、俸禄を増やしてやってもいい。どうしておまえは外国の知識などにあこがれるんだ。それは道を誤るもとだ」と。

私は言った。「どうしてそれが道を誤るもとになるのでしょうか。誰でも何らかの知識を持つべきだと思います。知識を全く持たない人は犬や豚にひとしいと思います」と。それを聞いて藩主は高笑いをして「おまえはしっかりしている」と言われた。この件では藩主のほかにも祖父、両親、姉たち、友だち、隣人たちが、私を殴ったり、嘲笑したりした。しかし、私は彼らのことを全く気にせずに自分の考えを堅持した。
二、三ヵ月後、執務室での仕事が増えたので抜け出せなくなった。ああ、これが原因で私はあれこれと思い煩い、病気にもなった。誰にも会う気がせず、遊びに出たい気持も起こらなかった。ひたすら静かな部屋にこもっていたかった。ひどい病気だと分かったので、薬をもらいに医者の所へ行った。医者は念入りに私の病気を診察した後でこう言った。「君の病気は心が原因だ。高ぶった気持をまずすっかり静めるようにしなければいけない。身体の健康のために散歩をする必要がある。散歩のほうが薬をたくさん飲むよりもはるかに効き目がある」と。

藩主は病気を治すために時間をたっぷりくださり、遊ぶために父も金をいくらかくれました。しかし、私はオランダ語を学ぶために毎日教師の家に通った。長時間を費してオランダ語の文法書を読み終えてから自然科学の小冊子にとりかかった。この本は大変面白かったので、医者のくれた薬よりもずっとよく私の病気に効いたと思う。

二、三ヵ月後に病気が良くなると、藩主は再び私を抜擢して日誌記録の仕事を命じられた。藩主の命令に従って、私は毎日執務室に詰めていなければならなかった。ああ、もうオランダ語の勉強のためにそこを抜け出すことができない。私は仕方なく自宅で夜間に時間をかけて本を読んだ。そして蘭和辞典をたよりに例の自然科学の本を読み終えた。けれども悲しいことに夜の勉強のために目を傷めたので、またもや勉強を中断せざるを得なくなった。

十週間たつと目の病気が完全に回復したので、再びその本を読み始めた。けれども計算式でわからないところがあったので、算術を学びたいと思った。しかし、そのための時間は全くなかったからある日藩主に「勉学のためにもっと時間をください」とお願いした。そこで藩主は週三回私が執務室から抜け出すことを許可してくださったが、私にはまだ十分とはいえなかった。私はある算術の塾に通って足し算、引き算、掛け算、割り算、分数、利息算などを修得した。その後、例の自然科学の本を再読すると計算式の部分がよく理解できた。

ある日、私は海が見たいと思って江戸湾に行った。そこで私はびっくりするほど大きなオランダ軍艦を見た。それは私には城か砲台のように見えた。この船は敵と戦えば強いだろう、とも思った。この船を眺めていると、ある思いが頭にひらめいた。私たちは海軍を作らなくてはならぬ、との思いである。なぜなら、わが国は周囲を海で囲まれており、もし外国から攻撃を受ければ、海上

7 1865

で戦わなくてはならないからだ。

しかし、別の思いも浮かんできた。外国人が貿易を始めてから諸物価があがり、わが国は以前よりも貧しくなった。日本人は外国人と貿易をする方法を知らないから、私たちは外国に出かけて貿易の仕方を覚え、外国に関する知識を学ばなくてはならない、との思いである。ところが国法は私の思いを全く無視したので、私はこう叫んだ。「幕府はなぜ私の思いを無視するのか。なぜわれわれを自由にしてくれないのか。なぜわれわれを籠の鳥か袋のネズミのようにしておくのか。そうだ、われわれはそんな野蛮な幕府は倒さなくてはならない。アメリカ合衆国のように〔国民が直接選挙で〕大統領を選ばなくてはならない」と。しかし悲しいかな、そのようなことは私の力のおよばないことだった。

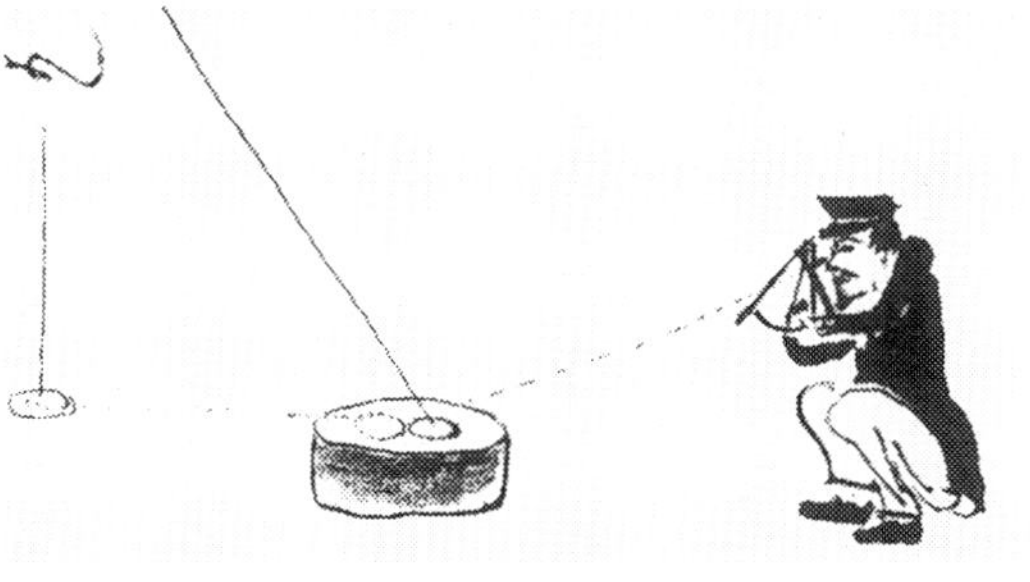

(29) 新島がノートに描いた六分儀を操る男

その時以来、私は幕府の軍艦教授所*〔軍艦操練所〕に週三回通って航海術を学んだ。何ヵ月もかけて、代数学や幾何学が多少分かるようになり、航海日誌のつけ方や太陽の高度の計り方、緯度の測り方なども修得した。けれども悲しいことに夜間の勉強のせいでまたもや目を悪くし、一年半ばかりというもの、全く勉強ができなくなった。こんなことは人生に二度と起きてほしくない。目が良くなると、藩邸の執務室にまた詰めざるを得なくなった。

江戸はそのころ非常に暑くて、病人が多く出た。日中、太陽がじりじりと照りつけたある日、夕方に大雨が降った。その時私は寒気がしてぞくぞくしてきた。翌朝には頭痛が始まり、体内で火が燃えているかのように身体がほてってきた。何も食べられず、冷たい水を飲むだけだった。二日後には麻疹《はしか》が体じゅうに出てきた。麻疹がなおると目が悪くなり出したので、ぶらぶらと過ごす時間が多くなった。

ある日友人を訪ねると、彼の書斎で聖書を抜粋した小冊子を見つけた。それはあるアメリカの宣教師が漢文で書いたもので、聖書の中のもっとも重要な出来事だけが記してあった。私はそれを彼から借り、夜に読んでみた。なぜなら聖書を読んでいることが知れると、幕府は私の家族全員を磔《はりつけ》にするので、私は野蛮な国のおきてを恐れていたからだ。

私はまず神のことが理解できた。すなわち神は天と地を分けたうえ、光を始めとして草木や鳥獣、魚などを〔次々と〕地上に創造された。神はご自身の姿に似た形に男を創り、そして彼の脇腹の骨を切り取って女を創られた。神は宇宙のすべてを創造した後で休まれた。その日を私たちは日曜日または安息日と呼ばねばならない。

次に私はイエス・キリストが聖霊のみ子であること、その方は全世界の罪のために十字架につけられたこと、それゆえ私たちはその方を私たちの救い主と呼ばなくてはならないことを理解した。そこで私はその本を置き、あたりを見まわしてからこう言った。「誰が私を創ったのか。両親か。いや、神だ。私の机を作ったのは誰か。大工か。いや、神は地上に木を育てられた。神は大工に私の机を作らせられたが、その机は現実にどこかの木からできたものだ。そうであるなら私は神に感謝し、神を信じ、神に対して正直にならなくてはならない」と。

この時から私の心は英語の聖書を読みたいという思いに満たされたので、箱館に行って、イギリス人かアメリカ人の聖書の教師を見つけようと決意した。そこで藩主と両親に対して箱館に行かせてほしいとお願いした。しかし、彼らは許してくれず、私の願いに大変驚いた。彼らは私をこんこんと諭《さと》したが、私の固い決意は変わらなかった。私は自分の願いを持ち続け、神に向かって、「どうかお願いですから志を達成させてください」とひたすら祈っていた。

それから私はある日本人の教師から英語を習い始めた。ある日、江戸の街中を歩いていると、私の知人で私を可愛がってくれていた洋式帆船〔快風丸*〕の船長〔船員の加納格太郎*〕に突然出くわした。「船はいつ出るのですか」と聞くと、「三日以内に箱館に向けて出帆する」とのことだった。「連れて行ってもらえますか。お願いですから行かせてください」と言ったところ、「連れて行ってもいいが、君のお殿さまとご両親がお許しにならないだろう。まずそちらに頼むことだ」と彼は答えた。

二日後、私はいくらかの金と少しばかりの衣服、それにわずかな書物とをたずさえて家を出た。もしこの金がなくなったらどうやって衣食をまかなうのかを考えることもなく、ひたすらこの身を神のみ手にゆだねた。

翌朝私は箱館行きの洋式帆船に乗りこんだ。箱館に到着して適当な英語の教師を探したが、八方手をつくしても見つけられなかった。そこで私の心は一転して、国外脱出を考えるに至った。

しかし、私はためらった。祖父や両親を悲しませるだろう、との思いがあったからだ。その思いがしばらくの間私の心を捉えた。けれどもやがて別の考えが頭にひらめいた。それは、私は両親から生まれ育てられたが、本当は私は天の父のものである。それゆえ私は天の父を信じ、その父に感謝し、そしてその父の道を進まなくてはならない、という考えである。こうして私は日本から連れ出してくれる船を探し始めた。

あれこれ苦労した末に、私は上海行きのアメリカ船〔ベルリン号〕*に乗りこんだ。上海の河口に到着ののち、ワイルド・ローヴァー号に乗り換え、約八ヵ月間中国沿岸を往来した。神に守られて、四ヵ月間航海したのちボストン港に着いた。

初めて〔同号の〕H・S・テイラー*船長に〔上海で〕会った時、「もしアメリカに到着したら、お願いですから学校に行かせてください。よい教育を受けさせてくださ い。そのため私は力の限り船内で働きますし、あなたから賃銀をいただくつもりもありません」とお願いした。そして船内では私の使用人として働かせてやろう。そして船長は「帰国したら学校に通わせてやろう」と約束してくれた。船長は金銭こそ支給してくれなかったが、衣服や帽子、靴、その他のものを買ってくれた。船中では航海日誌のつけ方、緯度、経度の測定の仕方を教えてくれた。

当地〔ボストン〕に着くと、船長のおかげで長い間船内にとどまることができた。その間私は船を守る荒くれた不信心な船員たちと一緒だった。港の人は誰も彼も次のように言って私をおどした。「南北戦争以後、物価があがったので、陸の上ではおまえに救いの手を差しのべてくれる者など一人もいないぞ。残念だが、もう一度海に戻るしかない」と。

私は衣食のために相当働かなくてはならないとも思った。学校に納める金を稼ぐまでは、とうてい学校には入れない。そのような考えにとりつかれると、私はあまり働く気が起こらず、また本も楽しく読めなかった。精神に異常をきたした人のように長時間ただあたりを見回すだけだった。毎晩、ベッドに入ってから「お願いですから私をみじめな境遇に追いやらないでください。どうか私の大きな志を成就させてください」と神に祈った。

それから私は船の持主であるハーディーさまが私を学校へ送り、経費を一切出してくださるかもしれないことを知った。船長からこのことを初めて聞かされた時、私の両眼は涙にあふれた。氏への感謝の気持が大きかっただけでなく、神は私をお見捨てにならない、と思ったからである。

コラム・その1

1 快風丸*

備中松山藩(岡山県高梁市)が一万八千ドルで購入したスクーナー船(洋式帆船)。購入には同藩の山田方谷《ほうこく》、川*田剛などが尽力した。藩主の板*倉勝静《かつきよ》は新島襄が属した安中藩の藩主(板*倉勝明)の本家筋に当たり、幕末には主席老中として将軍(徳川慶喜)を補佐した。この船が江戸と玉島(備中松山藩。現倉敷市)間を試運転した際、新島は勝静の許可を得て、乗船。初航海である。それまでの狭い藩邸中心の生活に比べて、広々とした外界の空気を初めて満喫できた新島には「密出国」の夢を育むきっかけとなった。旅行記として「玉島紀行」を残した。

翌一八七四年、快風丸がサハリンへ航海することを知った新島は再度、勝静から便乗の許可をとって箱館まで赴いた。「密出国」への第一歩である。途中、興津(千葉県)、中之作(福島県)、鍬ヶ崎(岩手県)、下風呂(青森県)に寄港した。「箱館紀行」③はこの時の日記である。

㉚山田方谷

2 ニコライ*神父

「神田のニコライ堂」で有名なニコライは、箱館で四十日間、新島襄を住みこませた。新島は武田塾への入塾が果たせず、菅*沼精一郎の紹介で当時ロシア領事館付司祭のニコライの家庭教師となった。ニコライは新島より七歳年上であった。新島はニコライに『古事記』などを教えるかたわら、彼からさまざまな事を学んだが、性病の恐ろしさもそのひとつであった。新島はニコライに密出国の希望を漏らしたが、「お前さんは若い人には珍しく、決して遊び歩いたりしないから私がここで十分に世話してやろう」と反対された。

不可解なことに、新島は帰国以後死去するまでの十五年間、日本伝道に従事していたニコライに会おうとしていない。一方のニコライは時に日記に新島の動向を書き記している。

㉛ニコライ神父

コラム・その1

3 「千里の志*」を抱いて「脱櫪《だつれき》」

新島襄は一八六四年、二十一歳のおりに鎖国令を犯して箱館から密出国した。九十年後の一九五四年、その場に同志社は「新島襄海外渡航乗船之碑」を建てた。そこには香港で新島が作った次の漢詩が彼の筆跡（一八八三年に清書）のまま彫られている。

　男児志を決して千里に馳す　自ら苦辛を嘗《な》む豈《あに》家を思わんや
却《かえ》って笑う春風雨を吹く夜　枕頭尚夢む故園の花

　この詩は同じく船中で作られた次の漢詩と内容的に重なりあう。

　家を離れて初めて解す天の広きを　海を航して反《かえ》って知る地の些《すくな》きを
櫪を脱して此の身千里に駆る　枕頭猶是れ郷家を夢む

　新島はこの時の志、すなわち高尚な理想を求めて「脱櫪」（櫪は厩の意味）し、広い世界をどこまでも駆け巡る、という「千里の志」を生涯にわたって胸に抱き続けた。

(32) 脱国時の扮装図（右）。左は塩田虎尾*

4 W*・T・セイヴォリー

ニ*コライに密出国の援助を断られた新島襄は、福士卯*之吉からアメリカ船ベ*ルリン号のW・T・セイヴォリー船長を紹介された。二日後に新島は福士の手引きで夜半、同船に乗りこむことに成功した。船長は新島の熱意に押されて、幕府が日本人の海外渡航を禁止していることを知りながら、新島を上海まで運んだが、そのことがのちに船会社に露見し、解雇された。

　新島がボストンに着いた直後、セイヴォリーは新島を訪ね、自分が解雇されたことには一切触れずに、新島の無事を喜んだ。新島は二度目の渡米のおり、セイヴォリーを故郷のセーラム（マサチューセッツ州）に訪ね、往時の礼を改めて述べた。ちなみに同地は新島が初めてJ*・D・デイヴィスと出会った町である。

(33) W.T. セイヴォリー

コラム・その1

5 H*・S・テイラー

ワ*イルド・ローヴァー号の船長。上海からボストンまで新島襄を運んだ。テイラーは同船の船主、A*・ハーディーと同郷(マサチューセッツ州チャタム)のよしみでハーディー商会に雇用されていた。テイラーは船中では新島(七五三太)を「ジョー」と呼んでわが子のように可愛がり、聖書を与え、また英語や航海術を教えた。ハーディーを紹介したのもテイラーである。渡米後、新島は夏休みをテイラーの実家(チャタム)で過ごすことが多かった。

テイラーは両親の金婚式の記念に、四十七人の親族を入れた組み写真を両親に贈っているが、その中心にはテイラー夫妻に挟まれて、新島の顔写真がある。実子扱いである。テイラーがボストン港で事故死したさい、新島は夫人を慰めるためにボストンに急行。さらには親族に対して、入信を勧める熱烈な伝道の手紙13を送ってもいる。

(34)テイラー夫妻と新島

6 「にいじま」か「にいしま」か

新島襄の幼名は「七五三太《しめた》」で、元服後の諱《いみな》は「敬幹」。ワ*イルド・ローヴァー号の船長から「ジョー」(Joe)と呼ばれたが、その後ハ*ーディー夫妻から「ジョセフ」(Joe は Joseph の愛称)と呼称された。新島は帰国の際に養父母への感謝をこめて、"Joseph Hardy Neesima"と名乗り、(帰国後、"Nijima"と書くべきとの)D*・C・グリーンの忠告にもかかわらずそれを押し通した。

日本では新島は「ジョー」の日本名を最初は「譲」、ついで「襄」と表記。また自分の姓を時には「新嶋」とか「新嶌」、あるいは「新しま」と表記する。

現在では読み方は同志社の刊行物や各種の事典類では「にいじま」が一般的である。ただ、『平凡社大百科事典』の一九八八年版(CD-ROM版も)のみ「にいしま」である。ちなみに同事典の一九六八年版は「にいじま」であった。近年ではアメリカの図書館等の検索は"Niijima"表記が支配的である。

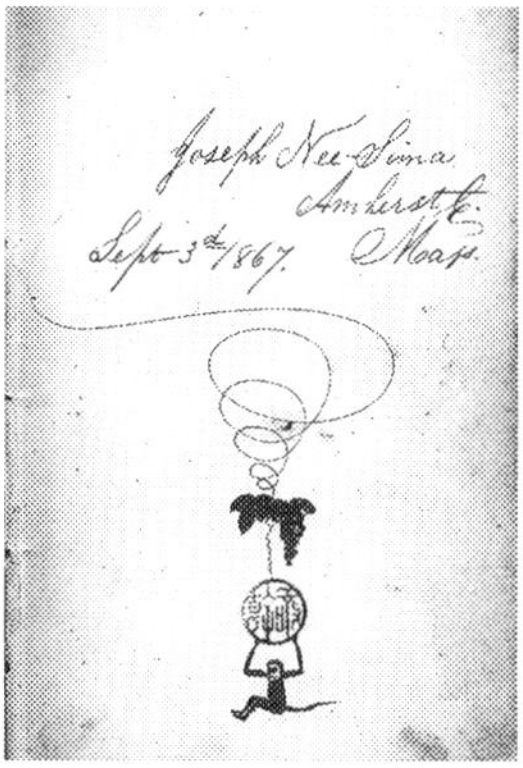

(35)数学の教科書中の印鑑(敬幹)と署名

コラム・その1

7 自叙伝

新島襄には刊行された著書も自叙伝もない。しかし、自伝的な記録が二、三ある。

そのひとつは「脱国の理由書」[7]である。一八六五年七月にボストンに到着した新島が、三ヵ月後に同市の船員ホームで記して、ハーディー*夫妻に提出したもの。稚拙な英語ではあったが、新島の必死の思いが夫妻に通じ、彼らが養父母となる決断を下した、といういわば歴史的な文書である。

いまひとつは「私の青春時代」[1]で、それより二十年後の再渡米のおりにハーディー家の別荘で書き綴られ、夫妻に献呈された。「脱国の理由書」よりも一段と内容は詳しく、整理されているばかりか、さすがに英文もこなれている。

(36) 数学ノートに描かれた新島のスケッチ

8 そば

帰国後の新島襄は、洋食派である。コーヒーを嗜《たしな》み、「新島旧邸」の庭に家庭菜園をこしらえて、いちごやアスパラガスなどの西洋野菜・果物を栽培した。が、例外はそばである。若いころから好物であった。

「熊本バンド」のひとり市原盛宏*は「古来英雄はそばを嗜むというが、なるほど新島先生もまたそのひとりと見え、大いにこれを好まれた」と述懐する。また徳富蘇峰*は木曽路を新島と旅行した際、寝覚めの床(長野県)でそばの賭食いをした。結果は新島が九杯、蘇峰は九杯半。負けた新島が二人分の代金を支払った。さらに、蘇峰が民友社を創立したときには新島はお祝いに大人の背丈ほど、かけそばを贈った。

新島が学生時代のノートの余白にそばつゆのレシピを書き込んでいるのもおもしろい。

(37) 木曽旅行のおり、新島から一緒に風呂に入ることを勧められた徳富蘇峰と湯浅吉郎*とが、「それだけはご勘弁」と逃げ出すシーン（筆者は湯浅）

コラム・その1

9 スケッチ

新島襄は幼少のころ以来父から厳しく書道の指導を受け、青年時代には父の書道塾を手伝った。一方、絵は書ほどには本格的ではなかったが、八歳のおりに「隣人」から習い、花鳥や樹や山を描いた、と回顧する。「隣人」とは新島夫人(*八重)によると、安中藩家老の江場新太郎である。

江戸での勉学中、ノートに説明図や挿絵を描いたり、教科書の余白にスケッチやいたずら書きをしたりした。その習性は留学時代にも受け継がれ、アメリカ人からも称賛された。*徳富蘇峰は「書は先生の大人《たいじん》〔父親〕が安中藩の祐筆であったために、その伝統を承けて、なかなか立派であり、絵も一通りは描かれた。それでクリスマス・カードなどは、自ら作られたものもある。旅行をさるれば、スケッチなども自らせられた」と記す。

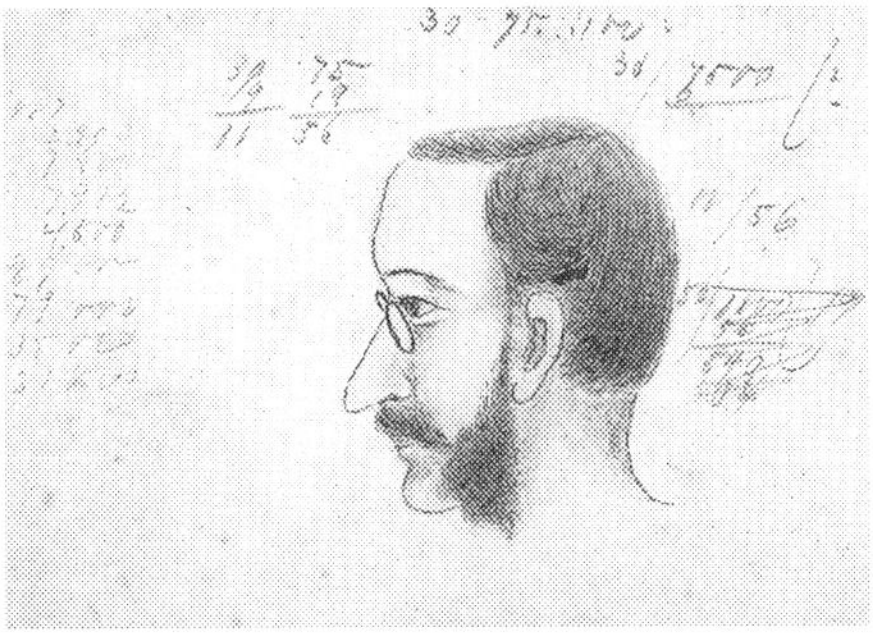

(38)新島のスケッチ

10 愛犬

*ベルリン号での新島襄の仕事のひとつは船長の犬の世話であった。*ワイルド・ローヴァー号でも子犬と猿とがいたので、世話をしたはずである。彼自身も晩年、「新島旧邸」で犬を飼った。名は「弁慶号」。ビーグル犬である。猟犬なのは新島が狩猟を好んだからか。自宅は庭が広かったので放し飼いをした。「子犬を門外に出さないように」と、留守番に頼んだ学生(鈴木彦馬)に旅先から忠告したり、預けた先(*中村栄助)に対して「犬はおとなしくしていますか」とか、「弁慶はどうしていますか」と心配したりした。

いっしょに写真館のスタジオで写真まで撮っている。弁慶号は大磯から主人が無事に帰ってくるのを待っていたが、新島は物言わぬ身体となって帰宅した。その直後、札幌在住の旧友(*福士成豊)は、*新島八重に「弁慶はどうしているだろう」と主を失った犬を気遣っている。

(39)正装して愛犬・弁慶号と

コラム・その1

11 趣味

新島襄はこちこちのピューリタン*、「まじめ人間」だから無趣味、と思われがちである。が、キリスト教に入信するまでの少・青年期には相当に乱暴（額《ひたい》の傷跡はその証明）で、酒やタバコも嗜んでいた。ただし、どちらかと言うと「甘党」であった。

入信後、趣味は旅行、とりわけ温泉と鉱物採集。ハンマー持参で山に分け入り、化石や鉱物を採取する「理学士」であった。「新島旧邸」にはそのときの標本が今も戸棚に並ぶ。

ついで狩猟。遺品にアメリカ製の猟銃（銃架つき）と弾薬とがある。ただし、腕は夫人のほうが上。スペンサー銃で戊辰戦争を戦った八重*は、砲術指南の兄（山本覚馬*）から指導を受けた腕前である。彼女は「襄は猟が大変好きなくせにいたって下手」と証言する。

さらに釣りも留学時代には盛んに楽しんだ。京都でも帰国当初は土曜（同志社は休業日）に宇治川や桂川に中村栄助*や浜岡光哲と出掛けた。針はわざわざアメリカから取り寄せた。

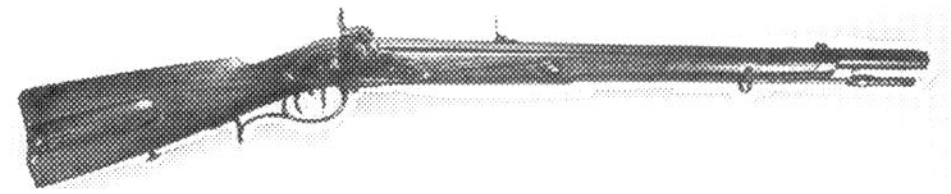

(40) 愛用の鉄砲

12 Neesima Room

収蔵資料の増加に伴い、新島遺品庫が手狭になったためにそれに代わる常設展示室として一九九六年にハリス理化学館（今出川校地）にオープン。前年に工学部が京田辺校地に移転したため、同館の二階を転用することとなったからである。

新島遺品庫が収蔵する新島襄や同志社の史料、それに新しく入手した史料などを学内外に無料公開するために一年に三度、模様替えを行う。最近の展示のテーマは「新島襄の書と絵」、「熊本バンドの人たち」、「新島襄・同志社ゆかりの碑」、「同志社一二五年のあゆみ」などである。

なお、展示室の名称（ニイシマ・ルーム）は、新島の英語名、Joseph Hardy Neesima に由来する。

(41) ハリス理化学館の2階にNeesima Room（展示室）がある

第二章 米欧に生きる（一八六六年～一八七四年十一月）

——帰国まで——

(42)新島が卒業した直後のアーモスト大学*（1875 年ごろ）

8 (a) 春さんとの再会（初期の英作文）

一八六六（慶応二）年五月九日

43 フィリップス・アカデミー時代の新島

【Ⅶ-三二】 原英文。原文は無題。新島がフィリップス・アカデミー在学中に書いた英語による初期の作文。「春さん」との異国での再会がきわめて想像力豊かに、たくみに描かれているばかりか、きわめて信仰的な内容に仕立てられている。フリント夫人旧蔵。

今朝フィリップス・アカデミーに行く途中で突然一人の紳士と出会いました。彼はまるで古くからの友人であるかのようににこやかにほほえみながら近づいて来て握手をし、「初めまして、新島君」と言いました。そして、「私を覚えていますか」と聞きました。私はしばらくじっと彼の顔を見つめ、自信はなかったが「春さんですか」と尋ねました。「そうです」と彼は答えました。「どうしてここにいるのですか」と質問しますと、「いつもこの時期にはここに来るのです」と言いました。

私は「日本を離れて以来、まだ一人も日本人に会ったことはなく、ここでお会いするとは思ってもみませんでした」と話しました。「お会いできて、言葉にならないくらいにうれしいです。で、どこにお泊まりですか、春さん。毎日お会いしたいのですが」。彼は言いました。「私はここに長くいるわけにはいかないのです。この大陸ばかりかアジアやヨーロッパも回らなければならないのですから」と。

「そんなにお忙しいのですか。日本にいる時は、そんなことは思いもしませんでした。日本では毎年最初の三ヵ月に父の家の小さな庭やほかの多くの所で通算二十回ぐらいお会いしましたよ。でも、それ以外の月にはお会いしなかったので、どこか静かな秘密の場所でお休みになっているのだと思っていました」。

「いえいえ、あなたは私のことを何も知らないのです。私は地球上のすべての国民の備えをするのに大変忙しいのです。今は赤道のこちら側にいますが、六、七ヵ月後には反対側に行かねばなりません。しばらくすると、兄の夏がやってきて私の仕事を完成させてくれると思います」。

8 (a) 1866

「夏さんはあなたのお兄さんだったのですか。お兄さんならよく知っていますよ。春さんはおだやかで柔和で愛らしいけれども、夏さんはとてもきびしい方です。（中国からアメリカへの旅で）赤道を越える時、夏さんにつきまとわれ、汗びっしょりになって眠れない夜もあったほどです。ところで春さん、夏さんのほかにご兄弟はいらっしゃるのですか」。彼は答えました。「ええ、まだ二人います。一人は秋で、もう一人は冬と言います」と。

「あの方たちもあなたのご兄弟だったのですか。お二人とも知っていますよ。秋さんは好きなのですが、いつも顔色が悪いようですね。で、冬さんには二、三ヵ月前ここでもお会いしましたが、以前よりもきびしい顔つきになられたと思いました」。

すると彼は大声で笑って、こう答えました。

「私の兄弟たちを外観で判断してはいけません。みんなまじめな人間なのです。世界の始めに神が私たちをお造りになり、地球上のすべての国民のために備えをするように命じられました。私たちはその命令を守ってきたのです。アダムとイブの時代から今まで義務を怠ったことは一度もありません。しかし、この備えは現世のためのものなので、それを十二分に食べてもしばらくするとお腹が空《す》き、数週間後にはあなた方は滅びてしまうのです。ですから、あなた方は『活《い》ける食べ物』を求めなければなりません。一度それを食べると、以後決して飢えることはないのですよ」と。

私は彼の話にたいそう驚いて「いったいどのようにしたらその食べ物を探すことができるのですか」と尋ねました。彼はこう答えました。「もしその食べ物がほしいのなら、イエスを信じなさい。イエスという方はこの世の罪を取り去ってくださった方で、もし本気で彼を信じるなら、決して見捨てられることはありません。そしてイエスを通して『活けるパン』と『永遠の生命』を受け継ぐことができるのです。なぜなら、イエスは『わたしは生命のパンである。わたしのもとに来るものは決して飢えることがなく、わたしを信じるものは決して渇《かわ》くことがない。わたしの父のみ心は、子を見て信じるものが皆永遠の命を得ることであり、わたしがその人を終りの日に復活させることだからである』（ヨハネによる福音書六・三五、四〇）とおっしゃいました。ですから、求めなさい。そうすればその方はあなたに『生命のパン』と『永遠の生命』を与えてくださいます」と。

それから彼が「今何時ですか」と尋ねたので、「八時半ごろです」と答えると、「もうそんな時間ですか。仕事に戻らねばなりません」と言いました。「いつ日本の江戸に行かれますか」と尋ねると、「しばらく後で」と言われました。私は「もし万一私の父に会われたら、私のことは心配しないように、大変良い友だちがたくさんできて、皆心から愛してくれますと伝えてください。そして、世界をお造りになった方のおかげで私は元気でいます、とも」と話しました。

すると春さんは、「分かりました。さようなら」と言って私から離れ、草や木に手で触れながら野原や丘を越えて去って行きました。………

私は急いで学校に行きました。朝の祈禱の時間になっていましたから。

一八六六年五月九日

ジョセフ・ニイシマ

8 (b) 春さんとの再会（原文）

一八六六（慶応二）年五月九日

【Ⅶ-三二】 8 (a)の原文である。フィリップス・アカデミー*に入学しておよそ半年が経過した時点での作品で、先の福士への手紙5と比較して機知に富んでおり、英語力が飛躍的に向上していることが分かる。

sins of the world, and if you trust in him earnestly, He will in no wise cast you out ; —and through him you may inherit Living Bread and Eternal Life, because he said, 'I am the bread of life : he that cometh to me shall never hunger ; he that believeth on me shall never thirst, and this is the will of him who sent me, that every one which seeth the Son and believeth on him, may have Everlasting Life ; and I will raise him up at the last day.' Therefore seek Him, He shall give you Living Bread and Everlasting Life."

Then he asked me, "What time is it? " I answered, "About half past eight." He said, "Is it so late? I must go to my business." I asked him, "When will you go to *Yedo* in Japan?" He said, "after a short time." I told him, "If you should see my father, tell him, Be not concerned for me ; I have found very good friends, who love me for conscience sake ; —and I am very well through the mercy of *Him* who made the world."

Then he said, "I will," and departed from me, saying "good by" and went away through fields and hills, laying his hands on the grass and trees—and I went into the Academy quickly because it was the time of morning prayers.

9th May, 1866. Joseph Nee Sima

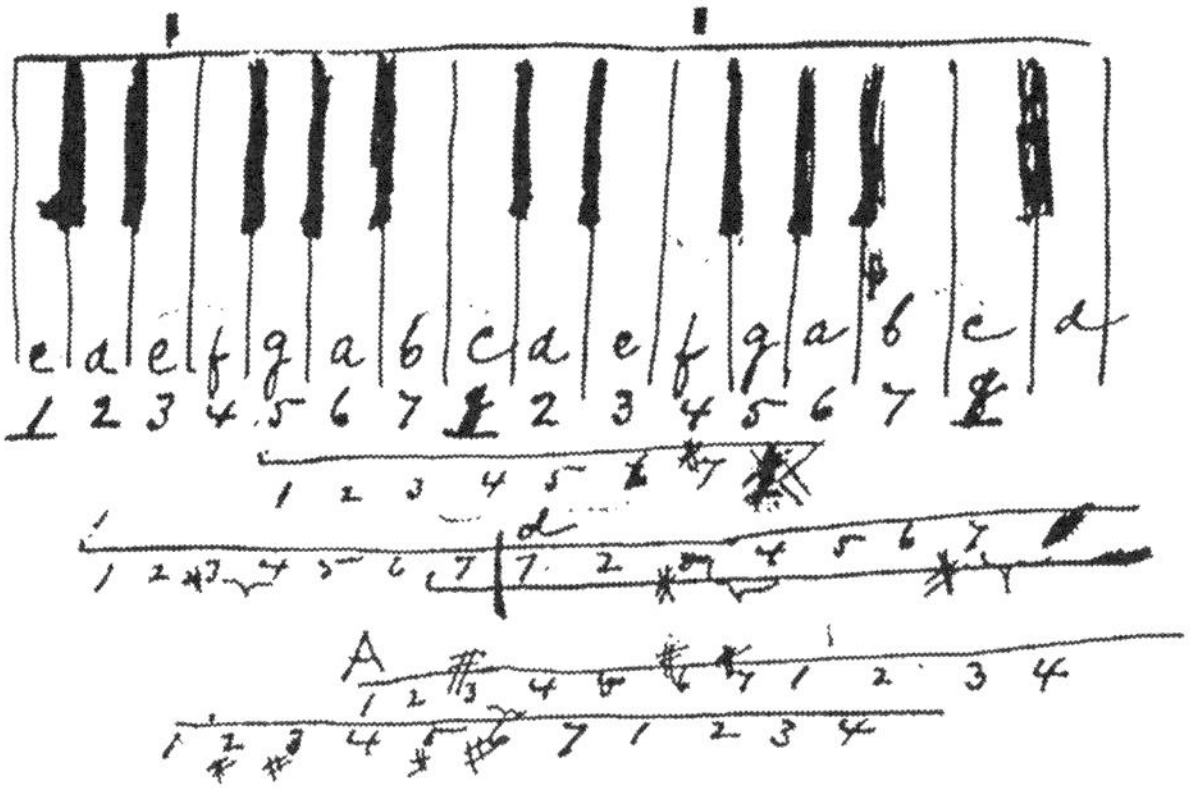

(44) フィリップス・アカデミー時代の新島のノート。彼はおそらくアメリカで初めて「洋楽」を学んだ「幕末」の日本人学生であろう。

8 (b) 1866

This morning I met a gentleman suddenly on the road to Phillips Academy. He came to me, smiling very sweetly as an old acquaintance, and shook my hand, saying "How do you do Neesima?"—and he asked me, "Do you remember me?" I looked in his face a few moments, "Are you Mr. Spring?" I asked him very doubtfully. He answered, "Yes, I am." "How came you here?" He said, "I always come here in this season."

I told him, since I left Japan, I never saw my country-man, and never expected to here. —"I am more happy to meet you than I can describe. Where do you board, Mr. Spring? I hope to see you every day." He said, "I can't board here, because I must go round *this* continent, Asia, and Europe."

"Are you so busy? I never thought about it, at home. I saw you in my father's little yard and many other places in Japan about twenty times, during first three months of the every year. But in the rest of the year, I never saw you, and I thought you were asleep in some quiet secret place."

He said, "No! no! you know nothing of me. I am always busy to make provisions for *all* the nations upon the earth. Now, I come on this side of the equator, but after six or seven months I must go to the other side. I suppose, after a while, my brother Summer will follow me, and complete my work."

"Is he your brother? I know him very well; you are so mild, meek and lovely, but he is very oppressive. When we crossed the Equator, (on the voyage from China to America) he came upon us, and teased us so much that we were all over sweat, and sometimes we could not sleep at night. Mr. Spring! Besides him have you any other brother?" He answered, "Yes, two brothers more; one called Autumn and another Winter."

"Are they your brothers also? I know them too; I liked Mr. Autumn indeed, but I am sorry he has always a pale looking face, and I saw Mr. Winter a few months ago in here, and I thought he grew sharper than before."

Then he laughed aloud, and told me, "You must not take their appearances; they all are faithful fellows. God made us in the beginning of the world, and commanded us to make provisions for all the nations upon the earth; We did so, and never retired for our duties from the time of Adam and Eve till now. But these provisions, which we have made are of the world, and though you eat of them bountifully, you shall be hungry after a while, and you will perish after a few weeks. Therefore you must seek Living Bread, which if you eat once, you shall never hunger afterward."

I was much astonished at his speech, and asked him, "How may we seek that bread?" He told me, "If you desire it, you must trust in Jesus, who took away the

9 新*島民治への手紙

一八六七（慶応三）年三月二十九日

(45) 10歳ごろに新島が描いたなでしこ。賛は曲江（祖父の弁治）*

【III-三一】新島が江戸の留守家族にあててアメリカから出した第二信。フィリップス・アカデミーを卒業（実際は修了）する少し前にアンドーヴァーから父親に送られた。ニューイングランドでの生活が細かく叙述され、「カルチャー・ショック」振りがうかがえて興味深い。家族に対する助言も細かく、暖かい。

去年三月初旬、お手紙を差しあげてから幼児が母を慕うように、また日照りに雨を求めるように日々ご返事だけを待っています。万里の波濤を越えてくるのですから、とうていすぐさまという訳にはいかないと思いながらも、今まで何のお便りもありませんので、心配のあまり一筆申しあげることにいたしました。

さて、お祖父さま始め皆さまいかがお過ごしでしょうか。きっとご無事で元気にお過ごしのことと推察し、お慶び申しあげます。私もつつがなく過ごしていますので、どうぞご安心ください。

さて前回の手紙で申しましたように、私は幸いに天の恵みを受け、万里の波濤を越えて無事アメリカ合衆国の名港ボストンへ到着しました。私が乗りました船の船長は大変親切な人で、手厚く私をもてなし、衣服などを買ってくれたり、船上で航海術を教えてくれたりしました。ボストンに到着してからは、私を〔*ワイルド・ローヴァー号の〕船主で当港では指折りのハ*ーディーという人物に会わせてくれました。

その方が私に「どんな希望を抱いてアメリカへ来たのか」と尋ねられましたので、こう答えました。「とりあえず貴国へ参ったのはほかでもありません。ただただ種々の学科とキリスト教を学び、国家のためにわずかでも力をつくしたいと考えたからです。そのために人情からは捨て難い父母、姉弟や友人と別れ、犯し難い国禁をも破り、自身の困難をも気にかけず、さらに衣食住の手立てもないまま、困窮すればただ真心をつくして働くつもりでした。そして、断固として父母の国を去り、遥かな海路をもいとわず、学業を成し遂げることだけを決意し、ひたすら天運にまかせ、貴国へ参りました」と。

ハーディー氏は深く私の志に感動し、一昨年十月下旬に必要な衣服などを買ってくださり、ボストンの東北十里あまりの一村アンドーヴァーという所の大学校〔実は中等教育機関のフィリップス・アカデミーのこと〕へ私を連れて行き、以来、月謝や筆記用具代なども払ってくださいます。そのため私は今は気持よく学問を修め、少しでも早く志を達成して帰国し、深くて高いご恩に報いることを楽しみにしています。

このハーディーという方がこのように私を世話してくださるのは、全く「天上独一真神」〔後に詳しく述べます〕への信仰からです。また日本のためだ、と言って多くの雑費も払ってくださり、全く対価を望まず、私を全く客として手厚く取り扱い、そのうえ五年でも十年でも私のために学費を出そう、と前から約束してくださっていますので、どうぞご安心ください。

ところで、このアンドーヴァーはきわめて小さな村ですが、所々に小山や小川があって、春は緑一色の景色がひときわ美しく、見慣れないいろいろな野鳥が花や樹木の間でさえずります。夏は意外に暑く、華氏の寒暖計で百度〔摂氏では約三十八度〕を超え、時々にわか雨や雷があります〔こちらでは家ごとに避雷針を備えていますので、雷火の心配はありません〕。秋には山林の紅葉は二月の花よりも紅く、〔紅葉の名所である奈良県の〕竜田の風景もこのようではないかと思います。

また九月の末にはりんごが熟し、その大きさは九年母《くねんぼ》〔みかんの一種〕くらいで、甘くて酸味を含んでいますので、本当に父上に一口でも差しあげたく思います。そのうえ梨《なし》は意外に甘く、日本の泡雪《あわゆき》〔梨の一種〕にも優ると思います。

冬はいたって寒く、十一月下旬から雪が降り続き、現在も雪の上を往来しています。池の氷の厚さは二、三尺に達しますので、人も馬も安全に〔氷上を〕往来しています。なおまた女性や子どもは鉄の靴〔スケート靴〕をはき、氷上を滑っています。これはまことに面白い遊びで、子どもの中には三度の食事も忘れる者がいるほどです。一番寒い時は寒暖計が零下六、七度から十七、八度〔摂氏マイナス二十六度〕に下がります。

しかし、現在は〔今日は三月二十九日です。二十一日が春分ですので、今日が日本の何日に当たるかお確かめください）二十度〔摂氏マイナス六度〕から三、四十度までの間を上下していますので、往来の雪が溶け始めました。また当地は江戸の春と違って、現在でもまだ鴬の初音が聞えません。草木は雪に埋もれ、日々風が吹き、はなはだ不快な天気です。結局四月の下旬にならなければ、春の景色を見ることができません。

このような寒い国とはいえ、万事が都合よく、外出の際には羅紗《ラシャ》〔厚手の毛織物〕の頭巾《ずきん》、毛織の帷巻《えりまき》、羅紗の上衣、ゴムの雪靴、羅紗あるいは革の手袋を用いますので、決して寒い思いをしません。また屋内にいる時は鉄の火炉《ストーブ》に適当に石炭あるいは薪《まき》をたきますので、実にのどかで春風の中にいるかと思われるほどです。しかも煙突がうまくつくられていますので、決して煙に難儀するということもありません。

このアンドーヴァーは名高い村で、神学校、大学校（私が通っています）、小学校（この学校は一銭も取らないので、どんな貧しい人でも入学でき、勉強するので、読み書きのできない人はいない）、女学校〔アボット・アカデミー〕、その他いろいろな村の学校、貧しい人々の施設、病院などがあり（これは村人がお金を出し、薬や衣服、食物を求める貧しい人を養うためです。ああ、ここにこそ仁政〔思いやりのある政治〕が中国や日本より進んでいることがわかります）。そのうえいろいろな毛織物工場があります。この工場の大仕掛は水車、歯車、蒸気機関などで、その巧妙さは手紙では書くのがむずかしいのです。

街道は大道〔車道〕と小道〔歩道〕に分かれており、その間に楡《にれ》の木が植えられていますので、たとえ雪が深く積もっても決して大道と小道を間違えることはありません。ただし大道は馬車の往来のため、小道は人々の往来のためですので、車に足をひかれたり、馬に蹴られたりすることはありません。また溝は地下に掘られていますので、子どもなどが溝にはまることも決してありません。

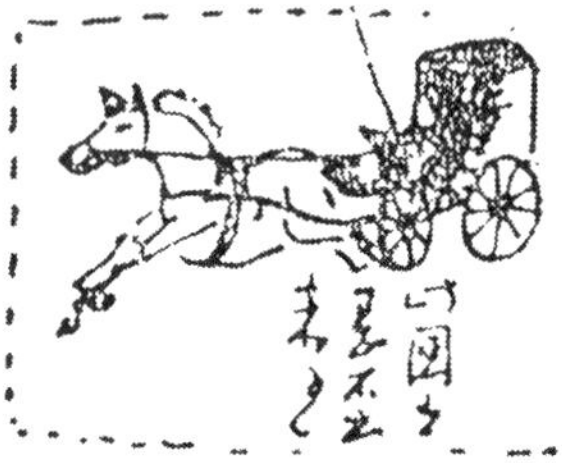
46 旅日記に描いた馬車

さて、神学校の学生や大学校の生徒たち以外にもこの村に住んでいる人々が外出する際には、必ず図のような車に乗り、馬に曳かせますので、足が疲れることはありません。また、遠方への旅行の際は蒸気車に乗りますので、一日に百里あまりの旅行もします。汽車賃は一里につき六セント（二百文）ほど払います。

私は昨年の夏、船長〔H・S・テイラー〕[*]の家へ行き、一ヵ月半ほど滞在しました。この船長の家はケープ・コッド〔のチャタム〕という所にあり、ボストンからは六十里ほどの距離がありますが、午後四時半に蒸気車に乗って夜の八時には目的地に到着しました。手紙はやはり蒸気車で運びますので、わずか三セント（百文ほど）払えばアメリカの北の端から南の端までとどこおりなく運ばれます。

ところで、この神学校にいるほとんどの学生は正直でいつわりがなく、酒や煙草を一切飲まず、よこしまでみだらなことをひたすら避け、決して情事などについては話しません。ただ天地や人間や草木、鳥獣、魚、虫を造り、永遠に天地万物のうちにいらっしゃる霊験著しい神、すなわち以前に申しました「天上独一真神」の道を身につけ、この世の罪を償ってくださる聖人イエスの教えを守り、日夜怠けることなく祈り、その恩恵や力添えを望みます。

彼らは自己抑制をし、父母に孝行をつくし、自分自身を愛するのと同じように兄弟姉妹、朋友隣人を愛し、偽りやおもねり、口先だけのことを言うのを恥じ、悪口や怒声を嫌うので、その風俗の美しさは酒色にふけって品行の修まらない日本の若者たちにぜひとも見せたく思います。

日本の青年たちは酒や女におぼれ、酒を飲んでは自らを英雄と称し、世間の人々を見下げて豚や犬のように言い、親や兄弟を蹴りつけ、情の知れない遊女と親しくなって、悪性の性病にかかり、その生業を失うのみならず、大切な身を亡ぼし、父母に迷惑をかけるのですから。

私も昔の七五三太とは大いに違って、この聖人の道で心が深く満ち足りております。また、日夜怠らず聖書を読み、聖人の道によって安らぎ、善を行い、ひたすら将来学業が成就することや国家の繁栄、主君や父や朋友の幸福だけを神に祈っています。

神学校の学生はおよそ百人、大学校の生徒は二百六、七十人、小学校、女学校、村学校の生徒は三百人あまりになりますので、この村の生徒、学生の数は総計六百六、七十人あまりになります。学生、生徒の食費は家ごとに異なりますが、通常一週間に六、七ドルで、一年ではおよそ三百六、七十ドルになります。南北戦争後、物価が大いにあがり、日本の二束分の薪がこちらでは二両ほどもします。

当地に住んでいる者は学生、生徒のほかは農夫がほとんどです。彼らは牛を放牧し、その乳を搾《しぼ》ってチーズ(牛乳を固めたもの)、バター(牛乳の油)などを作り、畑には麦、烏麦、とうもろこし、豆、かぼちゃ、菜っ葉、かぶら、にんじん、五升芋《ごしょういも》〔じゃがいも〕、ぶどう、りんご、梨(桃は非常にまれです)、そのほかいろいろの果物を作っています。

また耕作は非常に優れた道具を用いますので、日本で十人がする仕事をこの国では独りでやります。寒いので土地は日本より劣りますが、堆肥をうまく施しますので、作物は思いのほか良好です。また地面を掘り穴蔵を造って、すべての野菜を蓄えますので、現在でも昨年の夏に作ったいもやかぶら、にんじん、かぼちゃ、りんごなどを食べています。

食事の仕方は日本と違い、椅子に腰かけ、大きなテーブルで食事をし、箸の代わりにナイフ、フォーク、スプーンなどを用います。食物はパン、牛の焼肉、豚のうま煮、羊のスープ、スクランブルエッグ、種々の野菜などで、時々は魚肉なども用います。食後の菓子はカステラ、プリン(小麦粉に砂糖とぶどうなどを混ぜ、蒸したもの)、パイ(小麦粉をうまくのばし、いろいろな甘いものを詰めて焼いたもの)、りんご、桃、梨、ぶどうの砂糖煮、いろいろな干菓子などで、時には米を牛乳で煮つめ、上等の蜜をかけて食べます。飲物は茶(中国茶、日本茶など)、コーヒー、チョコレート、ココアの実などから作った飲料で、牛乳と砂糖を加えて用います。

この国では医術が発達し、人々は健康の増進にこころがける筋道をわきまえ、決して菜漬や沢庵《たくあん》や煎豆《いりまめ》などのような消化の悪いものは食べません。健康増進にこころがけることは寿命の長短にもかかわりますので、どうぞ父上はやわらかくて偏《かたよ》らないものをお召しあがりになってください。また保養のために時々は外出され、私のことは一切ご心配なさらず、ひとえにおん身の健康増進を第一とされ、私が帰国するまでご存命であられますよう神に祈っています。

さて前文で申しあげましたように、ボストンのハーディーという方がすべてを調えてくださり、衣服の洗濯や繕い、靴下のつぎあてなどはアンドーヴァーで下宿をさせてもらっている家の女性〔M・E・ヒドゥン〕* が親切に世話をしてくれますので、これらのことは決してご心配なさらないようお願いします。私も長い旅をし、自分で衣類を作ったり、洗濯やつぎあてなどをしたりしましたので、たとえ女性がしてくれなくても決して支障はありません。

　私は日本を去ってから行儀が大いに改まり、一杯の酒も飲まず、一服の煙草も吸わず、万事真面目で偽りなく行い、怠けることなく学業に励んでいます。人々は私を慈《いつく》しみ、大学校の校長や神学校の教授までもが私を親切に扱い、路上で出会うと手を握り（この国の礼儀です）、「ご機嫌いかがですか」と丁寧にあいさつしてくれます。

　私はますます遜《へり》くだり、ますます勉強して学問が成就することだけを心に決めています。古人の言葉に「陰徳あれば必ず陽報あり」〔陰で善行を行う者には必ずよい報いがある、との『淮南子《えなんじ》』中の言葉〕とあるとおり、お祖父さまがかつて施された陰徳が今は私の身の上に陽報となって現れていると思い、ひたすら天の恵みを身にしみてありがたく感じ、日夜怠けることなく、お祖父さまや父上のために未来の幸福を祈っています。

　わたしが出奔しました一件は間違いなくお祖父さまや母上にご苦労、ご心配をおかけしたことと思いますので、私はたとえ身体をずたずたに斬られてもその罪を償いがたく思います。しかし、私には決して親族を見捨てる気持はなく、ただ学問を修めるためと考え、しばらく親族とお別れしました。古人が申すとおり、名をあげ、道理を行い、父母の名を後世に伝えることは孝行の極みでありましょう。

　しかしながら、いたずらに母上の傍にいて、わずか六両二人扶持《ぶち》のために歳月を無駄に過ごすことになれば、天下の情勢を見分けたり、馬と鹿を区別するということができず、火口箱《ほくちばこ》〔火打石で打ち出した火を移し取るものを入れておく小さな箱〕の隅にいて、この広大な世界をわずか三寸四方のものと思ってしまうでしょう。

　私は不出来な息子とはいえ、狭い馬小屋に伏してはいても、「*千里を駆けめぐる志」〔魏武帝の詩「老驥伏櫪《ろうきふくれき》、志在千里」〕を抑えがたく、国禁を犯し、自身の難儀をも顧みず、このような大胆な行動〔密航〕をとり、あてもなく異国へ参りました。けれどもこの国の人はいたって情に厚く、私の世話を大いにしてくださいます。天恩の極みであり、感謝の方法も見つかりません。

　どうか父上は私の行動を世間一般の放蕩息子と十分に比較され、いずれを良しとされるかをお決めくださり、少しは私の志がいかなるものかをお察しください。また同時にわが国始まって以来未曾有《みぞう》の大逃亡をした息子をお持ちになることは、ご自身の手柄とお考えになって、あきらめていただくようお願いします。

さて、お祖父さまはご高齢になられましたので、とうてい再びお目にかかることはできないと思います。それを思うといっそう悲哀の気持をかきたてられ、涙で袖をぬらしています。

母上はその後いかがお過ごしでしょうか。大変遠く離れていますので、ご両親に孝行をつくす方法がなく、日夜母上のため「天上独一真神」の特別のご加護を祈っています。〔姉の〕*おみよさまには私のために心配せず、よく家の内を管理してくださるよう願います。

*双六殿（兄弟の慈《いつく》しみがますます深くなり、時々会いたく思います）へは私に代わってよく父母の面倒を見、姉たちを愛し、身を潔癖に保ち、気ままでしまりのない書生の悪い習慣を避け、飲酒はもちろん、あまり煙草（これは健康のためによくありません）も飲まぬように願います。

さらに、どんなに困ってもいやしい志を持たず、しっかりと志を立て、日夜勉強し、将来私の話し相手になってください。また視野の狭い学者に慣れ親しみ、全体を見ず、重箱の隅をつつくような学問をしないようひたすら目を開いて現状を見きわめ、地理書などを調べ、洋書調所〔一八六八年に開成所と改称〕あるいは海軍所〔元*軍艦操練所。一八六六年に海軍所となった〕へ行き、洋算を習うように。しかし、時々は暇をみて、飛鳥山や隅田川の周辺を散歩するのがよいと思います。

双六殿は格別丈夫なほうではありません。とくに野原の空気は肺によろしく、また散歩は身体の運動になり、自ら健康の基となるでしょう。しかし、観音の北方にある八丁土手に続く一地域〔の遊廓〕は忠臣や孝行息子が嫌悪すべき所ですので、決してぶらつかぬように。なぜならばいったんそこに夢中になると、財産を失うのみならず、梅毒にかかり、一生の難儀はもちろんのこと、その毒が子孫にまで伝染し、子孫をも不幸にする原因となりますから。そこは非常に恐ろしい所です。双六殿に一生のお願いとして切にお話していただきたく思います。

さて、家財のことは父上がご入用のほかはすべて双六殿、おみよ殿へお譲りください。私のためには決してお考えにならないようお願い申しあげます。もしご病気であることが分かれば、ぜひとも*杉田さまにご相談になり、神仏に願をかけたり、まじないなど一切なさらぬようお願いします。

なぜなら日本の神仏は木、鉄、銅、石、紙などで造られており、目があっても見えず、耳があっても聞こえず、口があっても食べられず、手足があっても働けず、内に魂が入っていないことは明らかだからです。神仏はもとはこの世に生きていた人間で、現在の私たちと同じであり、伊勢大神宮〔天照大神《あまてらすおおみかみ》を祀《まつ》る〕もやはり父上と同じ人間なのです。神棚を崇《あが》め尊び、天照大神と唱えて頭を下げて拝むようなことは愚かの極みで、ことさら説明しなくても明らかです。ご利益のないことははっきりしています。

天照宮も八幡宮も春日大明神も結局私たちと同じように「天上独一真神」により造られた人間です。だからどうか父上には眼を大きく見開いて、人間の手によって造られたこのような偶像に迷わされないように願います。

しかし、この「天上独一真神」は天にも地にもただお一人（釈迦如来《しゃかにょらい》のような鉄や石の仏とは違います）の神であられ、天地や星や人間、鳥獣、魚類などに至るものまでを造られ、永久に存在され、また至る所にいらっしゃいます。この神は世の人々の善意をご覧になって、善をなす者には未来の幸福や不朽の命を与え、悪をなす者には必ず罪を加え、永く続く苦しみを与えられます。

そのためどんな人でも悔い改めたうえでその神を信仰し、日夜敬《うやま》い、神に祈って、「神よ、家族全員に恵みを与え、悪事や災難を防ぎ、そして日々の食物をお与えください。そのうえ以前に犯した罪をお赦《ゆる》しください」などと唱えれば、この神は喜んでその祈りをお聞きになり、必ず未来の幸福をお与えくださいます。

さてこの神のことは帰国の後においおいと詳しく申しあげたく存じます。こまごまと申しあげたいことがありますが、すべてのことをお手紙に書きつくすことができませんので、ここで筆を置くことにいたします。以上。

合衆国マサチューセッツ州アンドーヴァー村の大学校より

敬幹

一八六七年三月二十九日

父上さまへ

〔追伸〕

なお時節がらお身体を十分にいたわり、また寒暑にかかわらず食物にご注意ください。とくにコレラなどが流行する場合は、やわらかくて消化のよいものを召しあがり、お身体を清潔に保たれるよう切にお願い申しあげます。

*飯田、星野、菅沼、江場先生によろしくお伝えください。杉田廉卿《れんけい》さまへは別のお手紙をお届けくださり、よろしくお伝えくださるようお願いします。とくに*吉田賢《けん》輔《すけ》、鈴木振八《しんぱち》〔*尺《せき》振八〕は私の親友ですので、もしお会いになればよろしくお伝えください。

植村、木村、浅尾さまへもよろしく。〔甥姪の〕民、鋏三、よねはきっと大きくなったことと思います。

昨年十一月、薩摩藩の家臣六人がニューヨークへ到着し、そのうちの一人が当地〔アンドーヴァー〕へ来て、私を訪ねてくれました。私は日本を去ってから日本人に会うのが初めてでしたので、ことさら大喜びしました。現在この六人はモンソンという所の学校〔モンソン・アカデミー〕へ行き英学を勉強しています。

今月初旬に日本の手品使いと軽業師〔高野広八一座〕がボストンに参り、二週間滞在しています。

さて昨年三月、当地から箱館にいます卯之吉〔*福士成豊〕という人に頼み、父上へのお手紙と私の写真を差しあげましたが、彼からすでにお受け取りになったことと思います。

ご返信は星野閏四郎さまへお頼みくださり、横浜にいる彦蔵〔*ジョセフ・ヒコ、浜田彦蔵〕にお会いになり、別紙〔所在不明〕をお見せになれば、彦蔵は必ずその手紙の世話をしてくださると思います。郵便料は二朱か一分《ぶ》でしょうからお支払いください。ご返信は薄い紙に細字でお書きになり、長さ三寸、巾二寸半ほどに折り、私から差しあげた封筒にお入れください。この封筒にはすでに糊がついていますので、その糊を湿らせて封をしてください。

お元気でお過ごしですか、と熊若さま〔若殿。安中藩主勝殷の嗣子〕にお尋ねください。

もし彦蔵が横浜におられなければ、杉田さまに頼み、同地にいる宣教師のアメリカ人〔S・R・〕*ブラウンという人へご返信をお送りください。

〔追々伸〕

くれぐれもお酒はあまり召しあがらぬようお願いします。酒は人を愚にしたり、身体に毒を残したりする、はなはだ悪《にく》むべき飲みものです。

10 M*・E・ヒドゥンへの手紙

一八六七（慶応三）年十一月二十二日

(47) M.E. ヒドゥン

【VI-三四】 原英文。フィリップス・アカデミーからアーモスト*大学に進学した新島（二十四歳）が入学直後にアーモストから、かつてホームステイした家の女主人（アンドーヴァー在住）、M・E・ヒドゥンに送った返信。アンドーヴァーでの家庭生活がなつかしく回顧されている。

拝啓

一週間前の火曜日、お手紙を受け取りました。お便りを頂戴《ちょうだい》し、弟さん〔D・I・ヒドゥン〕ともどもお元気でお変りがないと知ってうれしく思いました。できるだけ早く返事を出すつもりでしたが、その日からひどい風邪をひき、一週間激しい頭痛に苦しみました。勉強することも外出することもできませんでした。

ルーム・メイト〔A*・リヴァモア〕が食事を運んでくれましたので、冷たい水だけを飲みながら、自室で食事をとりました。あなたから貰っていたハムリン混合薬はアンドーヴァーを出る時に飲んでしまっていましたので、町のドラッグストアで買い、就寝前に飲みました。大量の汗が出て少しは楽になりました。

大学の寮にはとても満足しているのですが、病気になった時には、ホームシックにかかってしまいます。日本の、ではなくアンドーヴァーの家に対してです。気分が優れないままソファーに横になっていますと、過去の思い出がいろいろと脳裏に蘇《よみがえ》ってきます。あなたが私に示してくださったご親切を思い出します。そして心の中で言います。「もしアンドーヴァーにいたら、温かい飲物を作ってくださったり、ソープストーン〔温石《おんじゃく》。布に包んで身体を暖めるために焼いた軽石〕を温めてくださるのに」と。

同時にこんな弱々しい感情は捨てようとも思います。なぜなら、そんな気持を持ち続けていると、もっとつらくなるからです。ただ主なる神を信頼して気持を強く持ち、元気でいなければと思います。主のみが地上にあっても天国にあっても、私のただ一人の変らぬ友です。しかし、まだ時々弱気で崩れそうな気分にならざるをえませんでした。今はすっかり良くなりました。

昨日、〔E・ヒチコック教授の秋学期の〕生理学の授業が終り、来週の月曜日には数学が終わります。勉強を全部終えられたら、どんなにかうれしいことでしょう。猛烈な勉学の後では、気分を変えることと休息をとることがとても望ましいのです。少しゆっくりしようと思っています。あなたのご招待を大変うれしく思いますが、この休暇にどこに行くかはまだ分かりません。

先週そのことについてハーディー夫人にお尋ねしましたが、まだ返事をくださっていません。多分、休暇の間もここにいさせてくださると思います。私はモンソン・アカデミーにいる日本人〔薩摩藩の留学生〕に会いたいのですが、そこに行くにはお金がかかります。休暇をどこで過ごすかについては、神さまが導いてくださると信じています。目はこの十週間とても良かったのですが、いまはかなり疲れています。

弟さんのことをあまり話してくださいませんね。どうしていますか。元気ですか。とうもろこしの収穫はいかがでしたか。今年はりんごの収穫は良くないと思いますが。旧友のサムはどうしていますか。〔教会の〕テイラー執事が親切にも私のことを尋ねてくださったそうでお礼を言ってください。また、執事とご家族によろしくお伝えください。双子の赤ちゃんが神の許に召されたことをお気の毒に思います。しかし、神はいつも最善をご存じです。アボット氏、アボット執事、フラッグさんにもよろしくお伝えください。

フリント夫人に来週お返事を書くとお伝えください。今夜は収穫祭に参加しました。行事はとてもよかったです。今夜はもうこれ以上書かないほうがよいと思います。お休みなさいを言わせてください。どうぞお体をお大事に。弟さんによろしく。お祈りの時にはいつでも神の恵みがあなた方ご一家にあるようにと祈っています。あなたも私とわが祖国の人たちのために祈ってください。

感謝をこめて

ジョセフ・ニイシマ

お手紙をいつも待っています。

11 新島*双六への手紙

一八六七（慶応三）年十二月二十四日

48 物理学の教科書に書きこんだスケッチ

【Ⅲ-三九】アーモスト*大学に在学中に、江戸で勉学中の弟（哲ともいう）に出された第二信。八ヵ条にわたって生活上の諸注意をこまごまと書き連ねるなど、弟への期待と愛情とが行間から豊かに感じとれる。新島二十四歳、双六二十歳。

先日故郷にお手紙をお送りしてから、ご返事はとうていすぐにはこちらに届かないに違いないと思っていましたが、意外なことに一八六七年十月五日の朝、慶応三年六月十八日付の家からの便りが私の学んでいますアーモスト大学に届きました。

さて、わたくしは家を離れて、箱館を去って波を枕に夢を見る日々を過ごして以来、ひたすら故郷の人々はどのようにお過ごしかと思っていましたが、今度一通のお手紙で故郷の方々が無事で元気に過ごされていることを知ることができましたので、私の喜びは最高で、筆舌につくしがたいものがあります。哲〔双六〕は狭い馬小屋に横たわっていても、「千里*を駆けめぐる志」を抑えがたいとのこと、これまた大喜びです。

わが国の情勢が大きく変化した様子を知りましたが、これはきっと開化の前ぶれになるでしょう。数万の幕府軍が長州一藩を何ともしがたい様子、実に笑いをこらえることができないというべきでしょう。兵制が変ったとのことですが、兵をもって国家を立派に成り立たせることはむずかしいです。

箱館からアメリカまでの日記は母上へのお手紙に略記しましたので、ここには書きません。またアメリカの情勢は飯田*さまへのお手紙の中に簡単に書きましたので、先生から聞いてみてください。私が今日哲に望むことは左の事柄で、いずれもきわめて実行しやすいものです。

一、日本でいう「君に忠」は、私たちのこのうえもなく尊い救い主イエスの論ずる忠とは大いに違いますので、短時間では語ることができません。

しかし、信を守り、義を行う心をもって主君や友人に接し、愛情と尊敬の気持で父母や姉たちに接すればよいと思います。ただ、日々嘘や偽りをもって人に接しないようにしたいものです。

二、中国に関する学問は中国歴代の出来事を単に深く追求するにはよいが、孔子や孟子の思想でもって国家を成り立たせようとすることは大きな誤りです。ここで哲に望みたいことは、洋学―英学がよろしい―を研究することです。もし開成所〔幕府の洋学機関〕で西洋人について学ぶことができれば、まず先に英語を話すことに専念しなさい。

それから文法書、算術、点算〔高等代数学〕、幾何学、測量学、西洋一般の歴史および各国の歴史を研究しなさい。そして洋書については飯田さまに相談し、藩主*に買いあげてもらえるようにしたいものです。また杉田さまに頼んで開成所から貸してもらいなさい。

しかし、最善なのは右に述べたいくつかの学問にはるかにまさる旧新約聖書を研究することです。この書は日本では禁制ですが、上帝（造物主）に造られた私たちが必ず読まねばならない書です（このことは他人にしゃべってはいけません）。

三、日本語で文章を書く場合、誰にでも読めるような文を書くように心がけてください。日本人がこのように漢字を多く用いるのは大きな誤りです。

四、詩作に時間を費さないようにしたいものです。

五、酒は一切飲まぬように。あまり煙草も吸わないように。酒や煙草が脳に害を及ぼす様子は実際には見えませんが、身体に与える害は手や足を一本切るよりも大きいのです。なぜならば脳は人間の記憶や思索の源であり、喜怒哀楽の問屋のようなものです。どうぞ脳を害せぬように心がけてください。

六、娼婦と一切交わらぬようにしたいものです。梅毒が一度体に入れば、生涯にわたって害があるだけでなく、子孫にも伝わるので、適当に敬《けい》して遠ざけるべきです。もし哲の友人で哲を遊郭に誘おうとする者がいれば、断然絶交しなさい。

七、部屋をいつも掃除しなさい。「塵の中に座って天下を掃除しなければならぬ」というある中国人の大げさな言葉は、愚の骨頂といえましょう。部屋を清潔にして、たびたび空気を入れ換えることは実に健康法の一つで、書生たちがもっとも気をつけなければならないことです。

また行火《あんか》〔炭火を入れて手足を暖める道具〕を布団の中へ入れないように。空気中の酸素（杉田さまに問いなさい）が炭火に接すると炭酸ガスになり、人間を害するこのうえなき恐ろしいものとなります。

また七日か十日目には襦袢《じゅばん》や褌《ふんどし》を替えなさい。どうか虱《しらみ》を肌着の上に這《は》わせることがないように。また菜漬や沢庵のような消化のよくないものは一切食べないように。たびたび豚の赤肉を食べる必要があります。ただし大食はいけません。毎日一、二里ずつ散歩してほしいのです。熱い風呂に入るのもよくありません。

八、行きづまって困っても志を曲げることなく、ただ学業が成就したその時には国家のために力をつくすべきです。

一八六七年十二月二十四日

幹

弟　哲様

日本には、ややもすれば野豚のような人間がいますので、怪我《けが》や災難を避けるために夜出歩かないようにしてください。さらに夜間外出は健康のためによくありません。

林家〔昌平坂学問所のこと〕に入塾されたとのこと、めでたし、めでたし。しかし、昔風の中国人のまねをしないように。

この手紙は飯田氏と杉田氏以外の人にはみだりに見せないように。

日本を去ってから漢文の書物を一切読まないために時々漢語を忘れます。

12　S*・H・ハーディーへの手紙

一八六八（明治元）年四月二十七日

【VI-三三】　原英文。J*・H・シーリー宅（アーモスト）で療養中に新島（二十五歳）が、ボストンのハーディー夫人に出した手紙。

*アーモスト大学教授のシーリーや「アメリカの母」のひとりであるハーディー夫人らがいかに親身になって新島を世話しているかがよく分かる。

49 S.H.ハーディー（スーザン）

ご親切なお手紙と小切手、それから日本からの封書をとどこおりなく受け取りました。ご親切にもお見舞の言葉をいただきありがとうございます。大方回復しているのですが、シーリー先生はまだ家から出してくださいません。

先生のご親切に対して何をしたらよいのか分からず、ただただ感謝しております。先生はまた風邪をひいてはいけないと非常に気にかけてくださいます。気候が大変変りやすく不快だからです。そのため、授業に出ることを許してくださらないので、ずっと先生の家に滞在しています。ご夫人〔E・T・シーリー*〕がまだオルバニーから戻ってこられないので、先生は私がいることをたいそう喜んでおられます。しかし、できるだけ早く寮に戻らねばなりません。

奥さまからの小切手〔一ヵ月分の生活費として五十ドルか〕を受け取った時、自分で働いてこれほど多くを得るのは大変むずかしいと思い、お志に感謝しました。シーリー家の使用人は手紙を持って来てくれた時、本当はどこから来たのか知らないのに「お家からです」と告げました。私は差出人の名前を見て、奥さまからのものだと分かったのですが、中に和紙のような柔らかいものが入っている感触がありましたので、「多分そうだろう」と答えました。

そして開けてみると、本当に日本からの手紙でした。父は少し前に手紙を出したと言っていましたが、私はまだ受け取ってはいませんでした。出奔《しゅっぽん》以来、私の身を案じている母以外は、全員元気だと書いてあります。姉も手紙をくれました。皆がとくに奥さまによろしくと申し、感謝の気持を伝えております。

そのほかには国内での争乱を伝えています。江戸の人々は将軍の敵〔西軍〕が攻め入って来るのではないかと恐れており、父を始め家族全員が私に帰国するようにと望んでいます。しかし、私は父の所有物ではありません。「手を鋤《すき》にかけた」〔ルカによる福音書 九・六二〕今どうして戻れましょうか。

私は主のご用のために備えねばなりません。しかし、ここにいても母のためにできることは大いにあると思います。母のために熱心に祈ることです。神はいたるところにおられる方ですから、母を守ってくださると信じます。今帰国すると、戦場に行かねばなりません。そんな野蛮な戦争で毛頭死にたくありません。私は「救いの兜《かぶと》」と神のみ言葉である「み霊《たま》の剣」〔エフェソの信徒への手紙 六・一七〕を持ってサタンとの戦いに行くことに身を捧げているのです。

お祈りの中に母の名前を加えていただけませんか。一日に何度も母のために祈っています。どうか母が生命のみ言葉を聞くことができる日まで長らえることができるよう、神がお守りくださいますように。

13 H・S・テイラー*の親戚への手紙

一八六九（明治二）年十二月二十一日

50 H.S. テイラー

【Ⅵ-六一】原英文。かつて新島を上海からボストンまで乗船させてくれた船長がボストン港で事故死したことを聞いて、彼の親戚に新島（二十六歳）がアーモストから送った手紙。いつ襲ってくるかわからない最期に備えて、ただちにキリスト教に入信するように、と熱烈に説いた「伝道」の文書である。新島が洗礼を受けてからまる三年が経過していた。彼の信仰の内実と成熟度がうかがえる好資料である。

《手書きの写し》

H・S・テイラー船長が一八六九年十二月十一日の土曜日にイースト・ボストン側の岸壁とフェリーボートとの間にはさまって死亡された。この世のためにだけ生きていて、霊的な幸福に無頓着な、船長の親戚にあてて、主のお召しに応じる用意をしておかれるようにと忠告する〔左の〕手紙を差しあげた。

拝啓

あなた方の魂に受けとめてもらいたいことがありますので、もしよろしければ少し時間をさいて、ささやかなこの手紙を読んでくださいませんでしょうか。

ホーレス船長〔H・S・テイラー〕があまりにも突然に私たちの許から連れ去られましたので、誰もが主のお召しに応じる用意をしておくことが必要だと考えました。そこで、はたして私にその準備があるかどうかを自問してみました。アーモストに戻って以来ずっと主のお約束に対して疑問は何一つないか、また主のお召しに応じたくない気持があるのではないか、入念に自分自身を見つめ直してみました。

今はっきり申しますが、もし主のお召しがあれば、喜んで参ります。罪に満ちたこの世を離れてイエスのみ許に行くのは、私にはより幸福なことと思えます。主のお恵みは私のような取るに足らない哀れな罪人を救うのに十分であると心から信じます。私は自分が哀れな罪人であると分かりましたから、イエスの許に来ました。そして主が喜んで受け入れてくださったので、私は主を受け入れます。み手に守られていることを固く信じますから、子どもが親に対するような信頼で主のみ手にすがりつくことができます。

もし主が支えてくださらなかったなら、私は自分の罪の重さのゆえにたしかに幾度も真暗闇の中に落ちていたことでしょう。もし主がいらっしゃらなければ、私はただの哀れな罪深い生き物にすぎません。しかし、私の行くべき暗い道は主がいてくださることで明るくされているのです。

今やイエスは私の大切な救い主です。かけがえのない方です。主のみ名は誉《ほ》むべきかな。主は私たちの心の病をとり去るためにこの罪多き世にみ子を送られました。

アーモストに戻るとすぐに宗教のことについて皆さまにお手紙を書こうと思っていました。そこで、先週の木曜日の夕方から書き始めましたが、あいにく風邪をひき、金曜日以来すっかり体調を崩してしまいました。しかし、アーモストの親切な友人の看護で驚くほど回復いたしました。

ベッドや時にはソファーに横たわりながら、み霊《たま》に強く動かされ、元気になったらすぐに先の事柄についてあなた方にお手紙を書かないといけないと思いました。なぜなら、ホーレス船長から宗教観を聞く機会を生前長く求めていたのですが、逸してしまったからです。船長が私たちの許から連れ去られたことは実に嘆かわしいことですが、もし船長の宗教観を聞き、本人から確かな答えを得ていたら、私は納得していただろうと思います。今や船長にイエスのことを尋ねるのも、イエスの許に招くのも遅すぎるのです。もう亡くなられたのですから。

船長は人々の前で信仰告白をしませんでしたが、臨終の言葉が「わが主、わが神よ」でしたから、心の中ではすでにクリスチャンであったと信じるに足る理由となります。皆さまがよくご存じのように、船長は自分の考えを内に秘め、決してそれを自由にまたはおおっぴらに述べる人ではありませんでした。み霊に関する事柄は、神と彼自身の間でだけ了解されているのです。私たちには大きな損失ですが、おそらく彼は私たちと一緒にいるよりもはるかに幸せでしょう。

この四年間、彼のことを祈ってきました。彼のために捧げた私の微力な祈りを神さまは覚えていてくださり、イエス・キリストを通して清らかで汚れのない住まいに船長を受け入れてくださることを心から願っていました。

船長がこんなにも早く召されるとは誰も思いもしませんでした。しかし、定められた時だったのだと思います。神のなさることに間違いはありません。神はすべてのことを私たちの益になるようにしてくださいます。神は私たちを召される時、一瞬も待ってくださらないのです。なぜなら、肉なるものはすべて「草のようであり、その華やかさはすべて花のようだ」からです。「草は枯れ、花は散る」のです〔ペトロの手紙一　一・二四〕。だから自分たちがどれほど脆《もろ》いかを知っておかねばなりません。

ほんの一歩の中にさえ致命的な一点があることを覚えておいてください。神のなさるみ業《わざ》には従うべきだ、と知るのはよいことですし、主のお召しに対して準備をしておくことは大変適切なことです。友よ、あなた方は用意ができていますか。〔来たるべき怒りから〕逃れる用意ができていますか。

そんなことをお尋ねするのは大変失礼であり、私にその資格はないとお考えになるのももっともです。しかし、前にも申しましたとおり私はみ霊に動かされ、それから逃れることはおそらくできないでしょう。あなた方の魂の幸福についてお手紙を書くことが、自分の考えなのか、それとも亡くなった船長の霊に導かれてのことなのか、私自身よく分かりません。ですから、あなた方に対して主のお召しに応える準備をしておかれるようにと申しているからといって、あなた方よりも私のほうがいくぶんなりとも賢いなどと考えているとは決して思わないでください。

私は自分を大変卑しいものと思っています。塵にも値しないものです。私は哀れな罪人《つみびと》です。成人するまでイエスのことは聞いたこともありませんでしたが、神の恵みによって救いのご計画を知るようになりました。そして、それを受け入れた時から私は喜びとうれしさに満たされました。

また罪の汚れをすべて洗い流すことのできる方のところに誰もが来ることを願うようになりました。その方はいつも親切で優しいのです。肉体を持っておられた時には、ご自分を「罪人の友」と呼んでおられました。その方は今、父の玉座におられて私たちのために執《と》りなしをしていてくださいます。

そのような方が、私たちの救い主なのです。その方の友人になってその方に生命を託そうと思われませんか。もしあなた方が選びさえすれば、すぐにでもその方のところへ行けるのです。み許に来るようにといつも招いておられるからです。実際、誰でも自由に行くことができるのです。

友よ、そのお方と皆さまの間にある障害はいったい何なのでしょうか。

あなた方はあまりにも誇り高くて行くことができないのですか。その方はあなたを謙遜にしてくださいます。あまりにも弱くて行くことができないのですか。その方はあなた方を支えてくださいます。あまりにも忙しくて行くことができないのですか。その方は費やすべき貴重な時間を与えてくださいます。あまりにも疲れて、行くことができないのですか。お行きなさい。その方は心地よい休息を与えてくださいます。

貧乏だからですか。お行きなさい。その方は信仰を豊かにしてくださいます。金持ちだからですか。その方は「心の貧しい人」〔マタイによる福音書 五・三〕にしてくださいます。老人も青年もお行きなさい。イエスは年老いた人を哀れみ、子どもを愛してくださいます。親愛なる友よ、さあお行きなさい。遅くならないうちに。イエスは戸口であなた方を待っておられます。あなた方にとって今以上によい機会はありません。イエスの誘いは無償なのです。お金が無くても行くことができるのです。さあ今すぐいらっしゃいませんか。

おそらく私たちの中にもホーレス船長のように予期していない時に突然生命を失う人がいることでしょう。私たちは明日自分がどうなっているか全く分かりません。しかし、しっかりと私たち自身をイエスに託しておけば、たとえ死んでも確かに生きるのです。なぜなら、イエスは私たちの生命であり復活だからです。皆さまは子どものころから救い主としてのイエスのことを聞き、知っておられます。

それでもためらうのはなぜですか。思いきって一歩を踏み出し、イエスのみ手に手をお繋ぎください。そうすれば安心です。友よ、クリスチャンになるのは決して厳しいことではなくて、むしろ楽しいことです。たやすいことでもあります。主はあらゆる方法であなた方を楽しくしてくださいます。

友よ、最後に言わせてください、「クリスチャンになりなさい」と。聖なる感化を心に受け入れることなしに、この悲しくて苦しい出来事を通過させてしまうことが決してありませんように。
この問題についてはこれ以上申しません。しかし、もし疑いや恐れ、ためらいや困難があるならば、事情を手紙で一筆してください。皆さまの回心のためにとくに祈ります。神は私のような取るに足らない罪人の祈りでさえも退けられない、と固く信じていますから。神があなた方の近くにいて、苦しみの時には慰め、み霊によって優しく導き、ついにはあなた方を救ってくださいますように。

あなた方の忠実で取るに足らない友

ジョセフ・ニイシマ

14 E*・T・シーリーへの手紙
一八七〇（明治三）年四月十九日

51 J.H. シーリー*

【VI-七三】原英文。E*・フリント夫妻に招かれてマサチューセッツ州ヒンズデールで春休みを過ごす新島（二十七歳）が、アーモストのJ・H・シーリー夫人に出したもの。シーリー家が家族ぐるみでアジアからの留学生を暖かく迎え入れている様子が彷彿とする。フリント夫妻はかつての家庭教師役で、当時はヒンズデール教会の牧師館に住んでいた。

拝啓

時間どおりにヒンズデールに到着し、フリントご夫妻より丁重なお迎えを受けました。

素敵なお弁当を心から感謝申しあげます。大変おいしかったです。十分過ぎるほどありましたので、ここに着いてからも夕食は必要ありませんでした。が、何よりも必要なことは休息でした。あの日の午後は大変疲れていましたので、楽な椅子に腰をかけ、ひと眠りしました。その夜は大変早く就寝し、九時間以上眠りました。

当地に来て以来、身体の調子は上々ですが、頭がぼんやりとし、だらけた生活を送っています。毎晩九時間眠り、さらに毎日二時間ぐらい昼寝をします。寝ようと思えば、いつでもまどろむことができるように思います。こんなことはこれまでの生涯で非常に珍しいことです。

先週の土曜以来、当地では冷たい東風が吹いており、湿気が多く不快な天候です。じとじとしていますので、この四日間一度も外に出ていません。このため毎日少しずつ良くなっているとは思いますが、頭がすっきりしません。本も少しは読んでいますが、ギリシア語の勉強はまだ始めていません。今のところ始める勇気が出ないのは残念です。いつから始められるのか分かりません。このあたりに春の兆しはまだ見えません。雪はあちこちに残っており、道はぬかるんでいます。穏やかな春風が一日も早くこの雪で覆われた山々に吹いて、自然をほほえませ、快適にしてくれることを願います。そうすれば、戸外に出て山の上や森の中でひとときを過ごせるでしょう。

先週の安息日は家の中で静かに過ごしました。フリント氏と奥さん、それに使用人の女性が礼拝に行きましたので、私は独《ひと》りになりました。しかし、独りぼっちではありませんでした。神がともにいてくださるのでたえず元気づけられていたからです。私は神を信じて生き、行動し、すっかり神のものなのです。午前中は『エリシアの幼年時代』の最初の数ページを読み、午後は静かに黙想をして過ごしました。

お別れして以来、奥さまのことをよく思います。先生のお家で楽しませていただいたすべてのことが記憶によみがえって参ります。病気の時、奥さまからどれほど優しい愛情を注がれ、親身に看病をしていただいたことでしょう。冷たいアイスクリーム、上等のビーフステーキ、オイスターのスープがどんなにおいしかったか。毎週日曜の夜、奥さまとお子さまたちの甘美な歌声に耳を傾けるのがどんなに楽しかったことでしょうか。

私がゲームで優勢になった時のウイリー坊やの興奮した顔を見るのは実にほほえましい光景でした。お嬢さまのベッシーとアニーが私の相手をしようと私の部屋に入ってきた時の姿は、どんなに優しく愛らしく見えたことか。何もかもが私には非常に快く楽しく思え、ちょうど目の前に掛かっている美しい絵画のように見えました。

先生と奥さまが私のためにしてくださったご恩は決して忘れません。私の魂が生きている限り覚えているつもりです。とりわけ、先生ご夫妻のような「よきサマリヤ人《びと》」〔ルカによる福音書 一〇・三三〕に巡り会えるような場所をつくってくださった神に感謝します。

どうか神の親切なみ業《わざ》に対してこれまで以上に感謝し、聖なるお導きに謙虚に身を委ねることができるようにお祈りください。ご存じのように、今の状況では先生ご夫妻のご親切の埋め合わせが全くできそうにもありません。しかし、神の玉座の前でご一家のことをいつも思い出すつもりです。

今朝ハーディー*氏からお手紙がありました。アーモストに来てからどれほど勉強が進んだのか知らせるようにとのことです。

ご家族の皆さまがお元気であられますように。先生とお子さまたち、そしてメリー・カーソンによろしくお伝えください。

ご恩を受けている友
ジョセフ・ニイシマ

次の手紙で〔ルーム・メイトの〕サザランド*君がもうアーモストに帰っておられるかどうかお教えください。

お手紙がいただけるならとてもうれしいです。今回はウイリー坊やには出しませんが、この地で何か知らせたいことが見つかった時には彼に手紙を書きます。

フリント夫人は朝食にはいつも粗引《あらび》きとうもろこしの粥《かゆ》を作ってくださいます。最初は上出来とは言えませんでしたが、今ではお上手です。私の好きな朝食です。

15 飯田逸之助*への手紙
一八七一（明治四）年二月二十五日

【Ⅲ-八七】 かつて脱国に理解を示してくれた安中藩の元家老に対して、脱国の罪を問われずに合法的に帰国できる道が開かれるよう政府に交渉してほしい、と依頼する手紙。同時にキリシタン（カトリック）よりもプロテスタントの国のほうがいかに強国であるかを熱っぽく説く。新島二十八歳。

52 アーモスト大学*卒業アルバム（1870年）中の新島

その後思いがけなくご無沙汰しましたが、どうぞお許しくださるようお願い申しあげます。先生にはますますご健勝にてお過ごしのことと拝察し、お慶び申しあげます。私も何事もなく勉学に月日を送っていますので、どうぞご安心くださいますように。

さて、このたび弟に申し送りましたとおり、私の帰国の一件はいかがいたすのがよろしいか、先生のご斡旋をお願いしたく存じます。前からご存じのように私は国禁をも気にせず、狭い馬小屋に束縛され、自由がなくても「*千里を駆けめぐる志」を奮い立たせ、ついに海外を遍歴し、多くの辛苦を経験し、今日に至っていますのは、全く国を愛する深さから来るものです。しかし、国禁を犯したことで国の刑罰は免《まぬが》れられません。

それにしても私はアメリカ合衆国へ参りまして以来、どうしてヨーロッパ諸国やアメリカが日々強大になったかをできる限り探求しましたところ、やっとそのすばらしい秘密を見つけることができました。

すなわち、アジアおよびヨーロッパの歴史を見ますと、「独一真神」――すなわち実現不可能なことがひとつもなく、すべてをご存知で、あらゆる所におられ、始まりも終りもない「ゴッド」であり、宇宙間にあるすべてのものの造物者、また人間が見ても見えず、取ろうとしても取ることのできない霊験あらたかな神、帝《みかど》の中の帝、王の中の王であられる方――その方の真理やすばらしい道理を信じ尊ぶ人々は必ず繁栄し、真理や道理を忘れ去る国はますます愚かな状態におちいるということです。

四千年以前に意気盛んであったエジプトやその後のアッシリア、バビロニア、ペルシア、ギリシア、ローマの繁栄は現在どこに行ったのでしょうか。インドは非常に古い国ですが、愚かな仏教を信奉したためにますます愚かになって、いたずらにイギリス人の領土となってしまいました。

そして中国や日本はこのすばらしい道理を知らないために、現在の日本は百年前の日本と格段の違いがあるわけではなく、ただ古い歴史や古い儒学の経典を尋ねるだけで全く成果が実ることがありません。これといった新しい発明もなく、逆に現在の日本は百年前の日本より劣っていると思われます。この真神の道、すなわちキリストの福音は孔子や孟子の説いた道に比べれば、馬と鹿の相違どころではなく、実に月と鯰《なまず》の相違にひとしいと思われます。イエスの教えがますます栄え、孔孟の道がますます衰退するのは必至です。

そのために私はできるだけイエスの道をめざし、現在はアンドーヴァー村の神学校でこの道を研究しています。いずれ帰国しましたら、この道のことを主張し志のある若い人々に伝え、ますます国を愛し民を愛する心を持つように励ますことを望んでいます。

そして、かねて学んで参りました地理、天文、物理、精密〔化学を意味する「舎密《せいみ》」の誤記か〕などの学問を伝え、富国強兵策を盛んにするばかりか、人々が自分の行いを正し、身をととのえ、ただ一人でいる時も心を正しくする道理〔『大学』中に「故君子慎其獨也」とある〕を教えようと思います。人々が自分を修め自身を愛することを知れば、自分の住む国を愛せざるを得なくなるのは物事の道理というものです。

以前、ポルトガル人が日本に来て伝えた道理〔カトリック〕は、現在強大なイギリス、プロシア、アメリカ合衆国で信奉されている教え〔プロテスタント〕とは大いに違うばかりか、極めて大きな誤りがあります。

ポルトガル人の中ではキリシタン宗門に入る者はローマ法王に従い、法王を敬《うやま》って頭をさげねばならないということですが、アメリカで行われているキリスト教はまことに「独一真神」の真理であり、私たちがつつしんで拝むものは、もっぱら見ることのできない「ゴッド」、すなわち私たちや天地万物を造られた天帝であります。この本当の神を拝み、この神を信じ愛するならば、必ず国のことを心配し人々を愛する志が起るでしょう。富国強兵や人心を一致させる点では、このすぐれた道理におよぶものはないと思います。

なぜならば、ローマ法王のキリシタン宗門を信じる者はますますその勢力を失っています。たとえばローマ、イタリア、スペイン、オーストリア、ポルトガル、フランスなどの国は一時は強大でありましたが、現在はイギリスやアメリカ、プロシアなどよりもはるかに弱くなりました。強兵を誇るフランス人もこのたびのプロシア人との戦争〔普仏戦争〕に大敗し、有名な首都パリも十日前にプロシア人の手に落ち、十八万人のフランス兵がプロシアに降伏しました。

さて、私が申しますとおり「ゴッド」を信じ尊《たっと》ぶ国は非常に繁栄し、これを等閑《なおざり》にする人民は必ず亡ぶ、と言われています。この道理は非常に不思議であるばかりか、非常にすぐれています。それが人心を一致させることにはまことに驚き入ります。

ナポレオン一世が〔一八〇六年に〕フランス兵を頼りにし、プロシアに攻め入った時〔イエーナの戦い〕は、プロシアでは学問はそれほど盛んではありませんでした。けれどもプロシア人はナポレオンに敗北したために教育を盛んにし、とりわけこの真神の道を強く押し広めたために文武がともに盛んになり、人心はますます力を合わせて一致し、ついに現在のような強くて盛大な国になりました。かつて強大なことで有名であったフランス兵も抵抗むなしく〔今回の戦争では〕プロシアに負けました。

イギリスやアメリカにおいては文化は日々盛んになり、いろいろの驚くべき新しい発明が生まれています。そしてこの道理を信奉する国には貴賤に大きな差異がなく、富める者は生活に困っている人を救い、身分が高い人はとりたてて品位が高くてもすぐれているとは思わず、また身分の低い者も低くていやしいとは思わず、上も下もひとつになって、公然と負かすことのできない国となっています。したがってこれを見ると、国を憂い同胞を愛する、地位があり教育のある人々は、この道理を研究し同胞に教えなくてはなりません。

いずれ私も帰国のうえはこのキリスト教の教えを説き、同胞の極めて苦しい境遇を救いたく思います。しかし、政府は現在もこの真理をポルトガル人の伝えた道理と同一視して、この教えを信奉する者に必ず厳しい刑罰を加えるのではないか、と思います。

私のようなものは〔密出国をして〕海外を遊歴した身ですので、もし政府が私に厳しい刑罰を加える処置をとるようなことがあれば、私の住む所はこの世のどこにあるでしょうか。ヒマラヤの山中を歩き回ったり、太平洋で鯨をとったりすることくらいが関の山です。しかし、私の中では国を愛する志が月日を追って強まり、わが日本が盛んになることだけを日夜「ゴッド」に祈っています。わが日本の人知が発達して、思想、習慣が進歩するのを見ることだけが、私の願うところです。

そういうわけで先生、どうか私の志を推察され無事に支障なく帰国できますように内密に政府の役人とご相談ください。そして福音を説けば、やはり前例によって政府は厳しく刑罰を加えるのでしょうか。また福音を説く場合、身に難儀がおよぶことはないでしょうか。

以上述べましたことについて十分にお尋ねくださり、次のお便りで詳しくお知らせくださいますようお願い申しあげます。

私のアメリカの友人の中にはアメリカに帰化して、アメリカ大統領の保護を受けて帰国するのがよい、と言う人がいます。もし日本人が私を処罰すれば、アメリカ大統領から適当な処置があるからでしょう。この点についてもいかにすべきかをお教えくださるようお願い申しあげます。

さて、いろいろ申しあげたく存じますが、何といっても暇がわずかしかありませんので、このような乱文のまま先生のお傍に進呈いたします。どうぞご養生くださいますように。

敬具

一八七一年二月二十五日

新島　幹

飯田逸之助様

奥さまにもよろしく

16 O・フリントへの手紙

一八七一（明治四）年三月二十一日

53 E. フリント

【VI-八二】原英文。*アンドーヴァー神学校に入学して半年後にヒンズデール在住の牧師、*E・フリントの夫人（オリラ）にアンドーヴァーから出した手紙。*森有礼《ありのり》（駐米公使）との巡り会いを伝え、国費留学生になって政府に縛られるよりも「自由な日本市民」(a free Japanese citizen)となって伝道につくしたい、との決意を表明する。新島は当初から官職につくことに否定的であった。ちなみに森は新島のためにパスポートと留学免許とを取得する道を開いてくれた。

先週の水曜日、ボストンで日本国天皇によってワシントンに派遣された日本の公使〔少弁務使〕、森〔有礼〕氏に会いました。もし私が日本国政府に手紙を書いて、私が何者であるか、アメリカでこれまで何を勉強してきたか、また帰国の意志があるか、などについて簡単に述べれば、氏はその手紙を政府に送って帰国のためのパスポートを取得してあげよう、と言ってくれました。氏はまた、日本国内の上流階級の間に見られる、キリスト教に関する現在の動きについても話してくれました。彼らはプロテスタントとカトリックとの大きな違いも理解し始めています。

政府は国民にキリスト教の真理を信じることをまだ禁じていますが、二、三年のうちにプロテスタントの宣教師には国を開くものと信じます。

これまで*ハーディー夫妻が私のために費やした費用の全額を日本の公使である森氏がハーディー夫人に支払っ

てしまうのではないかと懸念します。なぜなら、森氏はハーディー氏に対して私を教育するためにかかった全額のリストを提出するように頼んだからです。

もしハーディー氏がリストを渡し、森氏から支払いを受けるようなことがあれば、そのお金のために私は日本政府に束縛されることになるのではないかと心配です。むしろ私は自由な日本市民のままで、主のご用のために私のすべてを捧げたいのです。

近いうちにハーディー氏にお会いし、このことについて話し合いたいと思っています。決断するにあたって主が私たちに賢明で慎重な思慮を与えてくださいますように。

17 *ハーディー夫妻への手紙

一八七二（明治五）年三月八日

【VI-九五】原英文。首都のワシントンからハーディー夫妻へ送った手紙。*岩倉遣外使節団の依頼で首都に行き、*田中不二麿（文部理事官）と初めて対面するシーンは新島伝には欠かせない周知のものである。女子留学生の*津田梅子ともこの時、知り合った。梅子七歳、新島二十九歳。

(54)森有礼

昨日の朝、無事に首都に着き、*森〔有礼〕氏に丁重に迎えられました。到着した時には大変疲れていましたので、〔岩倉遣外〕使節団が滞在しているホテルには行かず、直接に日本公使館に行って森公使にどこか静かな民家に泊めてもらえるように依頼しました。森氏は非常に親切に自分の家で横になるように、と言ってくださったのですが、彼の家はごったがえしていましたので、少しも眠れませんでした。午後、森公使のアメリカ人私設秘書〔C・ランマン〕が首都からほんの二マイル離れたジョージタウンで、自分の家から遠くない所に適当な場所を見つけてくれました。

森氏から今朝アーリントン・ハウスに来るようにと連絡がありましたので、定められた時刻に行き、そこで日本の文部局長官〔文部大丞の田中不二麿《ふじまろ》〕に会いました。アメリカにいる十二人の日本人留学生が長官に助言を申し述べるために召集されました。彼らにはどんな動議でも助言でも自由に述べる権限が与えられ、提案は多数決によって採択されることになっていました。

留学生たちは広間に入ってくると、長官に対して日本風のおじぎ〔座礼〕をしました。私は彼らの後ろにいて、部屋の隅で胸を張って立ったままでいました。この会見の少し前に森氏にメモを手渡して、〔私と〕あなた方お二人〔ハーディー夫妻〕との現在の関係を説明し、ほかの留学生とは別扱いにしてほしい、と頼んでおきました。

森氏は私の希望を好意的に聞き入れ、〔田中文部〕理事官に対して私をほかの国費留学生と同列視しないように告げてくださいました。なぜなら、私はこれまでボストンの友人たちに支援されて教育を受け、日本政府からはただの一銭も受け取っていないので、長官には私を日本政府の下僕として扱う権利はないからです。森氏は次のように言ってくれました。

「新島氏は下僕としてではなく好意から、教育に関する助言を閣下に提言するために私の依頼でここに来られているのです。ですから、閣下に対するこのような親切と好意には感謝していただかなければなりません。新島氏はボストンの友人たちとそのような関係をお持ちなので、その方たちの同意なしには日本政府との関係を持つことができないし、日本政府としても新島氏に何らかの要求をしたり、あれをせよこれをせよと命じることはできないのです。何事も閣下と新島氏との契約によってなされねばなりません。

幸い新島氏は現在三週間の休暇中ですので、もし閣下が友人として待遇してくださるならば、閣下のお役に立つよい働きをされるでしょう。新島氏は愛国者ではありますが、下僕ではありません」と。

この弁舌は文部理事官をことのほか喜ばせたばかりか、室内のすべての人の視線を私に向けさせることになりました。閣下は私が直立の姿勢で立っているのに気づかれ、「隅に立っているのが新島氏か」と森氏にお尋ねになりました。

そうだと分かると、理事官は席を立って私の方に進み寄り握手をされ、非常に優雅な、しかし、威厳のあるおじぎをされ、親切な友人となってほしいと頼まれました。彼は六十度頭をさげられたので、私も返礼に同じくらい頭をさげました。留学生たちの背後で、しかも部屋の隅っこに立っていた者が、理事官からこれほどの厚遇を受けたことを心の中で苦笑せざるを得ませんでした。

理事官は諸学校の視察のために国内を回る時には通訳

をし、この国の学校制度についてすべてを教えてほしいと命じられました。私は「もしこれが命令ならお断りします。なぜなら、国費で留学している者とは区別していただかねばならないからです。ただし、なんらかの報酬を定めた上での依頼なら、喜んでお引き受けしたい」と申しました。理事官はこの要求どおりに私を処遇し引き受けるように、と森氏に言われました。

　翌朝十一時に集合することが決められました。会合の間、留学生たちはいくつかの提案をしましたが、私はほかの留学生と同じ土俵に乗らないために評決に加わらず、また一切発言もしませんでした。

　会合が終わると、留学生たちは理事官に対して握手をする代わりに三十度のおじぎをしました。しかし、理事官は私に近づいてきて宿はどこかと尋ねられ、個人的に訪ねて来るように、と要望されました。それから私の手を握り、体に気をつけるようにと言って、私に対し七十度のおじぎをされました。

　日本人の中で私がこれほど特別扱いされたことを苦笑せずにはいられませんでした。なぜなら、私は自分がひとかどの者などとは少しも思っていませんでしたし、世間的には無名の人でいたいといつも願っていたからです。ですから、広間では隅に立って他の人の陰にいましたし、自分の権利を守ろうとして胸を張って直立し、日本風のおじぎもしませんでした。

　自分の権利を守り、その権利が認められたことをうれしく思います。どうかこの勝利の時をお二人も一緒に喜んでください。私は自由人、それもキリストによって自由にされた者なのですから。お二人の助力と援助のおかげでこの自由を獲得することができたのですから、お二人には感謝せざるを得ません。今、お二人の祈りは聞き入れられました。どうかこれからもお祈りください。私は人々が下す評価は気にしません。ただ神に対して謙遜な子どもでありたいと願うだけです。

　もし健康に十分留意するならば、この休暇を使節団とともに過ごすことに反対なさらないでしょうね。まだ使節団長〔正使〕の*岩倉〔具視《ともみ》〕氏とは会っていませんが、秘書官〔*田辺太一《たいち》〕とは楽しい会見をしました。彼は日本にいる私のもっとも親しい友人二人〔*吉田賢輔《けんすけ》、*尺振《せきしん》八《ぱち》〕の友人なのですから、彼らの消息がすっかり分かりました。

　私の下宿は、日本から来た〔五人の〕少女たち〔留学生〕が今滞在している宿舎に大変近い所にあります。昨日そのうちの二人に会いました。一人〔吉益良子〕は十五歳ぐらいで、もう一人〔津田梅子〕はわずか八歳〔満七歳〕です。後者は現在祖国で有能な役人になっている私の古い学友〔津田仙*〕の次女です。彼女はこれまで会ったどの少女よりも可愛いくて才知に富んでいます。

二人ととても楽しい会話をし、共に食事もしました。二人はまだ家族の中で女性たちの話す言葉が理解できないので、私が会いに行くと喜んで会ってくれ、いっぱい質問をあびせます。とても私になつき、気遅れせずになんでも質問します。質問をためらうようなことがあれば残念だ、と私が言ったからでもあります。

少女たちに説教するわけではありませんが、道徳について楽しく教えています。ですから、彼女たちをたびたび訪ねても、私のことを女好きと思わず親切な先生と思っていることでしょう。なぜなら、私が話しかける時にはいつもとても優雅な日本風のおじぎをするのですから。少しでも彼女たちの役に立てることをとても感謝しています。

55 留学中の津田梅子

18 A*・ハーディーへの手紙

一八七二（明治五）年三月二十日

【Ⅵ-一〇四】原英文。先便17の十二日後に首都のワシントンからボストンのA・ハーディーに出された手紙。田中不二麿*から教育視察のためにヨーロッパに一緒に行くことを請われた新島は、ハーディーにその判断を仰いだ。後便〔Ⅵ-一〇六〕によると、新島からの照会に対してハーディーはゴーサインを出している。

56 田中不二麿

今夕、日本の文部理事官〔田中不二麿〕と一緒にヨーロッパ訪問をすることについてあなたのご承認がほしくて手紙を書きました。投函後しばらくこの問題について単に一方の側だけでなく反対側からも注意深く考えてみました。

田中氏のために多少の役には立てるかも知れません。しかし、もし私が彼にとって有用だと分かれば、彼は罠《わな》をしかけて私を日本に連れ戻し、日本の教育のために利用しようとするかも知れません。いったん政府と関係を持つならば、私はその下僕になってしまうでしょう。そうなることで、何かよいことができるかもしれませんが、政府の掌中に自分を委ねることは私の第一希望ではありません。

私はすでに最高の王である救い主をわが主、わが統治者〔政府〕と認識しており、そのほかの統治者〔政府〕は必要ないのです。ですから、私を日本政府の罠から自由の身にしておくことが最良の策ということになります。彼らは私と良い関係をつくり蜜のような甘い言葉で誘いかけ、最初はお雇い役人として処遇するが、しだいに完全に従属させてしまうかもしれません。

理事官は完全な紳士であり、私を裏切る方ではないと信じますが、それでも先に述べたことは私のアメリカ的なものの見方です。私には深く考えないですぐに他人を信じる危険な傾向があります。しかし、将来の歩みに関しては、十分に注意深くあらねばなりません。高潔で、正しくて、真実のことをしなければなりません。主のご用のためにすでに自分自身を捧げたのですから、主に対する義務ならびに迷いの中にあるわが同胞に対する義務を果たす機会を捜し求めようとしなければなりません。私は世俗的な贅沢や楽しみ、それに栄誉を求めて何かほかのことをするよりもむしろ、苦悩のパンを食べながらキリスト・イエスが説く真理を広めたり教えたりしたいのです。

だとすると、問題は何をすることが私にとってもっとも賢明かということになります。今、ヨーロッパを訪問することは私にとっては大きなチャンスであります。むしろ行かないことが私には犠牲的な行為です。しかし、ヨーロッパに行けないとしても、そんなに多くを失うことにはなりません。アンドーヴァーで神学を学ぶのですから。

決断するのは大変むずかしいことです。どうぞご助言とご指導をよろしくお願い申しあげます。「行くな」とおっしゃれば、喜んでご助言に従います。ただ、「行け」とおっしゃったとしても、すぐには決断しないでしょう。

日本の文部理事官は二、三週間のうちにボストンに行き、市内の有名な学校をいくつか参観する予定です。恐れ入りますが、彼が来訪することを市当局に対し、また訪問に値するとお考えの諸学校に対してお知らせいただけますでしょうか。そうしてくだされば、田中氏に大いに感謝されることでしょう。

19 *吉田賢輔《けんすけ》、*尺《せき》振八への手紙

一八七二（明治五）年三月

⑤⑦吉田賢輔

【Ⅲ-九七】江戸の旧友に首都のワシントンから送った手紙。*岩倉遣外使節団の一員、*田辺太一に同地で巡り会ったことが、この手紙を書くきっかけとなった。文面から半年間、*アンドーヴァー神学校を休学してヨーロッパ視察に行く決心をしたことが判明する。

その後のご無沙汰を幾重《いくえ》にもお許しください。

さて、日本の使節〔岩倉遣外使節団〕が到着するにあたって森*〔有礼〕駐米公使から頼まれ、ワシントンへ急いで参りましたところ、*田中〔不二麿〕文部大丞《だいじょう》の依頼で、氏に同行してヨーロッパへ視察に行くことになりました。ただし決して日本政府に仕えるのではなく、適当な報酬をもらって、日々の仕事をするだけです。

先日、田辺〔太一〕先生〔岩倉遣外使節団の一等書記官、外務小丞《しょうじょう》〕にお会いすることができました。先生からお二人が〔東京の〕本所に共立学舎〔英学塾〕を創設されたことをお聞きし、大変うれしく存じます。

最近、病気がちで、思うように勉強ができませんので、しばらくヨーロッパへ参り養生いたします。大いに健康回復のためにもなるのではと期待しています。

忙しくしていますので、お手紙を書く余裕がなく、十分意をつくすことができません。どうぞご自愛くださいますように。

新しま七五三太

吉田賢輔様

尺　振八様

いずれ数ヵ月後に再びアメリカへ帰り、学問をするつもりですので、お返事は左記にお願いします。

新島

アメリカ・マサチューセッツ州アンドーヴァー

私の考えでは、政府に仕えるのは良策とは思えません。したがって今回ヨーロッパに参りますのはいわゆる日雇いで、私の進退は全く私の判断次第です。

20 *木戸孝允《たかよし》への手紙

一八七二（明治五）年五月三日

(58)木戸孝允が新島に贈呈した写真

【Ⅲ-一〇四】 ワシントンに滞在していた*岩倉遣外使節団の副使のひとり、木戸孝允にニューヨークから出された手紙。木戸とはすでにこれより一カ月以上前に知り合っていた。母校の恩師、*J・H・シーリーが日本訪問の計画をたてているので紹介状がほしいとの依頼状である。

前略ご免ください。私どもが過日〔*田中不二麿〕文部理事官の用件でアーモストという所へ参りましたところ、はからずもよく存じているシーリーという*アーモスト大学の教授が私どもをお宅に招き、手厚く持てなしてくださいました。そればかりか、先生のお世話で文部理事官の用件も非常に都合よく進みました。この地には閣下の従弟《いとこ》〔甥〕*来原《くるはら》〔彦太郎〕君も留学され、格別に先生のお世話になっていると聞いております。

さて、この先生は今年の夏、用件があってインドに行かれますが、日本も少し見たいとのことです。そこで田中文部大丞《だいじょう》が*大木〔喬任《たかとう》〕文部卿へ紹介状を差しあげられます。

なお、シーリー先生は閣下からしかるべき人に紹介状を一通いただけますと何より幸いだと申されていますので、もし不都合がなければ、ご用意くださいますように私からもお願い申しあげます。ご紹介状がいただけます場合は、来原君までお送りくださり、彼からシーリー先生へお渡しするようにしたいと存じます。来原君の住所は左のとおりでございます。

敬具

来原
マサチューセッツ州アーモスト
デイヴィス夫人気付
ニューヨーク

五月三日

木戸副使

閣下

新島約瑟《ジョセフ》

シーリー先生は格物致知《かくぶつちち》の学（人間や物事の本質を究める学問）にすぐれ、文明開化の源泉や根拠をよく論じ、日本の教育事情についても関心をお持ちです。それゆえ先生が日本に到着されたら、質問するような人が高官の中にいれば、大変有益だろうと存じます。以上

21 新島民治*への手紙

一八七二（明治五）年九月二十九日

【III-一〇六】ヨーロッパ視察中、ベルリンから安中の父あてに出された手紙。新島は当時、イギリス、フランス、スイス、ドイツ（プロシア）、ロシア、オランダ、デンマークを巡回した後、ベルリンで報告書（後に文部省が公刊した『理事功程』の草稿）を作成中であった。この手紙からは、ヨーロッパから直接日本に帰国するのが当初の予定であったことが判明する。

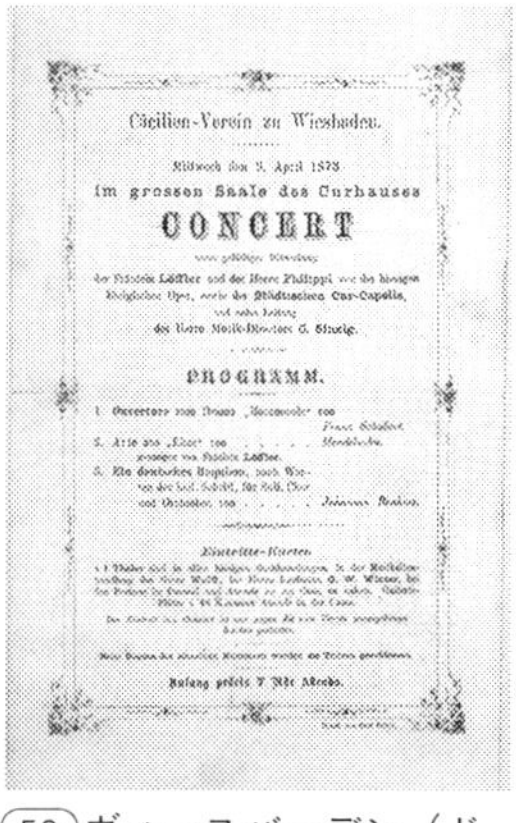

59 ヴィースバーデン（ドイツ）で療養中に新島が行ったコンサートのプログラム（1873年4月9日）

その後は思いがけなくご無沙汰いたしました。どうぞお許しくださるようお願いいたします。秋冷の候となりましたが、ご健勝にてお過ごしのことと推察し、お慶び申しあげます。私もつつがなく過ごしていますので、ご安心ください。

さて、去る四月下旬アメリカからお送りしました手紙とともに養老金としてアメリカドルで二百ドルを横浜にありますハーディー*氏の代理人（オーガスティン・ハード会社）までお送りしましたが、すでにお受け取りになったことと存じます。

前便で申しあげたとおり、私も日本使節（岩倉遣外使節団*）のお雇いとなり、田中文部大丞*に随行し、教育事情を調査するためにアメリカ中の有名都市を巡りました。それだけでなく去る五月十一日にはアメリカの名港ニューヨークから大きな郵便船（アルジェリア号）に乗

り、海上にあること十一日で無事イギリスのリヴァプール港に錨《いかり》をおろしました。それから学校の視察と学校規則の調査のために諸所を巡り、ロンドンにおよそ一ヵ月ほど滞在しました。

ロンドンは非常に大きな都市で、人口三百五十万あまりとのこと。ロンドンから〔ドーヴァー〕海峡を越えてフランスへ渡り、そこの港〔カレー〕から三時間、蒸気車に乗って首都のパリに到着しました。パリの人口はロンドンにはおよびませんが、人家の美しさと市街が広いことはロンドン以上です。

パリにはわずか四、五日しか留まらず、それからフランスの東南に接しているスイスという国へ参りました。この国は日本の信州、越後あるいは駿河と同じ大きさで、高山や有名な湖があり、風景の美しいことは実に心地よく、さわやかと申すことができます。また、風景が良いのみならず、この国の人たちの風俗ははなはだ飾りけがなく、善良で、学問にも精通しています。政治体制は共和制で、国王は存在せず、一年ごとに選挙で国民の中から傑出した人物を選んで大統領とし、国を治めさせます。

それからプロシアの首都ベルリンへ参り、一、二日休息してから、ロシアの首都セント・ペテルスブルグへ参り五、六日滞在しました。ロシアは首都だけが非常に美麗ですが、国内の教育は不充分で、庶民の中では自国の文字すら読み書きできる者がはなはだ少数です。

ロシアで見物したものの中でもっともよかったものは、有史以前の象〔マンモス〕です。この象はシベリア（中国北方のロシア領）のある河の畔《ほとり》からある日、氷が溶けたために発見されたものです。その大きさは現在の象と同じですが、牙の生え方が大いに異なり、体には二、三寸ほどの長い毛があり、色も茶です（現在の象はあまり毛がない）。

ロシアから再びベルリンに戻り、そこからオランダへ参り、あちこち見物し、王宮も見学しました。

ところで、ライデンという町はオランダの首都ハーグと名港アムステルダムの中間にあって、文化が盛んな点ではオランダ第一です。シーボルトという博物館があり、その中に沢山の日本の絵画、和紙、塗り物、瀬戸物、そのほか種々の珍しい物があります。これはオランダの医者であったシーボルトが〔日本で〕集めたものです。

次にライデンからアムステルダムへ参り、四、五日間滞在し、市内をくまなく見物しました。オランダでは私たちは丁重に迎えられ、またアムステルダムでは副知事

60 新島が日記に描いたマンモス

が同乗して各地を案内してくれました。それからデンマークの首都コペンハーゲンへ参り、市内の学校を見学しました。

その後、再びベルリンへ戻り、現在は同地で学校の規則の調査に従事中で、非常に忙しくしています。私はここに一、二ヵ月滞在します。ことによればこの冬はイタリアへ参り、そこから再びフランスに戻り、そのうえで日本に帰国しようかと考えています。

いずれ帰国は三月の桜の花が咲く前と考えていますので、なにとぞご安心くださり、お身体を大切にすることだけに専念してください。帰国まであとわずか五、六ヵ月のことですからお待ちくださるようお願いします。

その後、父上さま始め母上さま、姉さま方はいかがお過ごしでしょうか。全くお便りがないので大いに心配しています。しかし、もはや私の帰国前にお返事は受け取りがたいと思いますので、ひたすらご養生くださり、息子の帰国をお待ちくださるよう望んでいます。

右は季節のご機嫌伺いを兼ねて申しあげました。

敬具

一八七二年九月二十九日(日本の八月二十七日です)

七五三太

父上様

敬幹

母上さま、姉さま方、梂弥《きゅうや》〔公義*《きみよし》〕殿はもちろん、横井、飯田*、星野、菅沼、江場の諸先生によろしくお伝えください。ただしこの手紙はお金のことに触れていますので、他人にはお見せにならないようにお願いします。

プロシアの首都ベルリンにて

22 S*・H・ハーディーへの手紙

一八七二（明治五）年十二月十六日

【VI-一二三】原英文。ベルリンからボストンのハーディー夫人に送られた手紙。新島は田中*不二麿から一緒に帰国して教育行政にあたる

61 J.M.シアーズ*

ことを懇願された。が、官職に就くよりも大きな使命があるとして、これを断った。新島は帰国後も再度、田中から官界に誘われたが、拒否している。

私の将来の進路に関して、あれからご助言をいただいていないのですが、田中〔不二麿〕氏とともに帰国しないことを決意しました。決心した理由を述べさせてください。

第一に、田中氏は私をなんらかの形で利用しようと考えているだけで、私にどんな地位を確保できるかはっきりと分かっていないのです。彼の誘いはその筋の認可を得たうえでのことではなく、個人的な意見からです。日本政府はまだ不安定なままです。

ですから、氏が今の地位を追われれば、誰が私のために責任を負ってくれるのでしょうか。それゆえ氏の誘いを受けないことにしたのです。あまりにも子どもの遊びのように思えるからです。

第二に、もし今帰国すれば、政府のために何らかの働きはできると思いますが、私の時間がそのためにとられすぎて、神のみ国のために働き始めるのが遅れる原因にならないかと心配です。

私は自身がますます神に捉えられているのを実感します。主のご用のために働かなければ、幸せにはなれません。神学の課程にしてもまだ半分も終わっていませんので、まずそれを再開して、わが祖国の迷える人民のために福音を説く正式な牧師の資格を得たいのです。

私が第一に望むことは、自分の十字架を背負って主の道に従うことです。それが私にとってはもっとも幸せな道であり、最良の選択であると信じます。奥さまはこれまでずっと私の精神的な母であり、親切な保護者でもありましたので、これからもご親切を賜わり、勉学をさらに続けていけるようにしてくださると信じています。これまで教育資金のために貯めてきましたお金を少々送る心づもりをしていますので、どうかお手許に保管しておいてください。

奥さまにドイツでの体験をお話ししたいのですが、今は時間がありません。二、三日前に〔訪独中の〕シアーズ氏を訪問しました。音楽にとても興味を持っておられます。先便で体調がすぐれないこと——神経がいらだち、夜は眠れず、めまいを伴う頭痛など——をお伝えして以来、一度はもう仕事を切りあげようかと思いましたが、今はゆっくりと少しずつ良くなっています。

あの魅力的な町、「ニュー・イングランドの女王」〔ボストン〕が大火で壊滅したとのニュースを聞いて、全く驚愕《きょうがく》いたしました。あの災難でどのくらい被害を被られたか存じませんが、お二人にはそれほどご負担にならないことと信じます。

23 宣教師志願書*（アメリカン・ボード幹事あて）

一八七四（明治七）年四月三十日

62 N.G. クラーク

【VI-一三六】 原英文。無題。ボストンに事務所（本部）を構えるミッション（アメリカン・ボード）の幹事たち――総幹事はN*・G・クラーク――に提出した書類。アンドー*ヴァー神学校の卒業を間近に控え、新島はいよいよ伝道のために帰国する決意を固めた。そのため伝道を志すにいたった経緯、ならびに自己紹介をこの書類で伝え、宣教師として日本に派遣されることを希望した。

拝啓

少年時の勉学のあらましとその後にクリスチャンとして体験したことともに、日本での宣教になぜ献身したいのか、その動機について述べたいと思います。

私は仏教の信仰のもとに育てられると同時に、儒教の倫理をも教わりました。後に仏教には我慢ができなくなり、儒教にも満足できなくなりました。この二つの教えの影響で私はいくぶん懐疑的になりました。それにもかかわらず、時々私は何かもっと高尚で、もっと善いものを求めていました。

そのような状態でいる時、中国にいたアメリカ人宣教師が書いた聖書の中の歴史物語の中国語訳に遭遇しました。そこでは神のことがいきいきと述べられていましたから、いっそう神を探求してみたい気になりました。

この目的のために私は祖国を離れアメリカに航海するよう導かれました。神のみ心によってそこまでの道が示され、ボストンでの友人が得られ、その友人が今日まで私の教育を支えてくださいました。私が回心をしたのは、この国に着いてしばらくしてからのことでしたが、神のみ言葉を読んだ時から私は神と神の光を求めていました。

新しい経験をするうちに祖国の人々に福音を説きたい

との願いが生まれてきました。この仕事に献身したいとの動機が生まれたのは、祖国が必要としていることに応じたいと心から共鳴したからであり、滅び行く魂への愛情からであります。とりわけキリストの愛が私をこの仕事へと駆りたてたのです。

今年の夏には学業を終えると思います。借金はありません。日本にいる時は健康そのものでしたが、この国に来てからは少し健康を損《そこ》ねました。しかし、今は回復しつつあります。しばらくは結婚をしないつもりです。

敬具

ジョセフ・ニイシマ

24 宣教師身上書(アメリカン・ボード幹事あて)*

一八七四(明治七)年四月三十日

【VI-一三七】 原英文。無題。アメリカン・ボードから宣教師として任命してもらうためにミッション本部に提出された書類。手引書にある十二の質問にしたがって、回答を記入した。三十一歳ではあったが、結婚する気持ちはまだ薄い。伝道に専念したい気持ちが強かったからであろう。

63 ボストンにある旧アメリカン・ボード本部

拝啓

『宣教師志願者の手引き』の中の第六問に対する私の答えは以下のとおりです。

一、私の考えでは、聖書の主要な教義は真実なる唯一神の存在、聖書の霊感、三位《み》一体、神の掟、神意の自由、人間の完全なる堕落、贖罪、再生、信仰による義認、死人の復活、最後の審判です。

二、アメリカン・ボード配下の各ミッションを支持している教会が一般的に保持している教義に関してなんらの疑念も持っておりません。

三、私の回心が真実であることは、イエスに対する信頼と真理に対する共感がますます深まっていることから確信できます。

四、ここ七年間近くアンドーヴァー神学校教会の教会員です。

五、宣教の義務についての私の考えは、人間の救いについて福音を説くことです。宣教の仕事につきたいという私の願いは、日本にその必要があるから生まれたものので、それを満たすために少しでも役立ちたいと希望いたします。

六、困難や試練に遭遇すると思います。しかし、私はキリストを信じるだけでなくキリストの名のゆえに苦しみを受けることをすべて喜びと考えます。

七、この仕事に生涯を捧げるのが私の目的です。

八、私は三十歳です。日本の江戸に生まれました。かつては日本の大名の家来でした。

九、日本にいる時、日本語、漢文、オランダ語、それに数学の基礎を勉強しました。この国に来てからはまずフィリップス・アカデミーで二年、将来の仕事に必要と思われることを主に学び、ついでアーモスト*大学で三年過ごしました。アンドーヴァー*神学校には二年以上在籍しています。

十、健康な体質を受け継いでいると思います。

十一、扶養しなければならない年老いた両親と病弱な姉〔みよ〕*が一人おります。彼らを養うためにアメリカン・ボードにはいかなるご負担もかけないつもりです。

十二、まだ誰とも婚約はしておりません。しばらくは独身でいたいと思います。

敬具

ジョセフ・ニイシマ

25 ハーディー*夫妻との別れ（日記から）

一八七四（明治七）年十月十九日、二十二日

【Ⅶ-九三】 原英文。原文は無題。新島（三十一歳）は九年間の米欧生活を終わっていよいよ帰国する。ハーディー夫妻との別離のシーンは心打たれる。その後、新島はアメリカ大陸を横断する。その途次、立ち寄ったシカゴでは東部と違った「世俗性」に驚く。

64 日記に記した鉱山見学

十月十九日　月曜日

ポーター夫人〔イェール大学長夫人〕、それにハーディー夫人にもさようならを言った。ハーディー夫人からはこの九年間、母親のような親切な気くばりをされてきたので別れを告げるのはなんともつらかった。最初に紹介をされてからこのかた彼女はいつもやさしくしてくださ

った。

彼女はニュー・ヘイヴンまで私を見送りにきてくださった。というのも、彼女が同地に来て、日曜日を一緒に過ごしてくださることを私があらかじめ知っておれば、私がボストンをずっと立ち去りやすくなると彼女が思われたからだ。お別れのキスを受けるまで別離の実感がまるでわかなかった。ノースロップ教授やN・ポーター教授*〔イェール大学長〕、それにハーディー氏がニュー・ヘイヴン駅まで見送りに来てくださった。ハーディー氏は列車が動き出すまで車内におられた。

十二時にニューヨークに着き、エリー駅へ乗換馬車で行く。その後、W・T・ブース氏をウォール通り一〇〇番地に訪ね、ヒドゥン姉弟*とテイラー氏からいただいた餞別金でジョンソンの世界地図を入手した。三人は時計用の金の鎖のほかに二十ドルくださったのだ。

ブース氏に面会した後で、C・ハーディー氏〔ハーディー家の次男〕をパール通り一三二番地に訪ねる。親切にも店員を私に同行させて昼食を入れる籠と昼食とを買ってくださった。

ここで忘れずに記しておかねばならないのは、ハーディー夫人からいただいた最後のプレゼントのことである。私的に使うものを買うようにと五十ドルをくださった。私のためにすでにできることはすべてしてくださったのに、そのうえさらにこうした好意を示そうとされるのだ。〔中略〕

十月二十二日　木曜日　シカゴ～バーリントン、アイオワ～オマハ間にて

早朝起床して、出発の用意をする。それから、三日間の旅に必要なものを買いに行く。ランドルフ通りとワシントン通りの間のクラーク通りにあるトムソン店で昼食を求める。

会衆派神学校〔シカゴ神学校〕を一目見たいと思い、道中尋ねるが、聞いたこともないという人が多い。神学校のことなど誰も知らない。みんな金儲けにばかり夢中になっていて、自分たちに一番近い隣人のことさえ知らない。ランドルフ通りを馬車に乗って、車上から神学校の場所を見つけたいと願ったが、御者《ぎょしゃ》は学校のことを何も知らない。何人かに尋ねたが、神学校の情報は全く得られなかった。一マイルばかり進んだが、見つけるのをあきらめ、反対車線を走る別の馬車に乗って帰った。〔後略〕

コラム・その2

13 A*・ハーディー

新島襄が「実の親以上」に慕うボストンの実業家。ワ*イルド・ローヴァー号がたまたまハーディー商会の所有であったので、ハーディーは転がりこんできた新島をいわば「養子」とした。その契機は「脱国の理由書」を読んだ感激であった。ハーディーはそれ以前、ある中国人青年をクリスチャンとして育てようとして失敗したことがある。

ハーディーは自分が果たせなかった「牧師になる」夢を新島に託した。理事をしていた母校のフィリップス・アカデミーに四人の息子同様に新島をも送りこんだ。ハーディーは、新島がその後、進学したアー*モスト大学やアンド*ーヴァー神学校の理事でもあった。さらにアメリカン・ボー*ドの有力会員であり、後には運営委員会議長となった。在米中、さらには帰国後の新島の生活費はほとんどハーディーが出費した。

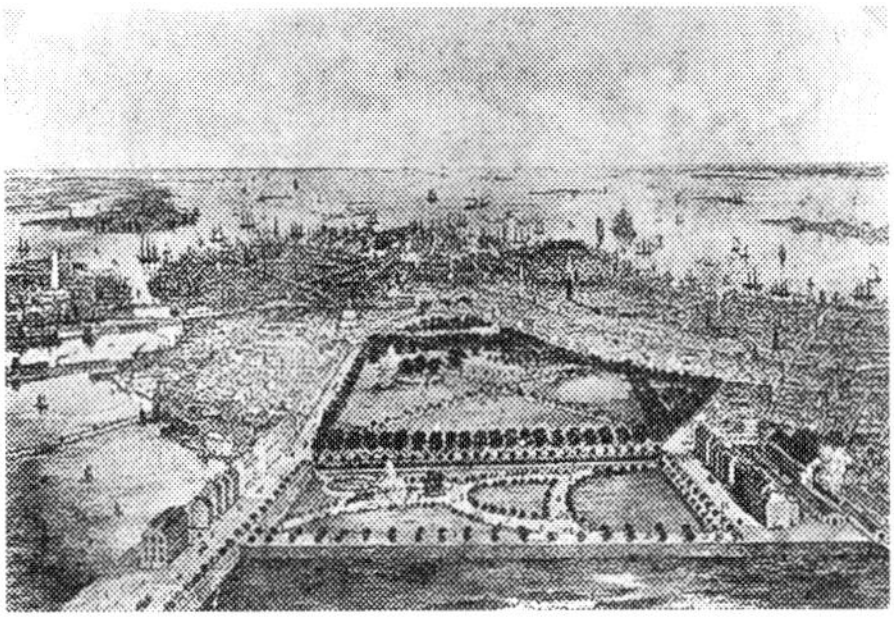

65 1850年のボストン（中央はコモン）

14 フィリップス・アカデミー

一七七八年にマサチューセッツ州アンドーヴァーにS・フィリップス・ジュニアが創設した全寮制の中等教育機関。通称はアンドーヴァー。アメリカ有数の名門校で、G・ブッシュ元大統領の母校。新島襄が入学した当時は、古典学科と英語学科を有する男子校で、新島は後者に編入された。会衆派教会系の学校で、ピュ*ーリタン色がきわめて濃厚であった。教育目標は、「人生の偉大な目的と真の営み」を生徒に自覚させ、「真の敬虔と徳の増大」とを図ることにある。新島在籍当時の校長S・H・テイラーはとりわけ厳格なピューリタンで、宗教教育の徹底を図った。

新島の卒業後、隣接する女子校（アボット・アカデミー）と合併して、現在は共学校。A*・ハーディーは病気のために中退したが、後年、理事として大きな貢献をしたので、校内に彼を記念する「ハーディー・ハウス」がある。

66 学校のマスコット（愛称は Gunga）

コラム・その2

15 M*・E・ヒドゥン

A*・ハーディーは新島襄の英語力が不足するために、寮には入れず、叔母や弟（D・I・ヒドゥン）と住む独身女性、メアリー・E・ヒドゥンの私宅に彼を預けた。新島は二十五歳年上のこの「母」を心から慕った。彼が二年近くホームステイしたその屋敷は今も学校の近くにある。彼女は「脱国の理由書」に感動して新島を受け入れ、その二ヵ月後にハーディーにこう報じた。

「ジョセフが紳士であることがわかりました。ある人が言ったことですが、『わが家に連れてこられたこの異教徒』ほどにはキリスト教社会の私たちが進歩していないのは恥ずかしい限りです。〔中略〕彼は自分が受けたどんな好意に対しても心から感謝し、お返しになにかをしようといたします。〔中略〕私は下宿人を置こうとも置きたいとも全く思いませんが、今回のような特別な事情では例外にせざるをえません。私たちは彼を家族の正規の一員として受け入れています」と。

67 M.E. ヒドゥンの屋敷

16 アメリカの母

新島襄が「アメリカの母」と呼んで敬慕した女性にA*・ハーディー夫人のスーザン、M*・E・ヒドゥン、それにJ*・H・シーリー教授夫人のエリザベスがいる。彼女らは新島が病気で心細い思いをしていたときに親身になって看病をした。三人三様に彼を家族の一員として受け入れ、キリストの教えに根差した愛情で優しく包みこんだ。

長年祖国を離れ、肉親の愛から遠ざかっていた新島の心に彼女らの母親らしい愛情は深く刻みこまれた。新島は帰国後もアメリカの三人の母に身辺の喜びや悲しみを報告した。

八*重との婚約を最初に海外に知らせたのはスーザンに対してである。同志社設立後の苦闘のなかでは、ヒドゥンに対して、「あなたはほかの方とは違うのですから、母親に対するように本当の気持ちをお伝えするべきです」と書き送った。彼女あての手紙は実に四十七通におよぶ。エリザベスには、両親らが信仰を受け入れてくれた喜びを率直に報じている。

68 E.T. シーリー*

コラム・その2

17 E・フリント・ジュニア*

新島襄がホームステイしたヒドゥン家にはE・フリント・ジュニア夫妻が同居していた。フリントは大学を出た後、一時、中学校の校長を務めたが、牧師を目指してアンドーヴァー神学校（敷地はフィリップス・アカデミーに隣接）に入り直していた。この神学生夫妻が、新島の家庭教師を務めた。ヒドゥンは新島について「実際のところ、彼がフリント氏から受ける恩恵は、アカデミーの教師からよりも数段大きい」と記す。

一方、フリントは「聖書の言葉を夢中になって学ぶ彼に負けないくらい、小説に熱中する人を私はこれまでひとりも見たことがありません。〔中略〕彼は行儀の点で紳士です。ただの一度も粗野であったことはありません」と証言する。新島は学校の休みにはフリントが後半生を捧げたヒンズデール（マサチューセッツ州）の教会をしばしば訪ねて宿泊している。その牧師館は今も同地に残る。

69 ヒンズデールの牧師館

18 J・H・シーリー*

オランダ改革派の牧師、教育者。アーモスト*大学を卒業後、ドイツに留学し、哲学を学んだ。のちアーモスト大学で道徳哲学の教授、さらに総長や連邦議会議員を務める。寮でリューマチに苦しむ新島襄を家庭に引き取って面倒を見るなど、家族ぐるみで彼を暖かく受け入れた。新島には夫人*のエリザベスは「アメリカの母」であり、息子（ウイリー）と娘（ベッシーとアニー）も新島によくなついた。

内村鑑三*がシーリーから大きな感化を受けたことはよく知られているが、新島も終生、シーリーに全幅の信頼と敬愛の念とを抱き続けた。一方のシーリーも、新島の人物評を問われて「ゴールドにメッキはできない」と答えた。ちなみにシーリーは新島の帰国前の一八七二年に来日し、東京で新島民治*に面会している。

70 シーリー旧宅

コラム・その2

19 ア*ーモスト大学

一八二一年創設のアメリカ屈指の私立の名門大学。所在はマサチューセッツ州西部のアーモスト。会衆派教会の信徒の子弟のためのリベラル・アーツ・カレッジとして創設され、ピ*ューリタン色が濃厚で、最初の五十年間の卒業生のうち、約四十%が宣教師を始め伝道者となった。新島襄の場合もそうした学風のなかで牧師を目指す道がごく自然に開かれたと思われる。彼はここに三年間学び、「理学士」として卒業したが、国の内外を問わず学士を授与された最初の日本人であろう。

　カリキュラムで特徴的なのは、各学年で演説法と体育が必修になっており、知育、徳育、体育を調和的に発展させて、「よき市民」の育成が図られた。とりわけ体育の分野は先駆的で、体育館設置と保健体育（生理学）の導入は全米の大学では最初である。

(71) ジョンソン・チャペル内の新島の肖像画（A.E. スミス作）

20 出納簿

新島襄は留学中、支給された生活費の支出明細を逐一書き留めて、A*・ハーディー夫人に報告した。使途はア*ーモスト大学の一八六八年秋学期の場合、まずは教科書（ラテン語、天文学、地質学）や文房具類である。靴や椅子、コートの修理代も含まれる。石鹸《せっけん》やマッチ、切手、散髪（二十五セント）、汽車賃、パウダー、スタジオでの写真、それにリンゴ（二セント）も。衣服は現物で支給されたが、ネクタイや手袋は自分で買っている。

　最大の出費は「クラブ」への二十八ドル。彼が所属していた「ミ*ッショナリー・バンド」の会費であろう。そのほか、「ジム・スーツ」（半額で五ドル）が目につく。E*・ヒチコック教授の「保健体育」の授業で使うユニフォームか。新島は正規の「保健体育」を大学で受講した最初の日本人ではなかったか。

(72) アーモスト大学バレット体育館での体育の授業

コラム・その2

21 ルーム・メイト

アーモスト*大学の寮（ノース・カレッジ）では、新島襄の評判は上々であった。ルーム・メイトのひとり、W*・J・ホランドは証言する。

「〔先輩の*〕スマート*は彼〔新島〕のことを『大学で最良のクリスチャン』といつも呼んでいました。新島はまるで清潔さそのものです。英語学習の手助けがときおり必要ですから、四年生とルーム・メイトになるように勧められていました。クリスチャンでない者と同室にならなければならないことを非常に恐れていました」。

「新しいルーム・メイト〔新島〕に非常に満足しています。彼は徹底したクリスチャンであり、完全な紳士です。彼は白人の連中や、何が正しいかを知るための手段を彼以上に持っている連中よりもはるかに多く人生の恩恵や特典について知っています。終日、ハツカネズミのように静かです。彼から妨害される心配は全くありません。毎晩、二人で祈りを捧げています。〔聖書を〕一章ずつ読んで、彼が希望する解説を僕が出来る限り加えています」。

73 W.J. ホランド

22 森* 有礼

新島襄がアメリカ留学中にワシントンに派遣されてきた少弁務使（駐米公使）。一八七一年、新島はこの森の配慮で留学免許状とパスポートが入手できた。その結果、密出国者から晴れて正規の留学生に転身できた。森から見込まれた新島は、（後の札幌農学校のような？）アメリカ流の学校を日本に創る責任者に、と勧められたが、仕官には慎重な姿勢を保った。

さらに訪米した開拓使次官の黒田清隆に森が新島の情報を流したので、開拓使は以後、新島の雇い入れに意欲を示した。が、彼は官界入りには乗り気でなかった。

森は帰国後、文部大臣として同志社や仙台の同志社分校（東華学校*）の設立、発展に協力した。大臣として来校した際の消息は徳富蘆花*の『黒い眼と茶色の目』に生々と描写されている。

74 森有礼の斡旋で取得できた留学免許状

コラム・その2

23 *岩倉遣外使節団

一八七一年、日本が不平等条約の改正交渉と近代国家の視察、調査のために米欧に派遣した、*岩倉具視を正使とする使節団。新島襄は留学生として協力を求められ、*田中不二麿(文部理事官)の秘書・通訳(身分は三等書記官心得)として米欧をともに視察した。その「お手当」は一年間で二千百ドルを超える高給で、新島はその中から二百ドルを日本の親へ仕送りした。

田中は帰国前、そして帰国後も文部省の高官として新島を熱心に同省に誘ったが、新島の固辞にあったので「君は耶蘇の奴隷じゃ」と言ってついに断念した、という。

新島はアメリカでは、使節団の副使のうち*伊藤博文や*木戸孝允とは面識があったようである。とくに木戸は、初対面の新島(西島と聞き間違う)を日記に「今日西島始て面会す。(中略)頼むべき一友なり」と記す。後日も「後来頼むべきの人物」とある。帰国後、木戸は伊藤とともに新島の学校設立運動に好意的であった。

(75)岩倉遣外使節団の正使と副使

24 *ラットランドの集会

一八七四年秋に*アメリカン・ボード第六十五回年会がヴァーモント州ラットランドで開催された。会場は現存するグレース教会。新島襄はアメリカン・ボードから宣教師(ただし外国人であるために議決権のない「準宣教師」)に任命され、日本に派遣されることになっていた。

この年会の最終日、新島は出発のあいさつの機会を捉えて、「日本にキリスト教主義の学校を創りたい」と、かねての大志を熱涙をこめて壇上で語り、献金を訴えた。千ドルを最高として何口かの献金(予約)がその場でなされた。その中にはそれぞれ二ドル(もっとも小口の寄付)を差し出したみすぼらしい身なりの農夫と老いた女性とがいた。彼らはこの日、新島をもっとも感激させた寄付者であった。

寄付金の総額は結局五千ドルとなった。これが翌年、同志社開校の「核」となった。

(76)会場のグレース教会

第三章 創業の日々（一八七四年十二月～一八八五年）

――再渡米まで――

77 群馬県伊香保温泉で避暑したおりの新島の写生（1888 年）

26 ハ*ーディー夫妻への手紙

一八七四（明治七）年十二月二十二日

【Ⅵ－一五三】 原英文。十一月二十六日、十年ぶりに横浜に帰国し、群馬県安中に帰省した新島が、ハーディー夫妻に帰国の報告と家族の消息とをボストンに伝えた手紙。家族や近隣の者たちから大歓迎を受けたことが分かる。同時に新島の伝道心もいやおうなしに燃えあがった。

78 安中に残る新島旧宅

横浜に無事着いたことはお知らせしたとおりですが、一日半滞在しただけで二十七日には東京に行きました。同日午後、郷里〔安中〕に向けて出発し、二十八日真夜中に到着しました。食事のほかは一度も休憩をとらずに二十時間、人力車（人が引く車）で旅をしました。そのために車夫を三人雇いました。一人が私を運び、残る二人が荷物を運ぶためです。彼らは道中五回食事をとりましたが、毎食一時間近くかかりました。車夫たちは六十マイルを時速四マイル、十五時間足らずで走りました。

最初の予定では横浜に三日間滞在するつもりでしたが、いったんなつかしい祖国の土、陸地に足をつけると、三日間ですら待ちきれませんでした。そこで江戸〔東京〕には〔長く〕留まらないで、郷里へと急ぎました。着いたのは（十一月）二十八日の真夜中でした。両親の眠りの邪魔をしたくなかったので宿屋〔山田屋〕に宿泊しました。

朝になって父に言付《ことづ》けを送ってから帰宅したのですが、年老いた両親、姉たち、隣人、知人すべてが喜んで迎え入れてくれました。父はリューマチのため三日間床についていて身体を動かすことができなかったにもかかわらず、私が無事に帰宅したと聞いて立ちあがり、父親らしい愛情で迎えてくれました。帰国のあいさつをしますと、父はひと言も答えず俯《うつむ》いていました。気がつくと、父は涙を畳に落としていました。

知人が集まって来ては、私がアメリカで経験したことを何でも話してくれるようにとせがみます。帰省して以来、訪問者がこの町だけでなく七、八マイル離れた周辺の町や村からやって来ます。おかげで四六時中忙しいのです。彼らはとるに足らぬ私の名前を聞いて、二、三分だけでも会いたいとやって来ます。「飼い主のいない羊」〔マタイによる福音書　九・三六〕のようです。精神の糧《かて》を与えないで帰すことはとてもできません。

帰宅するとすぐ、あなたのご親切なお手紙を父に渡しましたが、私は長い間父のために翻訳することができませんでした。読もうとするたびにお別れした時の最後の情景が思い出され、胸がいっぱいになって思うように話せなくなってしまうからです。

日を改めてやっと両親と姉たちを集めて、お手紙を読み聞かすことができました。半分も読まないうちにあなたが私にお示しくださった親のようなご親切に感動して、全員が泣き始めました。「あなたさまは私たちの救い主で神さまだ」と父は申しました。父に対し私は、アメリカで親切にしてくださった方々を神にしてはいけない、友人の方たちの親切をありがたく思うなら、ただひとりの神、宇宙の創造主、人類の救い主、アメリカの友人たちが信ずる神を崇拝しなければならないと話しました。

さらに言葉を継いで、この友人たちが、放浪する異国の人間に対してもとても優しく親切にしてくださるのは、真の神を真に崇拝するからであり、実際に人類の救い主であるキリストに謙虚に従う弟子だからであること、キリストは貧しくて見捨てられた人々を救うために罪に満ちたこの世に来られた方であることにも触れました。

友人たちが哀れな状態から私を救い出し、この喜ばしい救いの知らせを日本の迷える同胞に伝える教師〔牧師〕となるようにと私に必要な教育を受けさせてくださったこと、さらに彼らが日本国民をも自国の人々と同様に愛し、とくに日本国民を生命の道に導くのに力をつくすようにと願って、私に良い教育を与えてくださったことも伝えました。

その時から父は、日本の神々や祖先を崇拝するのをやめました。父の同意を得て、私は紙や木や土や真鍮《しんちゅう》でできた神々をすべて、祭られていた神棚からおろして燃やしました。母がいろりに投げこんだ数枚のお札《ふだ》をお送りします。わが家には今や神々や偶像はひとつもありません。これからは家族は真の神の信者となるでしょう。

過去十年間、両親も私も生命を守られ、この世を去る前に再会が許されたことをたいそう感謝しております。

どうかこれからもずっと私が主のおそばにますます近づき、神のご用のために一身を捧げることができますよう私のためにお祈りください。

三週間ここにいます間に、私の貧しい働きは近隣の人だけでなくほかの人にも、すばらしく神に祝福されたものとなりました。この町の学校で数回のほか、何軒かの家でも大勢の人に説教をしました。先週の安息日〔十三日〕には寺〔竜昌寺〕で多くの聴衆を前に話をしました。詳しくお話しすれば私の成功に間違いなく驚かれるでしょう。

今月二日に知人八名とともに最近、鉄鉱が見つかったばかりの町〔小坂村〕に旅行をしました。その町の近くの宿屋に泊まり、翌朝大変早く起きました。皆がくだらない話をし始めましたので、私はさり気なく説教を始めました。

一行の中に哀れな大酒飲みが一人いました。私が話している間全く静かに大変注意深く聞いておりましたが、その時以来、完全に改心し始めました。他日私を訪ねてきて、飲酒をやめてから朝早く目が覚め、以前よりもよく働けると言いました。このほかにも実際に改心した例を聞いていますし、さらにかなりの人が真剣に改心を考えております。この地域の僧侶が全員来て、新しい宗教の話に耳を傾けました。仏教の僧侶および仏教徒、少数の女性や子どもも含めて二百人以上が出席しました。

一週間前の今日〔十五日〕、学校で説教したおりに人口一万五千人の隣町、高崎から役人たちが一団となって来ていました。その日は国の休日で支障なく町を離れることができるので、皆が私の説教を聞きに来たのです。寺での説教が終わると、聴衆の一人がすぐに家に帰り、神棚から神々やお札《ふだ》を引きおろし、以来、神棚を拝むのをやめました。

一昨日、隣村の名士宅に招待され一夜を過ごしました。夕食後、家族全員を広間に集めて、イエス・キリストについて話してほしいと頼まれましたので、その夜八時から十時半までじっくりと話をしました。

この町〔安中〕に住む三十人と郊外の数人が自分たちでお金を集めてキリスト教の本を買おうとしています。その内、六円（およそ金貨六ドル）を出した人が一人、そして、一円を出した人も数人います。お金を出した人は三十人以上で、総額で金貨十七ドル三十五セントほどになりました。私が東京か横浜に行った時に、キリスト教の本を何冊か買ってほしいというのです。彼らはキリスト教の真理に飢え渇《かわ》いています。

一週間前に〔横浜のD・C・*〕グリーン宣教師に手紙を書いて、もう少しここに逗留する許可を求めましたが、次の日曜日には〔アメリカン・ボード*の宣教師たちが首を長くして待っている〕大阪に行くようにと説得されました。この地〔安中〕はまさに福音のための準備ができていると思います。畑は収穫前の純白の状態です。グリーン氏からすぐに来るようにと言われましたので、明日東京に向けてここを発つつもりです。もう二、三ヵ月この地で働き続けるならば、先に述べた人たちのほとんどがクリスチャンになると思います。この飢えた群れにもっと霊的な糧を与えないで放っておくのは大変胸が痛みます。

この地域は外国の悪い影響に全然染まっていません。キリスト教社会を樹立するには〔私の赴任地の〕神戸や大阪よりも望ましい土地ではないかと私には思えます。私はむしろ、この地に留まって、目の前に開かれている非常に有望な新しい土台の上に立つこの汚れなき（外国の悪い影響力に染まっていないという意味です）社会の中で働きたいと願います。

同封のお札《ふだ》は、はるか昔の祖先から家族の中で受け継がれてきたもので、母がすべての神々を燃やしたいろりから私が拾いあげたものです。

27 新島民治*への手紙

一八七五（明治八）年三月七日

【Ⅲ-一二九】安中に帰省後、ゆっくりする間もなく新島（三十二歳）は大阪に転住し、阪神在住の先任宣教師たちの協力を得て、ただちに念願のキリスト教主義学校の開校に向けて動き始めた。これは大阪から父親にあてた近況報告。たまたま「大阪会議」で在阪中の伊藤博文*と木戸孝允*は、かねての繋がりから新島の学校設立運動に協力的であったが、結局は失敗に終わる。さらにこの手紙で興味深いのは、新島の率直な女性観と結婚観である。

79 伊藤博文

その後はいかがでしょうか。父上始め皆さまはきっとご清栄のことと推察しお慶び申しあげます。私のほうも相変らず勉強いたしておりますからご心配なさらないでください。

さて、先だっては岡村〔栄懐〕、山田〔亨太《こうた》〕、森本〔成徳〕、有田屋〔湯浅治郎〕*、千木良〔昌庵〕、植栗〔義達〕の諸氏からお手紙をいただきましたので、お家の様子もよく分かり、たとえ遠方に来ていても安心することができました。

おそらく安中ではまだ雪も深いことでしょう。こちらは暖かく、早くも梅の花はすでに落ちつくし、毎朝鶯の声で目を覚ましております。久しぶりに日本の春を迎えてみると、鶯の鳴き声がとくに面白く、幼い時におぼえた詩歌を思い出します。そのため毎朝起きるまえに詩歌を吟《うた》い、思わず少年時代を回想して、ご両親となぜかこんなにも遠く離れている自分を悲しく感じたりしております。しかし、これもご存じのとおりイエス聖人の道のためです。

このようにつらい思いを忍びながらも、世間の利欲の道に走らずに、ただただこの尊い道を日本全国に伝えることを日夜ひとえに願って暮らしております。とかく人間というものは、すべてが自分の意志どおりに進むものではありません。外国留学から久々に帰国したにもかかわらず、そうそうにこちらに赴任したために、ほんとうは日夜父上の目の届く所で暮すべきですのに、それもできませんので、父上、母上はさだめしご不満にお思いのことと心が痛みます。これも全く道のためで、やむを得ないことです。どうかこの点、お父上もお許しください。

さて、以前私が話しておりました学校設立の件ですが、すぐには進展しないと思います。しかし、〔木戸孝允の斡旋で〕すでにこの大阪の商人の一人〔磯野小右衛門〕が六千円ほど出してくれており、おいおい寄付者も現れるものと願っております。いずれにせよ十万円か十五万円ほどの募金をしたうえでなければ、学校建設にはとりかかることはできないと思います。この学校事業が実現すれば、ずいぶんと日本のためにもなるものと思っております。

いずれ六月末か七月初めには、〔安中に〕帰郷しますから、その時に詳しくお話しいたします。またそのときには例の老後のための資金も工面して参りますから、多少でも父上の家計の足しにしてください。またその節には清水さまのお宅を拝借したいので、父上のほうからもよろしく頼んでおいてください。

大阪に参りましても、私の妻にふさわしい者は見つかりません。どうも私には生涯妻を娶《めと》ることは無理かと思われます。それに毎日多忙続きで妻探しまで行う時間が持てません。当分、妻探しの件は延期するしかありません。私は決して顔の美しさにこだわりません。ただ心が良くて学問のある者を望んでいます。日本の〔旧式の〕女性のような人とは生涯を共にする気が全く起こりません。

先日、東京や横浜でいろいろな書物を調べ、安中に送っておきました。いずれ父上さまへも書物が何冊か届くと思います。どうかそれをお読みくださり、私の帰省までにキリスト教の道について理解を持っていただくようお願いいたします。

いろいろと大阪の様子をお伝えしたいのですが、何分多忙なので後便にいたします。どうぞお身体をお大事に。

敬具

三月七日

新島襄

父上様

清水さま、ご近所さま、茂木さま、お姉さま方、〔植村〕新次さま、そのほか植栗〔義達〕さま、星野さま、親類の皆々さまへよろしくお伝えください。

椋弥殿〔公義*〕には勉強をするようにくれぐれも申し聞かせてください。

28 ハーディー*夫妻への手紙

一八七五（明治八）年三月

【VI-一六三】原英文。阪神地方に住む同僚のアメリカン・ボード*の宣教師たちとの間で、創設する学校観に微妙な差異が見られたことが、大阪からボストンに送られたこの手紙からうかがえる。

80 A.ハーディー（29歳）

私たちの学校がトレーニング・スクール〔伝道者養成校〕にとどまらず大学とならなければ、私たちの仕事を成功させることはできないと私は確信しています。〔昨年、ラットランド*で開かれた〕前回のアメリカン・ボードの会合で私はこのことを懇請いたしました。

しかし、〔日本〕ミッション〔の在日宣教師たち〕は〔ラットランドで集めた〕基金をトレーニング・スクールのためだけに用いたがっています。もし学校で日本の若者たちの強い知識欲を満足させる教科はなんでも教えるというのであれば、私も喜んで同意します。反対にもし神学と聖書だけを教えるのであれば、もっとも優秀な日本の若者たちは、ここには留まらないと思います。彼らは近代科学をも求めているのです。

29 私学開業・外国人教師雇い入れ許可願
一八七五（明治八）年八月二十三日

81 京都府知事・槇村正直*

【I-六】 大阪での学校設立を断念した新島は、山本覚馬*（京都府顧問）の協力を得て京都に学校を設立することを決意。私学開業と宣教師（J*・D・デイヴィス）の雇い入れの願書を京都府に提出した。「聖書」を含むこの時点でのカリキュラムは興味深い。

このたび私は京都府内相国寺《しょうこくじ》門前にある開拓社所有の地所〔旧薩摩藩邸〕を買い求め、英学校を設立しようと計画いたしましたが、なにぶん資金が乏しく、まだ学校建設の方は実現できかねているしだいであります。それで同じ相国寺門前の旧御付屋敷の地所建物〔不詳〕などを購入し、ここを仮学校として英学教授をいたしたく存じます。

右のため今摂津の神戸に滞在中のアメリカ人宣教師J・D・デイヴィスと申す者を雇い入れ、相当の月給を与え、この学校の教授に任用いたしたいと存じます。しかし、文部省規則では、宣教師を雇い入れて学校教師を兼任させることは禁止する、とあります。私もこの規則をよく心得ておりますが、当方は大変な資金難のために高給を出して外国人の専任教師を一人雇い入れることは不可能であります。

しかし、私が思いますに京都近辺では英学校は大変希少な存在と見受けられ、私立学校を開業する任務を一日でも捨ておくならば、京都近辺は文明の進歩に後れをとることになると存じます。そのため日夜努力して、一日も早く開校にこぎつけたく存じます。

また今日は物価騰貴が激しいために少年生徒の中には

志はあっても学費の準備ができず、やむを得ず志を屈する者や、ついには無用の廃物とでもいうべき者に成り下がる例もしばしば見られます。このような将来有用な人材をむなしく廃物にしてしまうのは、惜しみてもあまりあります。

そこで私は英学校を開き、生活困窮の生徒にも志が遂げられるよう毎月の授業料などは大幅に割り引きし、さらに生徒自身にも自助のための機会をつくり、彼らに普通学科を修業させる一方で、聖賢の道をも学ばせることにより、仕官しては正直な官吏となり、退職しては純良な民となり、わが国家の進歩の一助となる人材を育成することを望みました。

こうした私立学校創立の計画を持っていることをかのデイヴィスという者に語り、私と協力する意志があるかどうかを尋ねましたところ、同人はことのほか喜び、早速同意をいたし、もし貴府庁および日本政府の許可があるならば、喜んで協力いたしたい、と申しております。

しかし、文部省の規則を遵守《じゅんしゅ》するならば、同人の雇い入れの件は不可能となります。そうかと申してこの一規則のために私の計画を放置するのは、今の文明維新の世にそぐわないことと存じ、あえて規則には合致いたしませんが貴府庁へ申請いたします。同人の雇い入れの件を願いあげますのは、右のようなやむなき事情によるしだいです。なにとぞ貴府庁においてよろしくご検討いただき、かのデイヴィスという者を雇い入れる件、文部省までご相談くださるよう願いあげます。

ところで、右の宣教師雇い入れの件をご許可の際には、私も浅学ながら大いに協力し、一刻も早く開校いたす所存であります。さらにその後、生徒が増加いたしました時には、ほかの宣教師を雇い入れる件をお願いすることになるかも知れません。

しかしながら、私立学校において宣教師だけを雇用するつもりでは決してありません。現在のところ資金不足のため、なにぶん数千〔円〕の高額の給料を出して外国から学士を招くことが不可能のため、やむを得ず高給を求めない宣教師を雇い入れることに決定いたしました。いずれ学校の資金が潤沢《じゅんたく》になりましたら外国から純粋の学士を雇い入れ、生徒の学業の進歩に応じて、最終的には大学の水準にまで高めたいと存じます。

学科の件につきましては、生徒の進歩の度合いにしたがい、適宜決定すべきことと考えますが、まず当面の目的においては左のとおりであります。

英学（綴り、文法、作文）
漢文（史学として日本史と中国史）ただし生徒の希望によります
算術　代数　度量学　三角法
地理　天文　物理　人身窮理〔生理学〕
化学　地質学　万国史
文明史　万国公法〔国際法〕　文理学〔倫理学〕
経済学　性理学〔心理学〕　修身学
聖経〔聖書〕

生徒の卒業期限は五年とします。ただし、この期限も仮の決定であり、事情をみて改革すべきものと存じます。

さて、右の学校が開校できるかできないかは、ひとえに私どもが願い出た宣教師雇い入れの許可を貴府庁および日本政府が出してくださるかどうかという一点にかかっております。それゆえ、十分にご検討のうえ私立学校の創設がわが国の文明進歩のためにどのような利害を有するかを十分にお考えくださり、万一害があるとすれば論外ですが、もし利益があると判断されるならば一日も早く許可をいただきたいしだいです。

右の段、その筋まで申しあげました。よろしくご許可のほどひとえに希望いたします。

明治八年八月二十三日出願　敬白

新島　襄

30 S・H・ハーディー*への手紙

一八七五（明治八）年十一月二十三日

【Ⅵ-一六八】原英文。同志社英学校が開校する六日前の手紙。京都からボストンに送られた。京都府知事（槇村正直*）の態度が硬化して、開校直前にキリスト教教育を行うことに横槍が入ったことが判明する。山本八重との婚約に関する記述も興味深い。

82 新島八重*

拝啓

九月四日付のお手紙をほんの二、三週間ほど前に受け取りました。奥さまとご家族の皆さまがお元気でイーストエデンで夏の休暇を楽しんでいらっしゃると知り、うれしく存じます。お手紙を読んでいますと、一年前の夏に皆さまと過ごした楽しい時間のことを思い起こさずにはいられませんでした。あの島々の美しい風景、すばらしい別荘、それに立派なヨットがありありと心に浮かんで参ります。

皆さまがこの夏、このような生活を昨年同様に楽しんでおられると知ってうれしく思います。でも実に残念です。身内の一人が別荘にいないのを寂しがっていらっしゃるに違いありません。

もっと頻繁にお手紙を書くことができず、申し訳ありません。宣教師を一人*〔J・D・デイヴィス〕京都に招くことや、彼のために家を手配すること、校舎を借りること、そしてこの新しい働きの場〔京都〕にキリスト教を導入することなどのために九月から非常に忙しくしていたのです。

これらの事柄すべてに加えて、体調も今ひとつすぐれませんでした……。主に不眠です。そのためしばらくの間手紙を書くのをほとんどすっかりあきらめざるを得ませんでした。また、春以来非常に友好的であった京都府知事〔槇村正直〕が、私が信じる宗教に対して最近嫌悪を示し始めました。

知事の最近の行動についてお知らせする前にお伝えしなければならないことがあります。きっと関心を持ってくださることと思います。たしかこの前の手紙で目の不自由な人*〔山本覚馬〕について興味深い話をお伝えしたと思いますが、〔先月の十五日に〕この人の妹〔山本八重〕と婚約しました。このことはごく最近まで秘密にしていました。

私は、彼女が〔洗礼を受けて〕教会に迎え入れられるまで待とうと思っていたのですが、その後、彼女の回心が明白である確証を得ましたので、全くためらうことなく婚約しました。彼女はまだ水による洗礼を受けてはいませんが、聖霊によってすでに洗礼を授けられていると私は信じています。

このうれしい出来事があったすぐ後に、彼女は四年間教師として勤務していた京都府立の女学校〔女紅場《にょこうば》〕を解雇されました。これは知事が、学校関係者に相談することなく独断で決定したものです。なぜなら彼は、もしも彼女が学校でキリスト教を教えるようなことがあれば、すべての生徒が学校をやめるだろうと懸念したからです。

彼女はいくぶん目の不自由な兄に似ています。あることをなすのが自分の務めだといったん確信すると、もう誰をも恐れません。彼女は、自分の勤めていた女学校に補助金をもらうためにこれまで何度も知事に直接陳情に行っていますが、女学校の幹部らは知事を恐れてそのようなことは言えないでいました。

彼女はキリスト教を信じるようになってから学校でもしばしば神の真理を語っており、さらに最近クリスチャンの男性と婚約したことが、知事の恐れをあおったのでしょう。彼女はまさに突然、学校を解雇されたのですが、少しも残念がってはおりません。先日彼女は、「いいのよ、これで福音の真理を学ぶ時間がもっととれるわ」と言っていました。

ほんの数日前に撮った彼女の写真を同封します。ごらんになるとすぐお分かりのように、彼女についてなんらかのご批評がいただけるものと思います。もちろん彼女は決して美人ではありません。しかし、私が彼女について知っているのは、美しい行いをする人だということです。私にはそれで十分です。彼女のことを話しすぎているとしたらお許しください。結婚式がいつになるかはまだ分かりません。宣教師の方々に決めていただこうと思っています。

昨年の夏以来、時には旅館に、時には何軒か個人宅に宿泊してきましたが、最近自分の家を借りました。同じ敷地内に離れがあります。それを老父母のために借りるつもりです。父母は年内に京都に移って来られると思います。

さて、京都府庁が私たちに対してとった最近の行動についてお伝えします。私は昨日府庁に呼び出され、「カリキュラムの中から」聖書を除去するように、と言われました。キリストのために大審問官の前に立たされたのは、私にはこれがまさに初めてのことでした。私はみじんも恐れることなく彼の前に立ちました。予想に反して、彼の態度はずいぶん控え目に見えました。

彼は次のことを命令ではなく、要請してきました。それは、京都にキリスト教の学校を開始するのを府が私に許可したために、保守的な人々、すなわち今京都に集まりつつある薩摩藩士が、府に対して反旗を翻《ひるがえ》すといけないから私の学校でキリスト教の信仰を教えないでほしいというものです。当分は私はキリスト教信仰を学校ではなく自分たちの家で教えるつもりでいます。

ですから、実際のところ失ったものは何もありません。いぜんとしてこれはキリスト教の学校です。日本では借家住まいをしている限り、多くのことはできません。家主には借家人の行動が気に入らなければ、いつでも私たちを追い出す権限があるからです。

現在のような問題が起こることはずっと以前から分かっていましたので、私はデイヴィス氏にぜひ学校用の建物を買うか建てるかしてほしいと説得してきました。なぜか彼は私の助言を聞いてくれませんでした。結局私たちは持ち家がないために困難に陥ってしまいました。

しかし、何としてでもキリスト教は教えます。もしキリスト教の信仰を教えることができない立場に追いこまれるならば、キリスト教の真理を教えます。私たちは瓶の中のドングリのようなものです。遅かれ早かれ、大きく育って瓶を破裂させます。

新しい学校の建物の入手にただちにとりかかるのが最善の道だと私は確信しています。そうすれば、私はその家の一部に自分の名前を書いた表札を掲げ、政府と人々にこれは私の家であり、自分の家ではキリスト教を教えることができるのだ、と言えます。自分の持ち家にいる限り、京都府当局は私を立ち退かせることはできません。京都で借家に住むのは、非常な弱みになります。宣教師たちがそうした現状を理解し、すぐに校舎の建設に取り組まれるよう望みます。

J・H・ニイシマ

31 中村正直*への手紙

一八七六（明治九）年十二月十一日

【III-一四五】 東京で同人社（学校）を経営する中村正直に京都から出した手紙。新島（三十三歳）が同志社英学校を開校して、ようやく一年がすぎたところである。すでに洗礼を受けていた中村は、新島の信仰と才能を高く評価し、彼の引き抜きを考えたようである。手紙は京都における最初の三つの教会についても報じている。学校と教会とは一体であった。

(83) 中村正直

過日はお手紙にて小生の東京への転居〔同人社への転職か〕を仰《おお》せいただき、また小生から指導を受けたいとのお言葉をいただき、小生といたしましては恐縮の至りでございます。小生は才劣り学浅い者ですから、京都の一隅で仕事をいたすだけでも任に堪えられませんので、東京に転居することなどはなかなかできないと存じております。

さて、さる九月から同志社英学校の校舎をあらたに竣工させて始業し、現在〔「熊本バンド」を含めて〕学生がおよそ七十人在学しております。その内、五十人は信者です。

先月二十六日には今出川通りにあるアメリカ人教師〔*D・W・〕ラーネッドの家に京都第一公会〔教会〕を設立、入会者二十人。今月三日には新烏丸頭《からすまかしら》町の拙宅に第二公会を設立、信者二十二人。同じく今月十日には第三公会を〔*E・T・ドーンの家に〕設立、入会者二十人。信者の総計は六十二人です。このように三つに分けた理由は、一つは便利のため、一つは伝道のためであります。

近ごろになって同志社の学生はことのほかよく勉強する一方で、京都市内や近郊の村落に出向いて活動し、今日すでに説教所が大小合わせて四十四、五ヵ所もあります。しかしながら、京都の人は旧習にとらわれて、なかなか新参の教法〔キリスト教〕を了解しませんから深いため息をついております。さだめし東京のほうは盛大のことと存じます。先生の塾〔同人社〕におかれましてもすでに公会〔教会〕は設立のことと存じますが、おついでの時に近況をご報告くださるようお願いいたします。

右お返事かたがた京都の近況を申しあげました。

新島襄

中村正直様

*津田仙君にご面会の節はよろしく。

32 *M・E・ヒドゥンへの手紙

一八七六（明治九）年十二月二十五日

84 1878年ごろの同志社女学校の生徒

【VI-一七九】原英文。帰国一年後に京都からアンドーヴァーへ送られた家族、学校、教会等に関する近況報告。M・E・ヒドゥンからの手紙に対する返信で、「京都ホーム」と呼ばれる女子塾〔同志社女学校の前身〕を発足させたことを報じているのが、目につく。

親愛なる友へ

八月三日付のお手紙、たしかに受け取りました。お便りをいただいて大変うれしく、またご親切にもあなた方や町のニュースを伝えていただいて感謝しています。

もっと早くお返事すべきでしたが、当地でトレーニング・スクール〔同志社英学校〕を開設してからというもの、私の仕事がすっかり自分の力を超えていることが分かりました。そのためどんな小さな仕事でもさらにこのうえ加われば、心身ともに参ってしまうのではないか、といつも恐れていました。そこで、ハーディー*氏へ時々お便りする以外は、学期の途中では手紙を書くのをやめざるを得ませんでした。

先週の金曜日に秋学期が終わりました。いくぶん体は休まっているように感じますが、まだ多く書けるほど体調がよくありません。走り書きをお許しください。ほんの二、三行でもお手紙を書いて、私たちの様子と現在の〔日本〕ミッションの〔京都での〕仕事ならびにトレーニング・スクールについてお知らせしなければならないと思います。

私たち夫婦はたしかな絆で結ばれて以来全く幸せに暮らしています。私たちに関してはなにもかもが円滑に進んでいます。借家に住んでいます。夫婦で使うにはやや狭いのですが、それでも心地よく落ちついています。

85 新島の姉(みよ)

両親と姉の一人〔みよ〕*が、五月からわが家の離れで一緒に暮らしています。父はちょうど七十歳ですが、すこぶる元気です。三、四マイル歩いても疲れません。母の健康状態は、こちらに来てから随分良くなりました。母にはお手伝いさんが一人いるのですが、母は台所であれこれとよく仕事をします。

私は父母にイエスの話をしています。両親が神の真理を理解するには大変時間がかかりますが、彼ら（とくに父）はもうほとんどキリスト教徒であると私は信じています。父母は自分たちの罪深い状態を理解し、それを大変悔やみ始めています。これは二人が救い主を求めているしるしだと思います。

姉はすでにこの新しい信仰を受け入れ、今月三日に教会〔京都第二公会〕が当地〔わが家〕で結成された時に教会に入会しました。私は少人数の会衆を相手に説教を昨年の九月に始めましたが、神の恵みによって二十二人の会員とともに、私の家で同教会を組織することができました。

そのうち十五人は信仰告白〔に基づく洗礼〕によって、残りの者は他教会からの推薦状によって〔転入会員として〕教会員となりました。私たちの教会のほかに当地では同じ時期にあと二つ、教会が作られました。一つ〔京都第一公会〕はラーネッド教授*の家に、もう一つ〔京都第三公会〕はドーン牧師*の家に、です。これらの教会の会員の大部分はわが校の学生たちです。在籍する学生の三分の二以上がキリスト教徒です。彼らは皆よく働きます。そのほとんどがキリストのために何らかの働きをしています。

学生の一人ひとりが自分が伝道する場所を一つか二つ見つけるように努めています。彼らの努力によって今では市内に伝道所が五十五ヵ所もあります。もちろん、場所によっては非常に少人数の会衆しかおりません。それでも私たちは、その一つひとつが将来の教会の核になってくれるものと信じています。

この休暇中、非常に多くのわが校の学生が二人一組になって、キリスト教を知らない同郷人にキリスト教の真理を宣《の》べ伝えるために、また近隣の町や村に聖書とトラクト〔伝道用パンフレット〕を販売するために出かけて行きました。彼らが、迷える人々にとって慈悲の天使となることを望みます。

私たちはすでに女子トレーニング・スクール〔女子塾〕を開始しました。これは「京都ホーム」と呼ばれ、大変小規模なものです。寄宿生が六人と自宅生が二、三人おります。来年中には女学校の校舎を建てたいと思います。日本の貧しい少女たちのためにあなた方の教会が援助してくださることを望みます。

お手紙を書くのに十分な時間がとれればよいのですが、仕事のために疲れきっていますので、来学期に向けて体を休ませる時間をとらなければなりません。この休暇中休めるのは十日間だけです。来学期のために力を蓄えるようにしなければなりません。

私の仕事についてお話ししようと思いますが、少し慎重にならざるを得ません。というのは、「私はこれだけのことをしている」と人に言うのは、あまりよい印象を与えないからです。でも、あなたはほかの方とは違います。自分の母親に対するようにあなたに対しては自由に本当の気持をお伝えすべきでしょう。

先学期、私は一度深刻な状況に陥りました。もう仕事を続けられないと思いました。しかし、神の豊かな恵みによってもう一度仕事を始める力を得ることができました。

先学期、私は「四福音書の比較検討《ハーモニー》」、「自然哲学」、および「道徳哲学」を教えました。これらの三教科を探究心あふれる〔「熊本バンド」のような〕学生たちに教えることは、それだけでほとんど私の力にあまることです。この三教科と安息日の説教以外にも自宅で毎週二つの会合を開かなければなりません。一つは祈禱会で、もう一つは信仰質問会です。

この二つの日本人の会合のほかに、毎週水曜の夜には宣教師の会合に出席しなければなりません。これらの会合に出席するには試練がいくつか伴いますが、そのひとつはこのために常に神経を使うので、夜には目覚めがちになることとです。それでもこれらの活動は私にとってとても喜ばしく、やめられません。この世にある限り、私は十分に休めないだろうと思います。

この祝福された主の栄光の十字架を担い続けることができるように私のためにいつもお祈りください。弟さんは健康状態がよくなられたと聞いてうれしく思います。どうか彼とテイラー執事、ならびにご近所の皆さんによろしくお伝えください。

敬具

J・H・ニイシマ

この便で英学校の写真をお送りします。ハーディー*夫人のお手許に保管していただくことになっています。お友だちの一人に託《ことづ》けてもらえますか。

33 寺島宗則*への手紙

一八七八（明治十一）年二月二十八日

86 寺島宗則

【Ⅲ-一五二】前年に開校した同志社女学校に二人の女性宣教師を雇い入れるために彼女らが京都に居住できる許可を京都府に申請した。こうした役所への申請やその折衝はすべて新島校長（この時三十五歳）の仕事であった。なお新島の懸命の督促にもかかわらず、外務省の回答は三月十一日に延ばされ、しかも「否」であった。彼はただちに伺書を出すとともに、自ら東京に出向いて直接陳情におよばざるをえなかった。

京都、同志社社員〔理事〕新島襄から謹《つつ》しんで外務卿寺島公閣下に申しあげます。私は民間の一学徒にすぎませんので、いまだかつて閣下にお目にかかったことがございません。唐突に書簡を差しあげ、閣下のご尊厳を損《そこ》なう非礼をお許しください。伏してお願いしたいのですが、閣下の海のように広い度量に免じて私の非常識を受け入れ、どうかご一読ください。

現在、聡明な天皇が上におられ、賢明な政治家たちが天皇を輔翼《ほよく》し鋭意政治を受け入れ、夜を日に継ぎながらわが国を文明の国に、またわが民を文明の民にしようと努力しておられます。今の時代はまことに千年に一度あるかないかの好機会であり、下にある者も何より第一に天皇の盛意を奉戴《ほうたい》し、少しでも不平を持つ者があれば、つとめてそれを賢明な為政者に表明し、彼らと意志の疏通を図《はか》るべきであります。

しかしながら、民衆の卑屈は長い習慣から国民性となっており、たとえ不平を持っていてもあえて申し出たりはいたしません。その結果、為政者の聡明さを時には曇らせ、時には志士を憂鬱《ゆううつ》のうちに悶々とさせるに至っております。

これは単に天皇の盛意にそむくのみならず、国を害する賊というべきであります。不肖ながら私は甘んじて国を害する賊になろうとは思いません。そこであえて閣下にひと言申しあげ、閣下の聡明さを曇らせることがないように願っております。どうか閣下、お察しください。

私はもと上州の一書生で、幕政の末期に国の大禁を犯して単身日本を脱出し、大変な苦労をしながら遠くアメリカに航海したものです。これはほかでもなく後年、学問成就のうえ微力ながら少しでも国家につくそうと念じたからであります。それゆえにアメリカにおりました時は早朝から深夜まで努力を怠らず、学業をすみやかに成就しようといたしましたが、不幸にしてしばしば病気にかかり、年に数回は勉強を中断せざるをえませんでした。

しかし、「身いよいよ窮《きわ》まれば志いよいよ固し」〔「窮當益堅、志當益壯」のことか〕の格言を守り、病床にあっても書籍を片時も離しませんでした。そのうちに王政維新となり有害な旧習がことごとく廃止され、私も駐米公使森有礼*氏の周旋によって政府から脱国犯の罪科を放免されました。

さらにそのうえに留学の費用を賜りそうになりましたので、固辞いたしました。その後も政府は私の非礼を問題にせず、私の帰国を促しただけでなく、二度までも私を政府に登用しようとされました。

しかし、私は才劣り学浅く、とても責任を果たせないことを自覚しておりましたし、また心を労して官職に束縛されることは平生から願っておりませんでしたから、固辞して命をお受けしませんでした。

私は生まれてこのかた狭い世界で成長しました。貧賤は覚悟しております。自分が心から願うのは次のことです。すなわちただただ長く民間にあって教育に従事し、学術を明らかにし、知識を普及し、キリスト教を伝道して徳義を盛んにし、どうしようもなく腐敗汚染した旧習を一掃すること。さらに楽しむべきまた慕うべき「自由の元気」を世に広め、人々が真理の空気のなかで呼吸し活動し、信義仁愛をもって自分を律し、上は政府の法律を大切にし、下は同胞の交際を活発にし、この暗く汚れた罪の世を真の安楽世界にしたい、ということです。これが私の平生の志願なのです。

そこで日本に帰国後、ただちに京都に学校を建設し、学識が博く徳の高いアメリカ人教師数名を招いて教育の任に当たらせました。学校の設立は明治八年であり、その時の入学者数はわずか十人を超えることはなかったのですが、明治九年になると六十人になり、本年はすでに百人を超過しました。知育と徳育の修得も日々その成果をあげております。

男子の就学のこのような敏速さを見て、社会の改良と前進が期待できるのを楽しみにし、さらに目を転じて女性の社会を見れば、ひそかに心嘆かわしく思わずにはいられません。こうして女子にもまた教育が必要であるとの説を主張して、昨年四月からはさらに女学校を設立し、アメリカ人女性を招いて教育を任せました。最近になりさらに規模の拡大を計画し、新校舎の建設を行っており、あと数ヵ月で完成します。

そのためにさらにアメリカから女性教師二名を呼ぼうと考え、本年一月九日付で京都府庁に願書を出し、外務省あてに女性教師二名の滞在許可証を申請いたしました。今月十二日にはみずから京都府庁におもむき許可証の交付を催促しましたところ、府庁の回答ではまだ本省から交付されていないとのことでした。その後十日以上になりますが、まだ許可がありませんので、はなはだ困惑いたしております。

今日、陸には高速の汽車があり、海には汽船の便があります。許可証の交付が交通の遅れのせいで妨げられているとは思えません。おそらくは外務省の仕事がたくさん滞り時間がないために延滞しているのか、さもなければ事務の怠慢により人民の請願を放置したまま平然としているのか、とひそかに推測いたします。

アメリカ人の言葉に「時は金なり」とありますが、むしろ「時は金よりも貴《とうと》し」と述べたいと思います。文明化をどんどん推進している明治政府にして貴重な時間を塵《ごみ》のように見なすことは、理解できないところであります。ひとたび過ぎ去ると二度と戻ることのない民の時間を空費させて、来る日も来る日も指折り数えて許可を待たせる態度は、賢明な政府における一大欠陥と言わねばなりません。

滞りがはなはだしくなれば、必ずや天下の志士は怒り嘆き、腕を組んで大きなため息をつくようになり、愛国の良民はひそかに悔し涙をほとばしらせ、嗚咽《おえつ》するようになるでしょう。そうであるならば、決して国家のためになりません。この点が閣下にひと言申しあげざるを得ないところです。

どうか閣下におかれましては私の真意を理解し、すみやかに女性教師二名の滞在許可証を交付し、私の心におおいかぶさっている暗雲をとり除き、私が再び晴天白日を仰ぎ、精神をますます磨き鍛え、教育に集中し、愛国の素志を遂げることができるようにしていただきたく存じます。また国民の情熱を封じこめることなく、国家の元気を旺盛に盛り立てていただければこれ以上の幸いはありません。伏してお願いしたいのは、これらの事情をお察しいただくことです。

書簡の進呈にのぞみ恐縮至極に耐えません。

34 ハーディー*夫妻への手紙

一八七八（明治十一）年八月十六日

【VI-一九〇】 原英文。夏休みに京都の郊外にある寺院を借りて、新島は避暑をした。宣教師には夏休みをとる慣行があって、比叡山などで九月中旬の新学期まで集団でキャンプ生活をした。この年の新島の場合は独居生活で、自炊ぶりが誇らしげに記されている。新島三十五歳。

妻が私を自宅からこの静かな村へ送り出してくれまし

87 新島が描いた宇治川

た。ここは京都から六マイルしか離れていませんが、京都よりもずっと涼しいのです。樹木が多く、あちらこちらに木陰があります。ここに三日前に来て、今はお寺で暮らしています。広々とした風通しのよい部屋を二つ借り、一つを書斎に、もう一つを寝室にしています。本堂はとても広々とした廊下でとり囲まれており、その一画を私は炊事場にしています。

料理人を連れてきたのか、とお尋ねになるかもしれませんね。答えは否です。自宅ではお手伝いさんを何人か雇っていますが、こんな所に一人でいる時にお手伝いさんを連れてくるのはよろしくありません。私にはすばらしい順応性がありますので、料理人にも使用人にもなれるのです。干肉、卵、さつまいも、果物などはすべて用意されています。今こそ、ワイルド・ローヴァー*号で身につけた、年期の入った技を見せる好機です。しかし、残念なことに私以外には誰も見てくれる人がいません。年老いた住職とその家族は寺の奥のほうに住んでいます。彼らは実にもの静かで、私を全面的に信頼してくれています。私は早寝早起きをして、七時前には朝食をすませます。十時まで読書をし、健康のために塩を入れて入浴します。それから昼食の用意をし、少し昼寝をしてから、木陰の多い谷沿いに長時間、散歩をします。

35 (a) 校内における聖書講義に関する弁明書（その一）

一八七九（明治十二）年六月七日

【I-一三】 同志社英学校を開校して四年目。京都府は学校視察のおりに外国人教師（宣教師）が校内で聖書を教えているのを目撃し、問題視した。これに対する新島（三十六歳）の弁明書。

88 J.D. デイヴィス*と二度目の妻（フランシス）

わが校創立の際、校内では聖書を教えないという内容の書面を提出いたしました。先般、京都府学務課長横井忠直殿ほか一名がわが校へ授業巡覧にお越しの節、雇い入れ教師デイヴィス氏が聖書を用いて学生に授業をしているところを見届けられました。そこで昨日六日にお呼び出しがあり、かねて府庁に提出の誓約書に違反しているがどうしたことか、とのお尋ねがありました。恐れながら小生の見解を陳述いたします。

さて前の誓約書では聖書を校内では教えないと申しあげましたが、それは聖書を校内においては一切使用しないと申しあげたのではなく、聖書を教科書として校内では教えないと誓約申しあげたということです。

またその節とくに面会を求めて「修身学に関することではキリスト教の教訓が教科書中に多数出てきます。それらの説明の根拠や基礎としてキリスト教の奥義を論じるようになれば、ひとつとしてキリスト教の教訓によらないわけには参りません。したがってこれを全く排除することは大変困難です」と申しあげましたところ、「修身学に関する分だけは教授しても差しつかえない」とのご許可をいただきました。

そこで、修身学に関する限りキリスト教を校内で教えても差しつかえないと判断いたし、雇い入れ教師に修身学に関する部分だけ教えることを認めて参りました。

デイヴィス氏が聖書を用いましたのは教科書では不十分のことがありましたので、やむを得ず聖書の中から教訓を引用して教えたしだいであります。

右、お尋ねに対して弁明書を提出いたします。適切なご処分をお願い申しあげます。

上京区第二十二組寺町通松蔭町一四〇番地

明治十二年六月七日

同志社社長　新島　襄

35 (b) 校内における聖書講義に関する弁明書（その二）

一八七九（明治十二）年六月十五日

【I-一四】 (a)の内容が不適当と判断されたためか差し戻され、書き直しを要求された。そこであらためて提出したのがこれである。宣教師と官庁との板挟みに苦労する新島の姿が思い浮かぶ。

わが校創立の際、校内では聖書を教えないという内容の書面を提出いたしました。先般、京都府学務課長横井

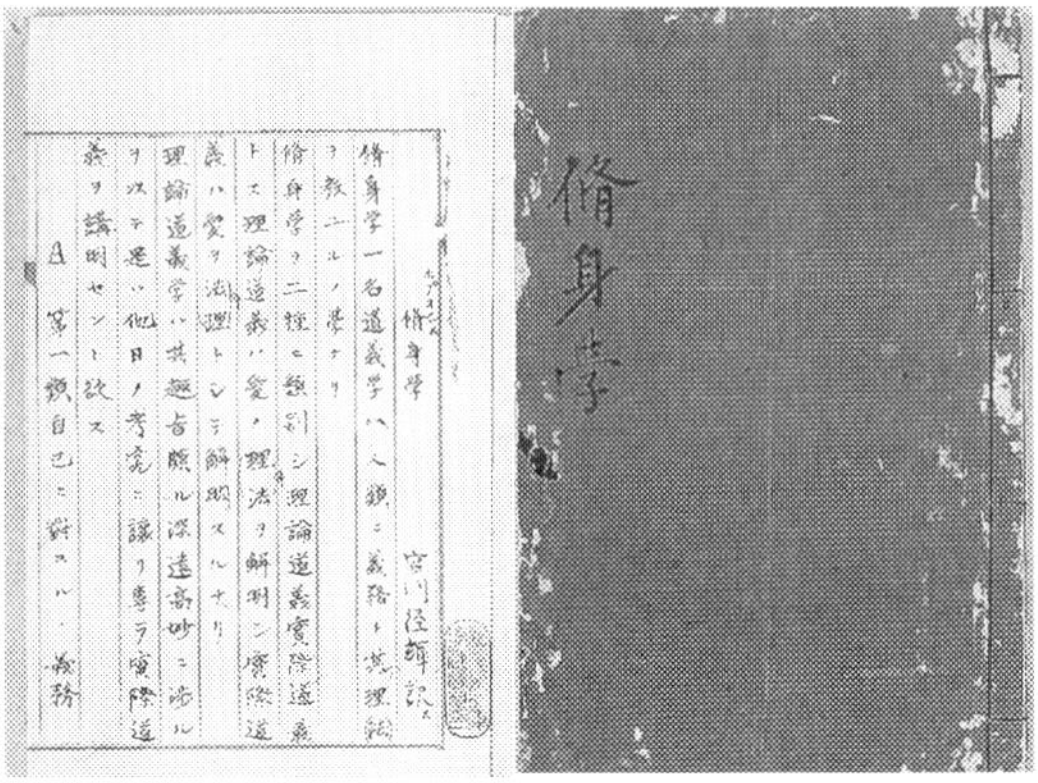

89 宮川経輝*が訳し、新島が補筆したホプキンズ「修身学」

忠直殿ほか一名がわが校へ授業巡覧にお越しの節、雇い入れ教師デ*イヴィス氏が聖書を用いて生徒に教授しているのを見届けられたとのことで、去る六日お呼び出しがあり、かねて府庁に提出の誓約書に違反しているのはいかなることか、とのお尋ねがありました。

そこで早々に取り調べましたところ、学務課長の巡覧の節、デイヴィス氏はホプキンズの『修身学』を教え終わったところで、学生の中からホプキンズ氏の論説の基礎ともなっているキリスト教の教訓について質問があり、教科書だけでは不十分なのでやむを得ず聖書の中からキリストの言葉を引用し解答していた、と申し述べておりました。今後はくれぐれも注意するよう私から申し渡しておきました。

右、弁明といたします。

六月十五日（ただし七日に〔その一を〕差し出したが、九日に槇*村知事から差し戻され、書き直しとなった）。

襄

槇村〔正直〕宛

36 A*・ハーディーへの手紙

一八七九（明治十二）年九月四日

【VI-一九四】 原英文。同志社は開校四年目に廃校の危機に直面した。「同志社は外国人の学校」と政府が指摘、攻撃してきたからである。その批判に反駁するため、新島（三十六歳）は基本金の確保をアメリカに訴えた。「物乞いをしてまでも」との必死

90 アメリカン・ボード*のシール

さが、長文の手紙からひしひしと伝わってくる。

奥さまあての先の手紙で、私が直面している困難のいくつかについて少しばかり触れました。十分考慮せずに書くのがむずかしい問題でしたし、私が九州〔宮崎〕の伝道旅行から帰った時、同地で強烈な暑さにさらされたために疲れきっていたので、お手紙を今まで延ばさざるを得なかったのです。

九州では仕事を開始してしばらくすると、何通もの電報が〔学校から〕届き、私たちと政府との間に起こりつつある深刻な問題に対処するため、できる限り早く帰宅せよと知らせてきました。非常に残念でしたが、九州での仕事を切りあげねばならず、急いで〔鹿児島から〕帰宅しました。

ここで、私の肩にのしかかっている困難な問題についてお知らせしなければなりません。しかし、あなたは決して落胆されないだろうと信じています。愛する祖国に神の栄光ある王国を広めるためにあらゆる試練と困難を私が担うようにと主が計画されたのだ、と確信します。十字架がどのように重くても担う覚悟があります。

しかし、私が恐れているのは、緊急を要する事柄だけでなく、さし迫った困難をもあなたに十分に理解していただけるように、私たちが直面する現在の危機的な状況を十分に描き出すことができないのではないかという点です。現在の困難がどのようにして始まったかを説明しようとすると、長々と物語らねばなりませんが、時間を節約するためにできるかぎり短く書いてみようと思います。

京都市内で私たちが学校を開校しようと企てた時、法律によれば日本政府から学校設立の許可のほかに外国人教師を雇用する許可もとらなければなりませんでした。ここで知っておいていただきたいのは、外国人は事実上あるいは名目上、日本人によって雇用されるのでなければ、京都のような内陸部の都市に留まることが許されないということです。アメリカの友人たちが私に学校の創設資金を与えてくれ、アメリカン・ボードが私のもとに宣教師の教師を送ることに同意してくれましたので、自然と私が学校の所有者の任につくことが必要になりました。

私が作成した私塾開業願は、京都府知事の認可を得て、まず文部省へ提出されました。しかし、公私立を問わず学校の教師として正規に宣教師を雇用することは、文部省の法規に違反しています。これが私が出会った最初の障害でした。しかし、田中*〔不二麿〕氏の特別の計らいにより、私はJ*・D・デイヴィス牧師をこの内陸部にある日本の神聖なる古都に迎える許可をとりました。これが実現した時、私は歓喜して「奇蹟だ」と叫びました。

学校をようやく発足させると、すぐに私たちは福音が受け入れられる方法で静かに伝道を始めました。しかし、ひそかに個人の部屋で語られたキリスト教の真理は、町中に知られるようになりましたので、この地域の僧侶たちの間に非常な脅威を引き起こしました。活ける福音は、彼らにとってはおそろしい稲妻のように感じられたのです。彼らは大規模な集会を開き、私たちの伝道を一切やめさせようと連帯して京都府知事に対して要望書を提出しました。

そこで知事は、私を府庁に呼び出して、以後私の家で伝道することをやめるように要請しました。しかし、私は彼に尋ねました。もし友人が一人私の家に来て、真理について尋ねたならば、閣下は私がその友人に答えてはならないとおっしゃるのですか、と。彼の答えは否でした。

それから私は、もしも二人、三人、十人、あるいは百人もの友人が来て、キリスト教の真理について何かを尋ねたら、私がそれを彼らに語るのをやめさせる権限を閣下はお持ちでしょうか、と聞きました。彼は否と答えました。そこで私は、もし知事が私をとめる力をお持ちでないのならば、私は自宅で伝道を続けることができます、と言いました。

私がこれまで会ったことのないような頑《がん》固《こ》者《もの》だと分かったので、知事は学校で聖書を教えないように、とだけ私に命じました。しかし、聖書は私たちの学校の不動の基盤となっていました。聖書はその後も何度か続いた多くの暗黒の時期にも、一度も中断されることなく教えられています。

戦いを一つ勝利のうちに終えると次の戦いが続き、それが終わるともう一つ、さらにその後にまた一つ、という具合に次々と続きました。私たちが一つひとつ善《よ》き戦いをし、遠い将来に最後の偉大な勝利を収めるのが神のご意志なのかもしれません。知事が日本政府に対して次のような報告をしたという噂が流れました。新島は教育をすると見せかけて学校を始めたが、本当の目的は帝国にキリスト教を広めることだ、と。

ちょうどそのころ、私は〔J・〕*ウィルソンさんと〔H・*

F・〕パーミリーさんを〔女学校教師として〕京都に受け入れる申請書を提出しました。その申請は、理由を一切示されずに拒否されました。私は、先の報告のために拒否されたのだと信じています。

次に知事が報告したことは、名目上私はこれら外国人教師の雇用者となっているが、実際はその逆である、というものでした。私は彼らに雇われていて彼らから年俸を受け取っている、というのです。それゆえ、学校は私の名前で設立されてはいるが、日本人の学校ではなく外国人のものであり、アメリカン・ボードからの毎年の助成金によって維持されているのだから、これはアメリカン・ボードの学校〔ミッション・スクール*〕である、というのです。

この報告は外務省に対して行われたために私たちの状況はひどく危険なものになりました。外務卿〔寺島宗則*〕は、宣教師が京都に入るのをやめさせようとさえしています。昨年の冬、D・W・ラーネッド*氏の滞在許可証の最初の期限〔三年間〕が終わりそうになった時、二度目の申請をしました。すべてがまっくらで希望がないように思われました。しかし、私は唯一の望みを神に託しました。通常のやり方では許可がとれないことはよく分かっていました。「奇襲作戦」がひらめきました。

私は府庁に知事を訪ね、ラーネッド氏の滞在許可に関する私の申請書を承認してほしい、また外務省に対して口添えしてくれるように、と要請しました。彼はできる限りのことをすると約束してくれました。しかし、彼はこう言いました。事は外務省にかかっている、自分はすでに承認を与えているのだから外務省さえ認可すれば申請は受理されるだろう、と。このようにして、彼がこれ以上私たちに対して損害を与えるのを私は阻止しました。

知事との会見後すぐ、私は森*〔有礼〕氏に会いに東京に向かい、私たちの学校についてすべてを説明し、またどのように始め、現在どのように維持しているかをも説明しました。さらに言葉を継いで、私のアメリカの友人たちは、開校資金を私に寄付してくれたにもかかわらず、私たちの学校に対してはいかなる要求もすることができない、と言いました。この学校の創設者は私であり、学校は今、「同志社」と呼ばれる結社の所有となっている。これが日本人の学校である以上、学校を存続させる権利、ならびに外国人であれ日本人であれ必要な教師を雇う権利を有するのは当然ではなかろうか、と。

森氏の答えはこうでした。「もしもあなたが、アメリカン・ボードの資金ではなく自前の資金を用いるのであれば、学校を存続させる権利も外国人教師を雇う権利もあなたにはあります。外務省は、あなたが毎年アメリカン・ボードから補助金を受け取り、それに全く依存しているのをたしかに好ましいとは思っておりません」。

私は森氏に対し、「彼らの毎年の補助金は何ら束縛のない贈与であり、私たちはそれを有効に活用しております。私たちが外国から何らかの援助を受けるのを日本の法律は禁止しているのですか」と申しました。

もしそうならば、私たちが他国に援助を与えることも日本の法律で禁止すべきである。昨年、中国の飢饉が起きた地方へ、飢えに苦しむ人々を救うためにわが国民が大量の米を送ったように、私たちもまた知的、道徳的な飢えに対して他国から何らかの援助を受けることができると信じている、と主張したところ、このやりとりによってやっと彼を私たちの味方につけることができました。彼の親切な助力のおかげでラーネッド氏に対する二回目の滞在許可を得ることができ、同氏はさらに五年間京都に留まることができるようになりました。

この夏、〔M*・L・〕ゴードン医師の滞在許可証を求める申請書を提出した時、森氏ともう一人の閣僚〔寺島宗則外務卿〕との間で激しいやりとりがありました。後者は、私たちの学校が外国人のもので私は単なる名目上の所有者である、といぜん信じており、許可を与えることに強く反対しました。

ところで、どうして彼がこれほどまでに私たちに対して敵対心を持つのかを説明しましょう。

まず第一に、彼はキリスト教を憎んでいます。次に、彼は私たちの状況と、東京の外国人居留地の周辺で外国人のために店を経営している日本人の商人の中に、自分の名前を店主として用いながらも、実際は外国人に雇われて給与を受けている者がいる、という事態とをはっきりと区別していないのです。

このような事業はわが国の法によって厳しく禁じられているにもかかわらず、日本人や外国人のずる賢い商人たちによって行われています。外務卿は、私たちをこれらの商人と同類であると考え、宣教師をすぐにでも京都から追い出そうとしています。しかし、森氏が私たちを堂々と擁護してくれ、もう一度許可証を出すように外務卿を説得してくれました。

それから森氏は、東京にいる私の友人〔津田仙*〕を介して伝言で、将来に向けて用心するようにと警告し、今すぐ学校のために恒久的な基本金を調達するよう助言してくれました。もし年間支出をまかなうだけの資金があれば、外務卿は私たちが学校に宣教師を招くのを妨げる理由を見つけられません。しかし、学校がアメリカン・ボードによって維持されている限り、外務卿はいぜんとしてそれをアメリカン・ボードの学校と見なします。

もしそうだと判明すれば、私は外国の学校の名目上の所有者を装ったとして厳罰に処せられ、学校は即座に閉鎖となるでしょう。仮にそのようなことになれば、学校は二度と開校を許されず、宣教師たちは京都から放逐されると思います。そうです、私たちのこれまでの努力のすべては、朝日の前の露のように消え失せてしまいます。

このような暗い見通しを前にして私はエレミヤ〔『旧約聖書』中の預言者〕のように嘆き悲しむでしょうか。いいえ、主のみ旗のもとに忠実に戦うならば、主は私たちに嘆き悲しむ時を与えられることはない、と私は信じています。嘆き悲しむのではなく、勝利の日まで戦い抜く決心です。どうか神が、私たち疲れを知らぬ兵士を助けてくださいますように。これまで助けてくださったのですからこれからも神は私たちを助け続けてくださる、と信じます。

知事はしばしばわが校の発展を妨げようとたくらんできましたが、今までのところ私たちは神意によって彼の目論みを打ち負かしてきました。今、私たちはより危険な地点に立っています。もしここで知事を打ち負かすことができなければ、これからは非常にむずかしく苦しい仕事になると思います。私たちの地歩を固めるためにすべての力を結集して何らかの方策をたて、敵の手に渡さないようにするべき時です。

森氏の伝言を受け取ってから、政府の鉄の手からどのようにわが校を守るべきか真剣に考えてきました。そして、私たちを救う唯一の道は、私の信じるところでは学校のための基本金を募金することです。しかし、私たちの学校は「耶蘇《ヤソ》の学校」として日本国中に知られており、「耶蘇坊主の発祥地」と非難されたり嘲笑されたりしています。それゆえに国内で資金を募ろうとしてもほとんど無益です。

しかし、学校を維持するための資金がなければ、日本政府の鉄の手が遅かれ早かれ私たちに襲いかかり、私たちを粉々にしてしまうのではないか、と思います。もし学校が閉鎖となれば、日本におけるキリスト教の活動にとって大きな損害をもたらすでしょう。クリスチャンでない者は、皆わが校の消滅に歓喜することでしょう。わが国の政府は、私たちが内陸部でもう一度学校を発足させるのを決して許可しないと思います。もしそうなれば、なんと悲しいことでしょう。

アメリカン・ボードが最近入手した莫大な額の資金〔オーティス資金〕*の一部を私たちにくださるようアメリカン・ボード〔運営委員会〕の委員の方々を説得していただけないでしょうか。皆さまはこの事業を拡大したいと思っておられるのでしょうか。現在の私たちの危機的な状況をお伝えくださったら、皆さまは不安を抱かれないでしょうか。

宣教師の方々にもお話ししましたが、彼らは事態を認識していないと思います。このように微妙な状況を理解してもらうのは、むずかしいのかもしれません。おそらくこの件に関してアメリカン・ボードに手紙を書いている宣教師は誰もいないはずですから、アメリカン・ボードの委員の側では適切な方法で私たちを助けてくださる準備ができていないのではないか、と心配しています。もしも恒久資金を与えてくださらないならば、私たちの学校は廃止され、宣教師は京都から追い出されるでしょう。これは実に深刻な損害です。

アメリカン・ボードの皆さまは、仲間意識を少しも持たず、私たちが滅びて行くのをただ傍観しておられることができるでしょうか。アメリカン・ボードの方針に反しているから、あるいは大多数がそれを容認しないからという理由で、私たちに恒久資金を与えないほど保守的でありえるのでしょうか。必要な時には神のみ業を大胆に実行するために新しい規則を作ることが望ましいのではないでしょうか。

もし〔委員の〕皆さまが〔運営委員会議長である〕あなたの言うことを聞いてくださらないとしても、「私はこの資金を懇願するのをやめたりはしません。なぜならばこの資金がなければ、私たちの大切なキリスト教学校が遅かれ早かれ閉鎖されてしまうから」と伝えてください。

大胆に打って出るか、それとも撤退するか、皆さまが決断すべきです。もしも神のみ業を日本において広めるために私が目論んでいることが皆さまに理解されないというのならば、手紙を書きます。それでもまだ信じてくださらないならば、ボストンに赴いて手紙よりももっと明確な説明をします。

さらに、もしも目標とする資金(少なくとも十万ドル)

を与えてくださらないならば、アメリカの資産家の一人ひとりに嘆願しようと思います。十分な資金が得られなかったならば、私は公然と物乞いになり、学校のための寄付を乞うて町から町へと回ります。アメリカン・ボードの皆さまは、それを許してくださいますか。今の私の立場では自分の口かペンが使える限り、乞うのをやめません。キリストのためにそしてわが国のために物乞いになって大声で叫びます。

ここまで発展し、幾多の危機的な時期を奇蹟的に救われてきた私たちの学校のような組織を失うことは絶対にできません。

このことに関連して私たちの学校の水準についてひと言申しあげなければなりません。日本人は教育事業に大胆果敢に取り組んでいます。政府所轄の学校はもちろん私立学校の中にもわが校よりも高い水準にあるものがあります。私たちが改善する努力をしなければ、私たちは教育制度の中で下位のランクにとり残され、最良の学生を捉えることができなくなります。

善良な宣教師諸君は、今までのところ聖書を教えることに熱心なあまり〔神学以外の〕科学的な教育を軽視してきました。多くの有望な青年たちがひどく失望して退学し、東京の学校へ行ってしまいましたが、そこではキリスト教の影響を何ら受けることがありません。

このように前途有望な学生たちを失うことには耐えられません。私たちは彼らにキリスト教教育のみならず、徹底的に高度で、専門的な教育を施すことによって彼らをわが校につなぎとめなければなりません。私が間違っていなければ、これこそ日本でキリスト教的な努力が実を結ぶための基本方針であると思います。

もしも宣教師たちがこの基本方針を理解できないならば、彼らの努力は大部分無駄となり実を結ばないでしょう。この大切な点に関して、宣教師の中には私たちの流儀に合わせようとする努力をしない方があるのを私は非常に残念に思います。そのために彼らはひどく評判が悪く、日本人とうまくやっていけないのです。

その主な理由は、彼らがいぜんとしてアメリカ人のままでいるためです。彼らの習慣、考え、そして想像力は、すべてアメリカ式なのです。アメリカ人が良いと考えることでも日本人は軽蔑するかもしれません。アメリカでは栄誉であることも、ここでは不名誉なことと見なされたりします。彼らと日本人のキリスト教徒との間には、しばしばささいな衝突が生じます。彼らは、自分たちの手で日本人の伝道者を育てようとはせずに、外国人で補強しようとしすぎます。

彼らは日本人と同じようには話せません。日本人のように家から家へと回ることができません。日本人のように日中の暑さに耐えることができません。日本人がするように安い借家に辛抱して住むことができません。彼らの仕事は高度の精神的な頭脳作業であるべきです。彼らは自分で語る代わりに、語れる人を育てるべきなのです。

私がクラーク博士*〔アメリカン・ボード総幹事〕の立場にあるならば、全力を注いで、日本に強固なキリスト教の大学を創設することでしょう。クリスチャンの大臣、クリスチャンの医師、クリスチャンの政治家、そしてクリスチャンの実業家さえも育てるために、です。キリスト教徒は無学だ、と批判されることがあってはなりません。さもなければ、人々の敬意を受けられません。

私たちは信仰のみならず無知のゆえにも嘲笑されることになるでしょう。私たちは、「蛇のように賢くあれ」というわが救い主のみ言葉〔マタイによる福音書　一〇・六〕を覚えて実行すべきです。選り抜きの人、新約聖書の精神を持った人、幅広い教育と強固な人格を持ち、適応力を持った人を〔日本に〕送り出してください。私たちの学校をもっとも魅力的なものにするためには、ほかの学校に遅れをとらないこと、それどころかさらに先を行くことが、絶対に必要です。

あなたとアメリカン・ボードの皆さまに心から懇願いたします。京都ミッション〔同志社〕の生命を守るための資金を与えてください、そしてわが校が〔日本において〕キリスト教の勢力とキリスト教の影響力の中心となることができるように学校の教育水準を高めてください、と。

私たちの危機的な現状ともっとも緊急に必要とする事柄とをあなたが理解してくださるよう神がお助けくださいますように。神があなたを、暗黒の力から私たちを救うための力強い器としてくださいますように。神があなたを祝福し、アメリカン・ボードの皆さまを祝福してくださいますように、と祈ります。

あなたに感謝を捧げる子

ジョセフ・H・ニイシマ

37 文明の基を立てるために（説教）

一八八〇（明治十三）年二月十七日、十八日

91 新島が手紙に描いた備中松山城

【I-三四五】　原文は無題。一八八〇年二月十七日、十八日の両日、岡山県高梁で行った新島（三十七歳）の説教。今回、残された草稿から再構成した。わが国を欧米のような文明国にするにはキリスト教が不可欠、と説く。高梁（備中松山藩）は旧安中藩の宗家で、新島の旧友もいた。

日本の国が富国強兵でないのを心配する必要はありません。それよりも第一に「文明の基」を立てることこそ心配すべきです。外国人がわが国を軽蔑している、と怒る人がよくいますが、それは転倒した考え方です。もし一国にしっかりとした基礎があり、国力も優っていれば軽蔑されることはありません。

その場合、ちょうど同じ重さ同士ならば秤《はかり》が均衡するように外国と対等にやって行けるからです。均衡を得ようと思うならば、まず自分の国の重さを増す努力をすることです。家を建てるのに土台が必要なように国の場合にも基礎をしっかりと据えるならば、自由が得られ文明も期待できるのです。

それでは、文明の基はどうしたら立てることができるのでしょうか。

まず神を知ることです。神を敬《うやま》うことは知の第一歩なのです。神を知り、敬い、畏《おそ》れ、そして信じ、愛することが人間にとってもっとも大切なことです。それが欠けると人間は迷いに陥り、あるいは物質の奴隷となり、決して自由人となることはできません。キリストは「あなたたちは真理を知り、真理はあなたたちを自由にする」（ヨハネによる福音書　八・三二）と宣言されました。すなわち「わたしが自由にする者は真の自由を得る」と言われたのです。まさにキリストは真理です。

ここにいう「自由にする者」とは、神を信じ、天命に従う者のことをいいます。人は天命に従って、初めて自由の民となり、その後真の文明の域に到達することができるのです。さらに、ついには富国強兵をも現実のものとすることができます。

例としてピューリタン*〔ピルグリム・ファーザーズ〕の場合を取りあげてみます。彼らが信仰の自由を求めてヨーロッパからアメリカ大陸に渡った時にまず建てたのは教会と学校でした。そしてイギリスとの独立戦争ではレキシントンでもコンコードでも勝利をおさめることができました。

このように人は天命を知る時、物事を恐れなくなるのです。また天命に従うということは、神の規律に従うことであり、神のみ心を行うということです。神の規律を守ることにより人は初めて自由人となり文明の民となることができます。

なぜならば、神のみ心を行う人は必ず人を広く愛し、人のためになることは喜んで何でもいたします。力で人を制したり、威勢をふるって人を脅《おど》したりはしません。その人は自分では強者であるが弱者を助け、知識豊かであるがそれを鼻にかけず、自身高貴であるが謙虚です。また富んでいてもおごらず、身分が低くても卑屈でなく、貧乏でもむさぼりません。

さらに他人の暴言を甘んじて受け、また他人の無礼な振る舞いをもよく許し、人のために惜しげもなく時間を使い、神の義を死ぬまで求めてやみません。もしこの地点まで達した人がいるならば、その人を「君子」と呼ぶべきでしょう。このような君子はどんな村にもどんな町にもいるものです。彼らは人のために率先して働きます。

次に日本に文明の基を築く第二の道を考えてみたいと思います。それは日本人を改良すること、すなわち人心改良をすることです。それにはなんといっても教育が重要です。今や一日もゆるがせにせず、教育によって人心改良に取り組むことこそが、国を盛んにするうえで一大急務です。

この急務を果たす際に注意すべきことは、次の点です。すなわち脅《おび》えることなく自由の心を持ち、見識と愛情をもった女性が育っていないところにこの国の深刻な問題があることです。

教育、なかでも女性が抑圧されてきたこの国では女子教育を充実させることが必要です。昔文王の母は悪しき風俗を注意深く避けて胎児を育てました。孟母は子育てのために三度も転居して孟子を教育しました。このような母のもとですぐれた人物が生まれたのです。

自分の子を教育するのに誰が無教養で卑屈な女性や教師に託すでしょうか。人にへつらうような卑屈な教師に預けたがる親はいません。また奴隷のように自主性のない女性にわが子を託す親もいないでしょう。卑屈の悪循環を断ちきり、日本を文明化するためには男性はもちろん女性に対してもキリスト教に基づいた教育を充実させることがなによりも急務です。

38 徳富猪一郎*、河辺鍮太郎への手紙

一八八〇（明治十三）年六月二十九日

92 河辺鍮太郎(久治)

【III-一八〇】「自責*の杖」事件の後、新たな紛争が原因で何人かの学生が同志社を去って東京に行った。これは退学者にあてて京都から送られた手紙。新島家の養子（新島公義*）や津田元親《もとちか》*（津田仙の長男）も一時は退学組に加わったが、新島の反対で残留した。同志社への不満から、すでに退学していた元学生（辻豊吉）らに対しても、新島（三十七歳）は恩情あふれる気配りを忘れない。

先般、東京に到着後、早々に三君〔徳富、河辺、湯浅*吉郎《きちろう》〕から安着のご通知をいただき、私からもお返事いたすべきところでしたが、相変らず偏頭痛に悩まされ、そのうえ同志社では年度末の休み〔夏休み〕をひかえて非常に忙しく、お返事がこのように遅延しましたのは、はなはだ不本意の限りです。なにとぞお許しください。学校においても二十三日から学年末試験が始まり、二十五日には〔第二回〕卒業式を挙行し、万事うまく進みました。

しかしながら、私にとってはあなた方両人が卒業式におられなかったことは少なからず残念です。とは申しても、過ぎたことを再度いろいろ持ち出すのは男子の恥ですから、私としては将来あなた方お二人がますます学問に励み、翼を羽ばたいて高く飛び、世間でいうような小政談家や間に合せの新聞記者などと一緒になって、彼ら程度の望みにとどまらないでいただきたいと思います。

むしろ十分に鋭気を養って、広く歴史書に学び、深く学術をきわめ、なんとか工夫をされて、二十四、五歳までは切磋琢磨につとめ、ひとたび世に出て仕事をする時は世間とともに浮沈するのではなく、百川を挽回する英気でもって日本の腐敗社会を改良してください。これが私のあなた方に切に望む所です。

さて東京にいると、書生のなかには自然と東京風に染まってしまったり、生意気になったり、あるいは遊びほうけたり、酒におぼれたりする者が出てきます。そのほかさまざまなサタンの誘惑で少年生徒の勤勉を妨害するものが多々ありますが、そのような悪風俗の中にあっても少しも頓着なく心を鋭くし、志を励まし、高く白雲の上に出ることこそ真男子、真丈夫《ますらお》と申すべきです。最新の種々の学術なり技術なり経済なり理学なり政治学なり医学なり神学なりを選んで学ぶべきです。

また今は学んだことを実践に移すべき時代ですから、私や祖先の時代とは異なり、この好時代に生れたことを天父の大恵と思うべきです。私のごときはすでに人生の正午を過ぎた者です。あなた方は今輝きのぼる太陽のごとき者ですから今後の楽しみがことに多く、将来の望みも大なるものがあります。なにとぞささいなことのために大望を失うことなく、途中で遭遇するテンプテーション〔誘惑〕のために大志を屈することのないように。また今日ではなくいつの日か世を救うのだ、という大目的を立ててそれを実現し、上は上帝のみ旨《むね》に賛同し、下は塗炭《とたん》にまみれる人民を扶助してください。

ところで以前京都でお別れした時、あなた方に向かって話したことは、あなた方にとってはきっと大いに不愉快であったろうと思われます。古語に「良薬は口に苦し」とありますが、まことにそのとおりで、たとえ口に苦くとも病に有効ならば飲むべきです。あなた方にとって大いに不愉快と思われたのは、ただただ口中の苦さを味わい、その苦味を嫌ったからでしょう。

私にしてもある種の病因の萌芽をあなた方の中に見つけましたので、老婆心からあなた方の喜ばぬことを申したわけです。だから、あなた方も私の気持ちが察知できずに怒るならお怒りください。しかしながら、あなた方はまだ若いのですからおそらく私の心中が分からないと思います。歳月を経た後、必ずや私のことを怒らないだろうと切に希望します。

憎ふては打たぬものなり竹の雪

あなた方を愛しあなた方を心配することが深いので、このような成り行きとなりました。私にはあなた方と隔絶する気持は少しもありません。どうかお察しください。

○〔新島〕公義《きみよし》をあなた方に同行させなかったことをきっと不満に思われた、と推察しております。しかしながら、公義も私に対して〔同志社を中退して〕京都を離れることができない立場でしたから、彼を深く責めないでいただきたいと思います。公義もマテリアル〔利害〕の縄ではなく、義理の縄につながれている身ですから彼の心中を察してやってください。

○あなた方も東京の教会に移ることを志願されるならば、〔京都第二公会の〕教会員協議の上で転会書を差しあげます。

○〔先に退学した〕辻*〔家永豊吉〕君にはその後ご無沙汰していますが、相変わらず真面目に勉学しているでしょうか。なにとぞあなた方からよろしくお伝えください。

○私も〔東京へ帰省する〕津田元親を送りに神戸に参り、今日は同港に滞在しております。旅宿にて少し暇ができましたので、とりあえず一書を認《したた》めてあなた方に差しあげます。願わくばあなた方を思う私の心の深きを推察して、時には手紙を書いてその後の進退や東京の様子、また私たちの知っておくべき出来事についてはお知らせくださるよう願っております。

○右は貴書へのお返事まで。

六月二十九日

新島　襄

徳富猪一郎
河辺鋿太郎　両君

私も明日は岡山に参るつもりです。いずれ六、七日以内に京都に帰ります。市原*〔盛宏〕氏も近々東海道を通って東京へ行きます。

39 シー*リー学長の学識（『宗教要論　全』への序文）

一八八一（明治十四）年五月

【I-四五七】原文は無題。一八八一年五月に銀座の十字屋から発行されたJ・H・シーリー著（小崎*弘道訳編）『宗教要論　全』に新島（三十八歳）が寄せた序文。シーリーはアー*モスト大学の恩師。小崎は同志社英学校の卒業生で、「熊本バンド」の代表的人物。当時、新肴《さかな》町教会（今の霊南坂教会）を拠点に東京伝道に邁進していた。

93『宗教要論　全』（1881年）

私の友人小崎弘道君は、今度アメリカの碩学《せきがく》J・H・シーリー教授の著書『道・真・生命』から数章を抄訳して〔銀座の十字屋から〕公刊するにあたり、私に序文を依頼された。

シーリー教授は現在アメリカ屈指の大学者で学識深く教養も豊かで、政治学、経済学、哲学、神学などをもっとも得意分野とされている。かつてマサチューセッツ州アーモスト村のアーモスト大学に教授として招かれた時、在職された数年間というもの、ただひとりの学生の口からも先生に関しては不平を鳴らす言葉が出なかったというほどである。さらに先生の名望を慕い、教えを受けたい学生が向学心に燃えて千里の道を遠しとせずに続々と集まったのであった。

ああ、先生の人柄はただ学識が豊かで教育技術に熟達されているだけでなく、徳望が高く品行が正しく、また容貌が立派でしかも話し方は簡潔で分かりやすい。一見しただけで風格が感じられ、その人となりを賛嘆しないではいられないものがある。まさに世に稀《まれ》な大学者というべきである。

日本のある文部理事官〔田中不二麿*〕は、かつてアーモスト大学にシーリー教授を訪問した際、先生を評して「先生に対面しているとあたかも春風に吹かれているようだ。ひとりでに爽快さが湧き出て雑念が生まれることがない」と語った。

先生がかつて世界を周遊し、日本、中国を経《へ》てインドに行かれた時、その地の紳士、学者などが大歓迎し、インドの将来の発展に関する見解を吐露してほしいと依頼したことがあった。先生はこの願いを聞き入れ、しばしば演壇にあがり、何が文明の基礎であり国家の隆興・安泰を生むものなのかを明解に論じ、一つひとつその実例を明示されたので、紳士も学者も皆その説に感服したものだった。

それまで西洋人を敵視し、とくに彼らのキリスト教を嫌悪していたバラモン教徒のある資産家も大いに感じるところがあって、熱心に先生に懇請して、演説中の主要箇所を選び出してそれを自費出版し、広くその国の人々が先生の卓見を知ることができるようにした。

さらにアメリカに帰国されると、本国の友人、教会員もまた先生に願いを出して、その時の演説のもっとも重要な箇所を選び出して〔『道・真・生命』という題で一八七三年に〕世に公刊したのであった。今度小崎君が抄訳したものがすなわちこれである。

先生はアーモスト村に帰った後再び大学に戻って、教育に従事しておられたが、間もなく選挙でマサチューセッツ州選出の下院議員になり、連邦政府のあるワシントンに行かれた。任期満了で家に戻ると、すぐにアーモスト大学学長に選出され、現在もなおその職にあり、ひたすら人材育成をもって自己の使命としておられる。ああ、天がもしアメリカのことを心にかけて先生をその地位に長くとどめ、多くの人材を育成してその国に役立たせるようになれば、アメリカの恩恵の余波がわが国にもおよぶであろう。

私は以前アメリカに遊学した時、親しく先生の教えを受け、しばしば食事に招かれたり散歩に同行したりした。そうした家族同様の扱いを受けた者としてこの訳本を読むと、懐かしさと恩情を押さえるのがむずかしい。そこで私がみずから目撃した事柄を一、二記して序文とした。

世の有識者諸君、どうか本書の論旨がキリスト教に基づくからといってみだりに嫌悪することなく、また読みもせずに大した本ではないと早々と結論を出さないでいただきたい。ぜひとも何度も読み、深く考えていただきたい。幸いにも国家安泰の基礎と文化の発生する源泉を確認してそれを現実に実行に移せば、わが国の旧来の悪風習も一掃され、真の文明が期待できるであろう。

明治十四年三月

京都　新島　襄

94 アーモスト大学*の姉妹校、マサチューセッツ農科大学

40 地方教育論（講演）

一八八二（明治十五）年七月十五日

【I-四〇八】　新島（三十九歳）が群馬県原市で行った講演。教育が東京に一極集中する弊害が鋭く指摘され、地方の復権が唱えられている。新島は後に仙台に同志社分校を設立した。

教育を論じるときには差別があってはならない。それなのになぜ今、地方教育論を取りあげるのか、と問われるならばこう答えたい。

「わが国の現在の教育は中央の東京に集中し、どんなる学問でも中央に行かなければできないという状態になっている。また中央の地で受ける悪影響によって学生が腐敗することが多いうえに、学生を感化し養成する勢力が弱いので、今日の情況から論じると真正の教育は地方でこそ実施するのが望ましい」と。

教育を地方に広めるためには、まずその地方の有志たちが一致協力して募金を行い、ふさわしい責任者を選び、上等小学校の卒業生の進学先とし、高等な学科を学ばせる。経済や法律の概要、物理学や機械学などの概要、また過去から現代におよぶ歴史や農学の基礎など一般的な学科を教え、卒業すれば「ひととおりの教育を修了した人」となり、地方社会のなかでどんな役でも務まるようにする。

県会議員なり、会社社長なり、農家の主人なり、ひととおり学問ある人として、たとえ平穏な時は陽のあたる場所で各々の家業に従事していても、いったん事が起きた時には地方の指導者となり、地域の骨となり、教会の基となる。

また自由を拡大し産業を振興し、人々によい手本を示し、学問ある者が自ら尊大にならず先生風を吹かさず、かえって自分の身を地方社会の犠牲となし、社会の進歩をはかるような人になるように養成する。こうすれば、「わが国は振わない」とか、「民権が生まれない」などと誰が心配するであろうか。

各地に私学を起こし、これをアメリカのカレッジのような学校にし、学識深い人物を養成することに優るものはない。ドイツには三十の大学、イングランドには三十四の大学、スコットランドには三つの大学、そしてアメリカにはすでに三百六十八もの大学がある。

アメリカの〔J・A・〕ガーフィールド氏〔大統領〕などもカレッジでは普通の人であった。自由民権の養成所がこのカレッジである。こうした私学が創られなければ、どうして国の勢力を育てられようか。

〔国力増強のために〕海陸軍の強化をとなえるのは軽薄な議論である。

41 J*・C・ベリーへの手紙

一八八三（明治十六）年五月五日

95 J.C. ベリー

【VI-二一五】 原英文。新島は当初から大学、それも総合大学の構想を抱いていた。そのため医学部の設立は不可欠とみて、同志社理事などと連名で岡山在住のJ・C・ベリー（医療宣教師）に医学教育の必要性と協力とを熱心に訴えた。新島四十歳。

拝啓

私たち、同志社社員〔理事〕は、同志社英学校の一部として医学科の創設を企画しており、計画の初期段階において以下の見解と根拠についてご考慮いただきたいと思います。またもし医学科創設が、この国をキリストの王国となし、この国の人々の幸福につながる賢明で望ましい道だと思われますならば、その創設にあたって私たちにご協力いただきたくお願い申しあげます。

一、同志社英学校は年々拡大するので、英学校の卒業生全員が神学科に入学〔を志願〕することは期待できない。それゆえ、ほかの学科を用意して学生たちの異なった要求に応えることが非常に望ましい。そうしなければ、ほかの職業を選ぶ学生たちは必ずや自分たちが望む学問を追求するために我々の許を去り、思想も影響もことごとく反キリスト教的な学校に入ることにより、我々から受けたキリスト教の影響をすべて失うことになるだろう。

二、我々はすでに、〔*土倉《どくら》庄三郎の五千円を始めとして〕教会外の友人から同志社に法学科開設の援助として寄付の約束をいくつもとりつけている。そこで教会が、アメリカの友人たちと力を合わせて、医学校を創設する中心的な役割を担ってくれることを我々は切に望んでいる。

三、わが教会員たちは当然、自分たちの健康と生命とを、十分に〔医学〕教育を受けたクリスチャンの医師の手に委ねたいと望むだろう。

四、どこの教会にも、少なくとも一人か二人の医師が〔会員として〕所属している。もし現在の慣行が将来も続くならば、父親たちはおそらく息子たちに自分の職業を継ぐように説得するだろうし、もしも同志社に医学校が設けられれば、我々の所で教育してほしいと息子たちを送りこんでくるに違いない。

五、クリスチャンの医師は、いくつかの点で普通の牧師よりもはるかに広い影響を与えることができる。医師はあらゆる階層の人々に容易に近づくことができるが、牧師の影響力の範囲はいくぶん限られるからである。

六、この国の大抵の医師は悲しいほど腐敗している。キリスト教は彼らに接近することにより彼らを清め、高尚にし、この気高い職業をよりふさわしいものとなすことができるであろう。

七、この国ではもうすでに実に多くの医学校が設立されて、中央と地方の政府によって十分に運営されており、それゆえ私立団体がさらに医学校を設立するのは無益だ、と我々の計画に反対して言う人がいるかもしれない。

しかし、そのような反対をする人は、それらの医学校にキリスト教的心情や影響力が少しでもあるかどうか調べて見てもらいたい。我々が知る限り、これらの医学校の目的は純粋に学問的、専門的であって、彼らは宗教や道徳に全く関心を払っていない。これらの学校の外国人（ドイツ人）教師たちの意見は一般的に反キリスト教である、と我々は信じている。

八、これらの既存の医学校では完全にドイツ語とドイツの制度が用いられている。ドイツ人がこの特定の職業において高い評価を受けていることは認めるが、ドイツの制度に限定しすぎると我々の視野は狭く、自己中心的になる恐れがある。

それゆえ我々は、教育の現場では英語を大幅に使用し、入学許可にあたっては学生にも十分な英語の能力を有することを要求する。英語使用の主な利点は、英米において発行された医学論文に広く接することができるという点である。

九、政府所轄の医学校では学生が患者に接する訓練が非常に少ないと聞いている。我々の願いは医学校に付属する病院を設け、学生たちが卒業する前に十分な訓練の機会を与えられるようにすることである。

また、優秀な看護婦を育てるための看護学校も併設したいと望んでいる。ほかの医学校にはそのような施設が全くないので、医学校の医療活動に対して非常に大きな付加価値を与え、価値を高めるものとなるだろう。

十、我々が目指しているような、設備が整い、徹底的にキリスト教的な医学校は、この国の人々を文明の高い水準に引きあげるにあたって非常な力となるだろう。

以上に述べたような見解と根拠によって、私たちはこの遠大な企画に対して国内外の教会および博愛主義者《フィランソロピスト》たちの共感と援助に訴えることを決意しました。

私たちは日本人の友人からの資金を入手することができしだい、提案中の医学校のための土地と建物の手配にとりかかり、できるだけ迅速かつ早期にこの準備を行うことができると期待しています。

同時に医学校は強力な教師陣、すなわち高度の教育と高貴なキリスト教的性格を持った人々を確保しなければなりません。また、十分な医療器具を保有する必要もあります。それゆえ、必要な支出すべてをまかなうために豊富な資金がなければなりません。現在のところ日本の友人から受けることのできる金額は、このように大規模な計画を達成するためには少なすぎるのではないかと危惧し、アメリカの友人たちからの共感と援助を受けずにこの計画を成功させることは、ほとんど私たちの力を超えることであると感じています。

アメリカの友人たちはこれまでこんなにも好意的に私たちに多くを与えてくださったので、私たちとの間の喜ばしい関係と友情とがこれからも継続することを希望します。そして一、二名の外国人教師と数名の日本人助教師を確保するだけでなく、さらに医療器具を揃えるための資金を与えてくださるよう、あえて彼らの寛大な心と援助に訴えたいと思います。

アメリカの友人たちからのこのように寛大な贈り物は、倶《とも》に戴《いただ》く主の大義を促進するのに役立つだけでなく、将来の世代のために永遠に残る遺産となり、実にアメリカと日本の間の友情の美しい記念碑として末長く記《しる》されるであろう、と信じます。

それゆえに、私たち同志社社員は、〔次の三点、すなわち〕〔一〕博士がこの件をご自分の〔日本〕ミッションに提案して考慮してくださること、〔二〕次に京都に来て前述の学校の開設に協力するために、博士ともう一人同僚として働く教授の任命ならびに派遣を、ミッション経由で〔ボストンの〕*アメリカン・ボードへ提案してくださること、〔三〕さらに博士の母国の友人に手紙を書いて、この高尚で人道的な計画に参加するよう依頼してくださることをつつしんでお願い申しあげる決議をしただいです。

　私たちの目標は、博士と博士の外国人協力者の方々が、アメリカ国内で募られる基金に対して責任を持ってくださることであります（もっともそうすることが博士の母国の友人方に満足していただけるための最良の方法であると思われる限りのことですが）。もし博士がご親切にも私たちの要望にお応えくださるならば、私たちは善を実現するこの学校を通して倶に戴く主の偉大な王国を築くために、できる限り最善の奉仕と援助をなし、私たちの手も心も博士と一致協力いたす所存であります。

　もっとも高くもっとも尊い目的に向かってこの大きな目標が達成できるように、神が博士と私たちを導いてくださいますように。

神にありて

松*山高吉《たかよし》
山*本覚馬
伊*勢〔横井〕時雄
新島　襄
中*村栄助
（同志社社員）

以下の教会とその牧師は本件を承認済みです。

大阪教会とその牧師　宮*川経輝《つねてる》
浪花教会とその牧師　澤*山保羅《ぼうろ》
天満教会とその牧師　古*木《こき》虎三郎
島之内教会とその仮牧師　上*原方立《まさたつ》
多聞《たもん》教会とその牧師　杉*浦義一
神戸教会とその牧師　松*山高吉
兵庫教会とその仮牧師　二*階堂円造
三田《さんだ》教会とその仮牧師　渡*辺源太
岡山教会とその牧師　金*森通倫《みちとも》
今治教会とその牧師　伊*勢時雄

彦根教会とその牧師　本間*重慶《しげよし》
京都第一公会とその仮牧師　杉田*潮
京都第二公会とその仮牧師　市原*盛宏
京都第三公会とその仮牧師　綱島*佳吉《かきち》

42 キリストは弟子たちの足を洗われた（説教）

一八八三（明治十六）年五月十一日

【II-一〇七】原文は無題。一八八三年五月十一日に東京の新栄《しんさかえ》教会で開催された第三回全国基督《キリスト》教信徒大親睦会での説教。今回、草稿から再構成した。植村正久*を始め会衆の多くは胸をうたれて涙したという。

(96)第3回全国基督教信徒大親睦会の集合写真(部分)。前列左が内村鑑三*、右が新島、後列左が宮川経輝*、右が横井時雄*

この説教は同年秋に滋賀県彦根でも披露された。

人間が人に教える場合、美辞麗句をきれいに並べたてて教えることは多いが、自分で実行してみせることはありません。これに対してキリストの場合は学者、道徳家と違って「こうしなさい」と自から人のために手本を示されました。

キリストは実に謙遜にふるまわれ、ご自身が神であるのに人間ヨハネから洗礼を受けられたのです。そして神のみ心を示すために、食事も忘れ山に登り、しばしば夜通し祈られたのでした。また弟子たちの愚かさにも親切に丁寧に対応され、過越《すぎこ》しの祭の時の最後の晩餐では、弟子との別れにあたり、ご自身で教えを実行に移されたのです。つまりへりくだって、自ら弟子たちの足を洗われたのです。

さらに人々の嘲《あざけ》りや暴言を受け、荊棘《いばら》の冠をかぶらされ、ついに十字架につかれたのでした。キリストは「わたしは道であり、真理であり、命である」（ヨハネによる福音書　一四・六）と言われ、さらに弟子のフィリポに向かって「わたしを見たものは父を見たのである」（同前一四・九）と、自分と神がひとつであることを話されたといわれます。世の人々が与えることも取得することもできない平安をキリストは与えてくださったのであり、弟子や未来の信徒のために祈ってくださったのです。

ここには「おたがいに愛し合いなさい」という新しい戒めが示されています。キリストにあるのは愛です。深くへりくだって弟子の足を洗う愛です。いや、足を洗うどころか人々のために命を捨てる愛です。それは真の愛があればこそできることです。キリストは世の指導者であるとともに宇宙の主でありながら、進んでへりくだって弟子の足を洗われたのです。

告白いたしますと、昔私もアメリカに渡る船中で船長の下着や足を洗ったことがあります。今その時の心境を思い出すと、私は決して愛をもって洗っていたわけではありません。船長の使用人という立場上、命令に従って洗ったに過ぎないのですから、私の心はおだやかではありませんでした。愛を知らなければへりくだることはできないのです。

ところでドイツ皇帝が、戦争の負傷兵を病院に見舞った時に「ドイツのためにこれほどの負傷を受けたとは」と思わず涙ぐんだところ、兵士らは感動して、このような皇帝がおられるから自分たちは皇帝のために命をかけて戦うのだ、と言ったという話があります。

「士は己を知るもののために死す」といい、「人の食を食《は》むものは人のために死す」といいます。キリストの場合は、涙を一滴こぼすどころか弟子の足を洗い、そのうえに十字架上で尊い血を流されたのです。

昔の武士は、主人のためにはいつでもその馬前で死ぬ覚悟でした。私は自分の主人としてキリストを認めながら、なおこの身をキリストに全く捧げることができません。なぜでしょうか。肉体の死を実行するのはやさしいが、それに対してキリストのために心の死を遂げるのはむずかしいからです。キリストはその手本を自ら実行され、人にそのようにすることを命じられたのです。

ところで名誉心から死を選ぶ、ということが行われます。しかし、大切なのは母親が自分の子どもを助けるために死を選ぶ時の心情です。子どもを助けるために雪のなかで子どもを抱いたまま凍え死んだ母親がいますが、そのようにキリストは自ら十字架にかかって私たちを生かしてくださったのです。

大丈夫《ますらお》たる男子に必要なのは、大人の心を捨てることです。そして子どもが母親を慕うように母親を慕うべきであり、また母親を尊ぶようにキリストを学ぶべきです。子どもの無心さに学び、子どものようにならなければキリストを学ぶことはできません。母を慕い母を学ぶ心情はアジア、ヨーロッパ、アフリカ、アメリカそれに南洋諸島でも同じです。この例のようにたとえ国や教派はいろいろ異なってはいても、キリストを学ぶことはできます。一致も可能です。

さて、今回の全国基督《キリスト》教信徒大親睦会には全国各地から教派の異なった信徒が集まり、また宣教師も多数参加しておられます。とかくこのような集会では人間の競争や軋轢《あつれき》が生じるおそれがあります。しかし、この集会は教派や信徒が競い合う「競進会」〔共進会〕ではありません。さまざまな背景をもってここ東京に集まったにせよ、キリストによって生じる愛を信じ、キリストにおいて目的の一致を達成しようではありませんか。主キリストは愛です。キリストは愛と赦《ゆる》しの心で私たちが嫉妬や利己心、競争心などに負けて赤恥をかくことがないようにしてくださいます。

私たち信徒同士も互いに足を洗いあう気持をもって、ねたみあわず、「七たびを七十倍するまで」〔マタイによる福音書　一八・二二〕許しあいましょう。かつてペンテコステ〔聖霊降臨日〕のときに信徒たちがエルサレムにのぼり、彼らの話すさまざまな方言が通じあってひとつになったように、東京で目的の一致を達成しようではありませんか。大阪では宣教師たちの一致が成立しました。京都からは一致を祈るとの電報が参りました。ペンテコステを東京にも実現すべきです。

もう私たちは後戻りができません。死地に踏みこんで戦っている以上、城を落とすしかありません。昔の英雄や武人は武力によって天下を統一しましたが、彼らは国を長く維持することはできませんでした。

今、攻め落とすべき城は自分の心です。三千万にのぼる人の城が日本にはあります。キリストの愛の支配は今日においてますます盛んです。哲学や自然科学が発達した世の中においてキリストの愛の支配がますます支配的になって行く理由は、非信徒には説明できないところです。私たちは背水の陣をしいているのです。この戦いに必要なのは愛の力です。

43 同志社女学校広告

一八八三(明治十六)年六月

【I-一一】 一八八三年六月(【I-一二】の「一八七六年六月」は誤り)に公刊された同志社女学校広告。新島(四十二歳)は女子教育にも理解が深く、男子校(英学校)の校長のほかに同志社女学校や京都看病婦学校の校長をも兼務した。

(97)同志社女学校の正門(旧二条邸)

今や学問の機運が日に月に盛んな時代をむかえた。天文学、地誌学、博物学、物理学などおよそあらゆる学科が出揃い、ひとつとして研究されないものがないのは、実に歴史上未曾有《みぞう》の美挙というべきである。女子教育も各府県に女子師範学校、女学校、女紅場《にょこうば》が設置され、男子と同様に女子が開明的な教育を受けているのはまことに喜びの至りである。

しかしながら、一利あれば一害を伴うのは必然の流れである。したがって、多少の学識を身につけた女性が自己の才能を誇り、人の言うことに素直に聞き従うという幼少からの美徳を失い、その結果世間からは「女性はむしろ無学でもいいから柔順なほうがよい」と嘆かれるようになった。これはひとえに教育者が女性の徳の育成を怠り、いたずらに知識だけを開発しようとした結果であろう。この点が私の大いに心配するところである。

本校はもっぱら女性の徳の養成に配慮し、奨励し、あるいは訓戒しながら、良質な謙遜、慈愛、忠貞、自治を育成する。学科に関しては日本語を用いて高等な普通学〔リベラル・アーツ〕を教授し、外国人女性教師二名を雇い英語によって英文学を教授する。

そのほか裁縫、調理、掃除、礼儀作法、唱歌など、女性として一身上必要な事柄だけを教える。さらに家事に熟練した女性〔寮母〕を置いて女性教師を補佐させ、生徒が病気の時にはすぐに手厚い看護をし、万事母や姉の気遣いの種とならないように注意を払うものである。願わくは世の皆さま、子女の入学を勧めていただきたい。

学校は上京区第十一組、今出川通常盤井殿《ときわいどの》町五四三番地〔の旧二条邸〕にあり、校地は広く学校の真南には〔京都〕御苑があって空気の流通はきわめてよい。校舎は清潔でしかも市の繁華街から遠く清閑なので、勉学には最適である。

校長　新島襄
外国人女性教師　A・Y・デイヴィス
同　F・フーパー
漢学教員　〔空欄〕
教員　宝生《ほうしょう》　豊《とよ》
同　高松　仙
同　田代　初
職員　杉田〔寿賀子〕
裁縫教員　岸岡　きし

44 板垣退助への手紙*

一八八三（明治十六）年十二月三十一日

【Ⅲ-二五二】　冬休みに琵琶湖畔へ狩猟に行った際、目が冴えて眠れないまま起き出して、土佐の板垣退助に出した手紙。「新心」を抱いた「新民」になられよ、と熱烈に説く。板垣はヨーロッパを視察後は、キリスト教を評価し始めていたといわれていた。

98 板垣退助

謹《つつ》しんで一書を差しあげます。本年ももはや一日を残すのみとなりました。閣下にはいよいよご壮健にて歳末をお過ごしのことと遠くよりお慶び申しあげます。

さて私も最近休暇を得ましたので、年末を愉快に送ろうと思い、一昨日は京都を出てこの地〔滋賀県〕に参り、雁鴨の類を撃つつもりで、まずその手段を仕掛けておきましたが、昨日は安息日〔日曜日〕のために全く銃はうち捨てて、思いをキリスト教の聖典に寄せて静かに一日を送りました。

今朝は未明から舟に乗り猟に参ることにしていましたが、ふと夜中の一時前に目が覚めてしまって再び眠ることができず、出猟にも早すぎましたので、筆を執りお手紙を閣下に送ろうと企てました。閣下は先般東京に行かれ、その帰途神戸にお立寄りになるとうかがいましたので、面会の機会を得たく神戸に参ろうと思っておりましたところ、校務のために不可能となり遺憾千万であります。

閣下におかれましては、以前からわが日本の改良を自己の任務としておられますから、種々ご焦心なされ寝食も忘れるほどであろう、とはるかに推察しております。右についての最近のお考えはいかがでしょうか。欧州ご遊覧の後には、わが国の前途についていっそう明瞭なご洞察をお持ちになられたことと存じます。いずれの日にかお話を交わす機会を得たいものと切望しております。

閣下もご存じのとおり、私は長年キリスト教を信じ、しかもこの教えを広めることを一生の志願としております。多言を費やしてキリスト教を説くのは、決して文化を進める道具とみなすからではありません。むしろ逆で、キリスト教に基づかなければ文化は興らないと信じています。文化の源泉なのです。それゆえに私はこの罪悪と汚穢《おあい》が染みこんだ人類の心を一洗して、わが東洋に新民を隆興させようと存じます。

新民とはすなわち新心をいだく人のことです。人間としてこの新心がなければ、西洋百般の技芸もなんの益するところがありましょうか。学術なり民権なり政治なりすべては私心私欲の奴隷となり、遅かれ早かれ腐敗に向かうのは歴史上明白なことです。

ギリシア人は新心がないために亡びました。ローマ人もまたそうです。中国人に進歩が見られないのもひとえに新心がないためです。わが日本が今日のように振るわないのも、やはりこの新心が欠けているためです。それならば、どうすればこの新心を得ることができましょうか。

それは造物主が支配する法則に従うことによります。キリスト教を信じることにあります。世界には多数の宗教がありますが、この新心を養なうものはただキリスト教だけです。欧州がまだ真の文化に到達しないのは、人びとがこの宗教を信じてなおまだ完成の域に達していないからです。決してキリスト教に欠陥があるからではありません。

キリスト教を信じていよいよ進めば、人類が造物主から与えられる幸福はいよいよ増します。工業なり商業なり財産なり自由なり学術なり民権なりすべては、その人の支配するものとなります。

試みにこの法則を知らない人民をご覧ください。工業は盛んでしょうか。商業はうまくいっているでしょうか。自由を楽しんでいるでしょうか。人権を維持できているでしょうか。智識に富んでいるでしょうか。大学を興し人材を養成しているでしょうか。この点から日本を見ると何ひとつ十分でなく、あたかもアフリカのサハラ砂漠のようです。ああ、愛民の男子ならば、どうして数行の涙を注がないではいられましょうか。

閣下が高知に帰られるのは決して風月を楽しむためではないと存じます。閣下が高知におられるのは実にこの新心を養う時だからでありましょう。閣下にしてわが東洋の改良を自己の任務とされるならば、まず第一に閣下のお心を新たにすることこそ急務中の急務と存じます。

閣下はご帰国以来キリスト教の必要性を主張なさっておられるようにお見受けします。どのような点から主張なされるのでしょうか。閣下はもうすでに新心を得られたのでしょうか。あるいは他人にこれを信じさせることを望んでおられるのでしょうか。

しかし、他人がこれを信じるだけでは、閣下自身が新心を得ることにはなりません。それを得るためにはこれを信じることです。信じて初めて新心は発生するでしょう。新心は人類の活霊であり文化の源泉です。閣下にしてこの新心を得られるならば、「徳は孤ならず、必ず隣あり」の言葉のように、文化の基はこれによって立つのです。閣下はいかに思《おぼ》し召されますか。

私がこのように無礼をもかえりみず言葉多く語るのはほかでもありません。わが東洋人を新民に変えようと望む意志が深く、また大きいがためです。閣下が幸いに私の無礼を許し考慮してくださるのであれば、私は閣下のために喜ぶだけでなく、わが同胞のためにも喜びます。閣下にしてなお遅々として旧に従い旧衣を着たままで、もし断然と自ら新民となられないのであれば、閣下の事業も名声も志操も思案も思い煩《わずら》いも、百年たたないうちにおそらくは高知の浜辺に消滅してしまうでしょう。

私は閣下がすこぶる寛大で人の意見を容れる方だと信じます。閣下にして自ら新心を得、新民となられるならば実に閣下にとっての大幸であり、わが国にとっての幸福であると存じます。万一、閣下にして新民となることをお好みにならないのでしたら、願わくば私の言葉を友人や子孫に伝え、百年の後、私の言葉が嘘でなかったことが明らかになるようにしてくだされば、はなはだ幸いです。

頓首

十二月三十一日

宿の残燈の下で　新島襄

板垣退助殿

かねてから私が企てております大学計画もなかなか順調に進行しませんが、最近は京都でもおいおい賛成する者が現われております。お喜びください。なにとぞ閣下もご賛成くださり、〔帝国〕議会の開設前にはぜひとも創設いたしたく存じます。

大阪の宮川経輝*と申す者は四年前に同志社を卒業し、現在キリスト教会〔大阪教会〕の牧師となっております。先日京都に来ましたおり、貴地のことを話しましたところ、貴地に半月か二十日ばかり遊歴〔巡回伝道〕したいと申しておりました。当人は牧師をしており、別に資産のある者でもありませんから、多額の費用は出し得ません。万一、貴家に二十日間ほどお泊めくださるならば、近々にも参上することになるかとも思います。右、ご都合をお尋ねいたします。おついでの折にお返事いただければ、はなはだ幸いに存じます。

45 柏木義円《ぎえん》*への手紙

一八八四（明治十七）年一月二十日

【Ⅲ-二五六】　同志社英学校を中退した柏木義円が、安中教会で「熊本バンド」のひとり海老名*弾正《だんじょう》から洗礼を受けたことを祝う手紙。新島四十一歳。柏木はのちに同志社に復学し、新島からとりわけ厚い信頼を受けるにいたり、後半生を安中伝道に捧げた。

99 柏木義円（30歳）

新年めでたく慶賀いたします。

さて、お手紙によればあなたは今回、前非を悔いて、主キリストのみ名によって洗礼を受けられたとのこと、実に慶びに耐えません。ひとえに天父の広大なご恩を感謝いたします。この日にこそ、まことに新年もめでたくお迎えになられたわけであり、しかも無限の春があなたの前途にあるのですから、あなたはまことに万福慶賀すべき身となられたのです。

過去のあやまち〔新島に嘘をついたこと〕は再び口にする必要はありません。主はこれをご存じであり、またこれをお許しになられるのです。再び罪を犯すことさえなければ、あなたはすなわち主の羊の群の一匹であります。主は必ず護り愛してくださり、そして無限の命を賜ることでしょう。

あなたには今後、ただの知り合いというのではなく、主のもとにおける一体、一家族、兄弟であると言わなければなりません。努めましょう。天国の道は花の山のごとしです。辛苦を恐れず、艱難を憂えず、励みましょう。多忙の間にこの手紙を祝詞として書きました。まずはお返事まで。

一月二十日　新島　襄

柏木義円君

植栗源一郎〔植栗義達の長男。新島*公義の兄〕も近くにおられるのなら、なにとぞ招いて交際してやってください。また真の信仰の良友となってお互いに切磋《せっさ》し、天国の道への旅行をされるよう願っております。彼の母もお慰めくださるよう願います。

46 人の偉大さ（日記から）

一八八四（明治十七）年七月二十四日

【Ⅶ-三一一】

原英文。無題。

新島（四十一歳）は休養のために再渡米した。その途上、イタリアのトレ・ペリチェ（ラ・ツール）に六月二十一日から八月一日まで滞在した。そこでは珍しくも比較的

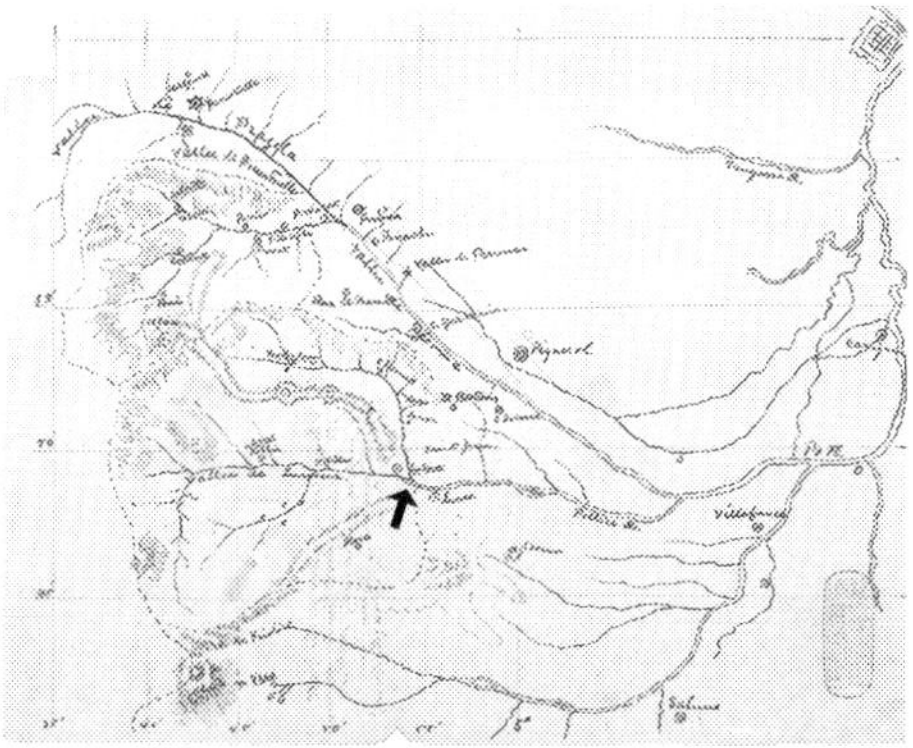

(100)イタリアのトレ・ペリチェ（矢印）で避暑中に新島が作成した地図

のんびりした保養ができたため、手帳にいくつもの所感を英文で記した。そのひとつ。

人の偉大さは、学識だけでなく私心のなさに現れる。多くを学んだ者は、学んでいない者よりもしばしば自己中心的になりがちである。

十字架上のキリストに目を向けよう。彼が私たちの模範である。ああ、キリストはなんと高貴で、なんと偉大で、なんと恵み深く見えることだろう。私たちも自己を忘れ、真と善の大義のために自己を惜しげもなく差し出そう。また真に悔い改め、謙虚になろう。

私はこれを人の偉大さと呼ぶ。

47 遺言（その一）

一八八四（明治十七）年八月五日、六日

【VII-一九六】　原英文。一八八四年八月六日に新島（四十一歳）が旅先（アルプス）で書いた遺書。この日、新島はサン・ゴダール峠の手前で呼吸困難になり、必死の思いで峠のホテル（ホテル・ドゥ・モン・プローサ）にたどりつき、これをしたためた。手当の甲斐あって一命は取りとめた。

(101)新島が遺書を書いたサン・ゴダール峠のホテル

八月五日　火曜日

〔前略〕昼食をとったが、その後気分がますます悪くなった。彼〔ドイツ人の同行者〕はアイロロに行きたがっていたが、私はそれ以上進めなかった。それで翌日までモン・プローサ・ホテルに滞在した。その日の午後、私は実に惨めな状態にあった。この世における私の生の終りだろうと考えた。胸に非常な不快感を覚えながら、私は画用紙に遺言を書いた。

（一枚目）

注目。注目。注目。

「私は日本に生まれた祖国への宣教師である。健康状態が悪化したため祖国と永久に別れねばならなくなった。私は昨日ミラノからアンダーマットに赴《おもむ》き、ホテル・オーバーアルプに部屋をとった。

今朝私は、ドイツ人の紳士〔M・カメラー〕とともにサン・ゴダール峠への小旅行に出かけた。

私は気分がすぐれず進めなくなったので、彼は私を後に残してアイロロへ向かった。

私は呼吸困難におちいった。

心臓に何か故障が起きたに違いない。

荷物は、多少の金銭とともにホテル・オーバーアルプに置いてある。もし私がここで死んだら、ミラノ市トリノ通り五一番地のトゥリノ牧師あてに電報を打ち、私の遺体を引きとってくださるように頼んでほしい。どうか慈《いつく》しみ深き天の父が私の魂をみ胸に受け入れてくださいますように。

一八八四年八月六日　ジョセフ・H・ニイシマ

この書置きを読んだ人はだれでも私の愛する祖国、日本のために祈っていただきたい。」

（二枚目）

「私をミラノに埋葬し、この書置きを米国マサチューセッツ州*ボストン市ジョイ・ストリート四番地のアルフィーアス・ハーディー*氏に送ってくださるようトゥリノ牧師にお願いしたい。ハーディー夫妻はこの二十年間私の後援者だったからである。主がお二人に豊かに報いてくださいますように。

ハーディー氏に即刻電報を打ってほしい。

私の髪を一房切り取り、キリストの名において結ばれて断つことのできないきずなのしるしとして、日本の京都にいる大切な妻へ送ってほしい。

日本に関する私の計画は破綻するであろう。

しかし、私たちのためにすでにこれほど多くのことをなされた主に感謝する。

主はかの地〔日本〕においてなおも驚くべきみ業をなされる、と私は信じる。主が愛する祖国のために多くの真のクリスチャンと気高い愛国者を育《はぐく》んでくださいますように。アーメン、アーメン。」

この時点であらゆる思いが、一度に湧きあがってきた。私は自分の来し方と行く末を思い返した。

わが校に関する計画。

医学校についての計画。

これらの計画のために必要なものを得たいと願う気持。

年老いた両親への子としての想い——妻に対するやさ

しい思いやり——日本の親しい友人たちの失望。ハーディー夫妻らに対するもっとも強い感謝の念。

　これらすべての感情と思いが心の中に湧きあがった。私はそれらと格闘したが、これらすべての感情を克服したと言って差しつかえなく、私の身にみ心がなされますようにと神に祈り、イエス・キリストを通して神の赦《ゆる》しの慈愛が与えられるように願い求めた。

　私はこれらのことを先に述べた二枚の紙に書いたが、それはもし神のみ心ならば、みもとへ赴く用意ができていたからである。

　私は日本のために多くの計画を立てていたが、主が私よりももっと日本のことを気にかけてくださるのを知っていた。私は祖国の未来を主の誤りのないみ手に謙虚に委ねた。

　主のご意思に私自身をすっかり委ねていると感じながらも、なぜか眼から涙が流れ落ち、とめることはもうできなかった。

　私の魂ならびに後に残される友人たちのために祈った後で、大さじ一杯のブランデーを飲んで寒気を防ごうとし、あの不快感を抑えるために胸にカラシの軟膏を塗りつけた。

　夕方になると、少し気分が良くなり始めた。紅茶を一杯飲み、パンを少し食べ、ぐっすり眠った。一度か二度は目を覚ましたが……

　美しい月の光だった。

48 遺言に関するメモ

一八八四（明治十七）年八月九日

【VI-二三二】　原英文。一八八四年八月九日にスイスのルツェルンで書いたメモ。これより三日前に遺書をしたためたショックからようやく立ち直り、この日遺書を書くにいたった詳しい経緯を手帳に書き残した。

(102) スイス滞在中に描いたスケッチ

一八八四年八月九日　ルツェルンにて

　私はここに同封する書置きを非常に激しい心臓発作に襲われた今月六日にサン・ゴタール峠のモン・プローサ・

ホテルで書いた。

その日、峠のちょうど一マイル手前で私は自分の呼吸の調子がひどくおかしいのに気がついた。私はその朝、同行していたドイツ人の紳士について行くことができないから先に行ってくれるようにと頼んだ。それで彼は先に進み、私は後に残った。十ヤード進むごとに私は息切れして立ち止まった。このように悪戦苦闘してやっと峠にあるホテルに着くことができた。

しばらく休んでから昼食をとったが、全く食欲がわかず、咳《せき》も少々出始めた。ソファーでしばらく休んだが、容態がどんどん悪化したので、医者を頼んだ。しかし、いないとのことだった。私はブランデーを大さじ一杯飲んで寒気を抑えようとし、胸にはカラシの軟膏を塗りつけた。その後、頭痛がしたので首にも塗った。

そのころになって私は、移ろいやすいこの世からあの輝きに満ちた永遠の世界へ私を移すのが、主のご意思であるかもしれないと思い始めた。その瞬間、私の日本への思い、伝道の業を推し進める計画、キリスト教大学を設立するという変わらぬ大きな夢、妻と両親に対する情愛、ハーディー*夫妻に対する感謝の念、これらがまるで噴火のようにたちまち湧きあがってきた。

それでも、そのような感情を超越して、私は自らを天の父のみ手に完全に委ねていたし、もしもみ心ならば、神が私の魂をみ胸に受け入れてくださるよう繰り返し祈っていた。胸の極度な不快感に悩まされながらも、父なる神が私をお守りくださること、ことにみ子イエス・キリストを通して示された神の赦《ゆる》しの慈愛を私は心から喜び、感謝していたのだった。

そこで私はベッドから起きあがり、同封の遺書をスケッチのために持ってきていた二枚の画用紙に書いた。それを書いている間、もう少しで気を失いそうになった。夕方近く、気分が少し良くなり始めた。私は紅茶を一杯飲み、パンをひときれ口にした。その夜はぐっすり眠れた。

次の日の朝、少し良くなっていたが、アンダーマットに戻るために出発するだけの元気はなかった。峠から十二キロのアイロロから馬車を雇い、昼食のころにアンダーマットに戻った。その日の午後はそこで静かに休んだ。

医師に診てもらいたかったので、八日にそこを出てルツェルンへ向かった。フルーエレンで船に乗って湖を渡り、十二時少し過ぎにルツェルンに到着した。

ホワイト・クロス・ホテルで一泊し、今日の正午、コスト・ハルフリッツァー夫人のペンションに移った。胸部を診察してもらったのは、カッペルプラッツ三一五番地のオットー・ストッカー博士だった。私の心臓はやや不調であり、医師から数日間安静を保つように、と忠告された。

私はこの書置きを保存したいと思う。それはあの時、これまでの人生でまさに経験したことのないような感情を抱いたからである。あれからいよいよ私の人生は自分のためのものではない、と感じている。生きるにせよ死ぬにせよ、私はキリストのために生き、キリストのために死ななければならない。どうか主がこの罪によって傷ついた魂を主の護りのみ手のうちにいつまでも捉え、イエス・キリストの義によって、私を神のみ国でもっとも小さきものに数えてくださるように。

神のもっとも卑しい僕《しもべ》

ジョセフ・H・ニイシマ

49 小崎弘道*への手紙

一八八四（明治十七）年十二月二十九日

【Ⅵ-二四六】　原英文。ニューヨーク州の温泉保養地から東京の小崎弘道に新島(四十一歳)が出した手紙。小崎は東京伝道のかたわら植村*正久らとキリスト教系の出版社、警醒社を創設して、書物や新聞(『東京毎週新報』)などの発行に尽力していた。

(103)小崎弘道

拝啓

十一月二十二日付の手紙、たしかに受け取りました。数週間前に当地からの手紙で書いたように私の健康状態はあまり良くはありません。今、ゆっくりと回復してはいます。それでもいぜんとして十分に養生をする必要があります。

あなたが警醒社の職〔新聞編集長〕を辞されたと聞き非常に残念です。私にはよく事態が理解できません。しかし、今そのことを尋ねても無益でしょう。とにかく、〔同志社での同級生の〕*浮田〔和民〕氏が後任者となるのなら結構なことです。しかし、あなたが同社への関心をすっかりなくしてしまわれないよう望みます。

　この国へあなたが〔留学のために〕来られることについては、かなりむずかしいでしょう。あなた自身とあなたの家族のために生活費を確保する必要があります。東京に留まって自分で勉強するほうがよいでしょう。

　もしできるなら、行動を控え静かにしていてください。今まであなたはあまりにも多くのことを肩に担いすぎたのではないかと思います。仕事の量を減らし、それをうまく完璧にやるほうがよいのです。ものを書く仕事からもっと解放されるならば、あなたの時間と労力を直接に伝道に捧げるほうがよいと思います。

　東京にある私たちの自由教会〔東京第一基督《キリスト》教会。今の霊南坂教会〕は強化されなければなりません。もう一度霊的な洗礼を受ける機会を持つべきです。可能ならば、東京にあと一つか二つ、私たちの教会〔組合教会〕を組織すべきでしょう。

　あなたが〔日本〕ミッションについて自分の意見を自由に述べるのは、正しいことです。しかし、慎重に行うべきです。そうでなければ、あなたの主張を押し進めることにはならず、むしろ主張に対して害になると思います。短気を起こさないように。私たちの学校のために〔*アメリカン・ボードから〕多額の割り当て金を得ようと努力中です。すでに五万ドルを確保しました。どうかアメリカン・ボードを攻撃しないでください。

ジョセフ

　*津田〔仙〕さん、浮田さん、植村〔正久〕さんらにお会いになったら、よろしくお伝えください。とくにあなたの母上〔旧姓岩間百寿〕、奥さま〔旧姓岩村千代〕、そして教会〔東京第一基督教会〕の皆さまによろしくお伝えください。

　*アメリカン・ボードについて意見があれば、私あてに英語で書いてください。私がそれを*クラーク博士にお見せします。先生は心が広いだけでなく頭脳明晰な人で、おそらくほかの誰よりもあなたの言わんとすることをよく理解されるでしょう。自分の考えを自由に表現してください。それが最良のやり方です。

　けれども、ほかの人がすることに心を悩まさないようにしてください。自分の仕事に集中し、それを断固前進させてください。日本でもっとも必要とされるのは、着実でゆるぎなく、常に根気強い働きです。弱気になったり、落胆したりしなければ、私たちはそうした働きができ、目標に到達するのです。

　私たちが仕事をするうえで、とくにお互いを理解するために必要なのは、日本人と外国人の友人たちの間で自由な話し合いをするということです。私たちは自由にものが言え、仕事の計画を賢明にたてることができるのです。ともかくも、短気を起こしてはいけません。強くありなさい。神はあなたを助け、神の栄光を現すために神の領域であなたを用いてくださるでしょう。

　あなたと松山*〔高吉〕氏にあてたこの前の手紙は、ほかの人には誰にも見せておられないでしょうね。あの手紙は私的な性格のものです。ほかの人には見せない分別をお持ちのことと信じています。

　私から旧友や知人への新年の祝詞は貴紙〔『東京毎週新報』〕の余白に掲載してください。

50 新島*八重への手紙

一八八五（明治十八）年二月一日

【III-三二八】　新島はクリフトン・スプリングスのサナトリウムで約二ヵ月半（一八八四年十二月五日から翌年二月二十七日まで）保養した。その間の二月一日に京都の八重に送った手紙。留守宅を守る夫人をいたわるとともに、信仰を養うようにとこんこんと「説教」した。新島四十一歳、八重三十九歳。

(104) 新島八重

（前欠）

　お前さまにはいまだご全快でないとのこと、はなはだ心配いたしております。費用はどれほどかかってもかまいませんから、〔W*・〕テイラー先生〔医療宣教師〕にご相談のうえ十分に治療なさってください。女性の病気は生涯の病気持ちになり、このために世の役立たずになる者も少なくありません。費用はどれほどかかっても、また他人がどう思おうと、決して気にしないことです。健康には代えられません。

また私のほうも久々の頭痛で、思う存分に働くことができず大変困っておりますから、お前さまも病人になるようでは共倒れとなり、今日のように働くことが必要な日本にあって、ともに病気に妨げられるようでは、どんなに不幸なことか、計り難いことです。

手厚い治療を施しても直らぬ病気ならばともかく仕方ありませんが、十分に手当てをせずに長期の病気となれば私たちの手落ちというべきです。なにとぞ心を大きくお持ちになられることです。少しのことでくよくよとご心配があるようでは、私は遠国にあっていろいろお前さまのおん身を心配することになり、私自身の養生もせずに、すぐに日本に帰るようになってしまいます。

この身を主キリストに捧げた裏の妻となられたおん身ならば、なにとぞ夫の志とその望みとをお察しくださり、少々のことに力を落さず、ささいなことを気にせず、なにごとも静かにわきまえ、許し、またなにごとも広き愛の心をもって行ってください。いかに他人に嫌われても呪《のろ》われても、またそしられても、常に心をゆたかに持ち、祈りを常になし、自分を愛する者のために祈るのみならず、自分の敵のためにも熱心に祈り、その人びとの心の□[一字欠]までもつくされるならば、神は必ずお前さまのおん身を魂ごとお守りくださるでしょう。

かえすがえすもわずかなことで了見違いをしないようにし、いろいろむずかしいことが起こるのが世の習いですから、なにとぞ主とともに荊棘《いばら》の冠をかぶり、また身体にこたえる十字架さえもどうぞ担ってください。なにごともすらすらと進むことが私どもの幸いとは言えません。このむずかしい世の中にあって心に罪を犯さず、人を憎まず、かえってこれを忍び神の愛を心に全うすることこそ、私たち信徒にとっては大きな幸せなのです。

すでに申しあげたとおり、私もアメリカに参りいまだ身体は十分に丈夫とは申せませんが、やはり力のおよぶ限り日本のために働いております。先日からたびたびアメリカン・ボード*や日本の友人にあてて書状を差し出し、日本伝道のために工夫をいたして働いております。私の心もお察しくださり、先の便で差しあげた、犬が月に吠える画をご覧くださり、日々神の義とそのみ国を心に求め、いつでも神のみ前に出ることのできるようご用意なさってください。

それからお年寄方もだんだんお歳が進み、また少しはわがままも出てくるかと思いますが、かけがえのない私の両親とお思いくださり、日本の悪癖としてとかく姑《しゅうとめ》は嫁によい顔をなさらぬこともあるかと思いますが、かえすがえすもお忍びお仕えください。とくに食物はお手伝いさんにまかせず、せいぜいご注意なさって柔らかい物を差しあげてください。

私もだんだん丈夫になってきましたので、いろいろこの国に対しても考えることがあり、なかなかすぐに帰国するわけにも参りません。武士の心だけでは足りません。真の信徒の心をもってなにとぞ主とともに日々歩んでくださることを願っております。

今日は安息日のせいか、お前さまに長説教いたしました。

〔後欠〕

明治十八年二月一日　　　襄

八重様

51 わが校の〔教育〕方針（日記から）

一八八五（明治十八）年二月十三日

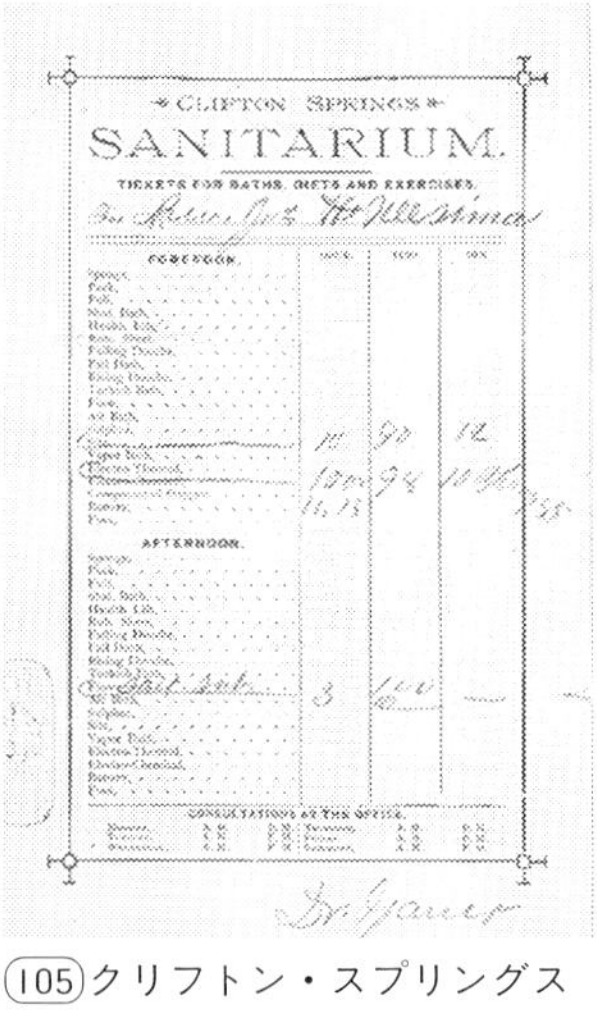

(105)クリフトン・スプリングスで療養したさいのサナトリウム入場券

【Ⅶ-三二八】原英文。クリフトン・スプリングスのサナトリウムで静養中に書き残した所感のひとつ。外面より内面（精神）を重視する姿勢からトレーニング・スクール（同志社）における教育の三本柱を示した。

磨く前のダイヤモンドのようであれ。内に輝くものがあるならば、荒削りの見かけを決して気にしてはいけない。

次の三つの要件を〔同志社の〕不変のモットーとしよ

う。

一、学校の礎石としてのキリスト
二、すぐれた資質を備えた教師陣
三、選びぬかれた図書と完備した教育機器

これら三つの要件が、わが校の真に輝く部分となるだろう。煉瓦《れんが》や漆喰《しっくい》が多すぎるのは私のつつましい趣味に合わない。私が何よりも欲しているのは内面を磨くことだ。

それこそがわが校の栄光となるだろう。それこそがきっと煉瓦や石や漆喰よりも、もっとも思慮深い日本人の敬意を集めるだろう。

これは〔N*・G・〕クラーク博士への私の手紙の一部である。

52 最良の授業法（日記から）

一八八五（明治十八）年二月十三日

【Ⅶ-三三〇】原英文。クリフトン・スプリングスでの所感のひとつ。新島は後半生は教務や伝道、官庁との折衝、保養などのために授業を持つことを控えた。彼にとっては授業でも「ひとりは大切」がモットーであった。

106 新島が描いたスケッチ

私がもう一度教えることがあれば、クラスの中でもっともできない学生にとくに注意を払うつもりだ。それができれば、私は教師として成功できると確信する。

53 蔵*原惟郭《これひろ》への手紙

一八八五（明治十八）年五月三十日

【Ⅲ-三四七】留学を志して渡米した同志社の卒業生に対して、在米中の新島はボストンから進学先をいろいろと世話している様子を書き送った。新島四十二歳。

107 蔵原惟郭

彼はこの苦学生に自分が愛用したスーツを贈るなど側面から援助した。

お手紙拝読しました。

さて、ご存じのとおり私もとかく多病です。〔療養先の〕クリフトン・スプリングスからボストンに帰りましたが、なお気候が好くないのでひとまず南方に出かけ、ほぼ一ヵ月あまりあちこちを遊歴して過ごし、いくぶんか将来の目算を立てることができるまでになりました。イエール大学にも滞在して〔学長の〕ポーター*先生に面会いたしました。それによると、このイェール神学校ではカレッジ・コースの卒業生でなければ入学を許されず、奨学金も与えられません。だから同校への入学希望は断念してください。

私には別の計画があります。バンゴウ（メイン州にあり、かつてポンド氏が教鞭をとった神学校です）またはシカゴの神学校には特別科があります。今からこの科に入学する策をとるならば、両校のうち一校くらいはうまくいくのではないかと思っております。

現在されている労働は、はなはだつらいこともあると思います。しかし、古来大事業をなした人物のなかには大名や大金持の家に生れた者は実に稀《ま》れです。労働は人生の良薬です。苦難は青年が事業をなすときに登るべき階段です。私も昔〔渡米の船中で〕一年あまり労働をして、他人の糞汁《ふんじゅう》まで洗ったことがあります。これらの経験は今日の私にとって益するところがはなはだ大きいのです。

愛兄よ、忍ぶべし、忍ぶべし。疲労は快眠をもたらします。人は労働してみて初めて金銭の値打ちを知ります。日本の乳臭い書生の多くは金銭の値打ちを知りません。頼みさえすればすぐにでも手に入ると思っているのにははなはだ閉口します。

兄《けい》よ、忍ぶべし。落胆しないでください。労働は本国を発った時の覚悟ではないですか。何もしないで他人の援助を受けるよりも労働して自らを助けるほうが貴いのです。人生において事をなすには博識だけではなく、強《きょう》靭《じん》な鉄のごとき意思を錬磨することが必要です。君にはこの道理が分かりますか。

私の滞米中に再びムーディー*氏に面会する機会があれば、君のために斡旋してみましょう。真実、忠誠、勉励などによって君の真価を発揮してください。アメリカにも人物は乏しくありません。君を必要としてくれる人も現れましょう。勉め忍んでください。私も君のための祈りを怠らないつもりです。よろしく。

五月三十日

新島　襄

蔵原惟郭君

なお、その後ソーヤル君にご無沙汰しております。よろしくお伝えください。

人生百事、意の如くならず
成業ひとえに忍と勉とによる
吾子すべからく磨すべし魂一片
義光未だあまねく皇州を照らさず
（人生は万事思うようには運ばない
事業は忍耐と努力をしてみて初めて成就する
まずなすべきは精神を磨くこと
神の義はいまだ日本をあまねく照らしてはいない）

私の心情をお察しください。

この作品は私が無理やりにひねり出したものではありません。ある日、慷慨《こうがい》のあまりふつふつと自然に湧き出たものです。

54 (a) チャペルは同志社の精神（同志社チャペル定礎式での式辞）

一八八五（明治十八）年十二月十八日午前十時

【I-一〇五】 原文は無題。一八八五年十二月十八日、午前十時から行われた同志社チャペル（現在、国指定の重要文化財）の定礎式で新島が行った式辞。「チャペルは同志社の精神なり」と力強く断定した。なお、(a)から(d)はすべて草稿はなく、在校生の広津友信*が当日、会場で筆記したもの。

(108) 1886年に竣工した同志社チャペル

明治十八年十二月十八日午前十時から同志社チャペルの定礎式が行われた。その際、校長新島襄氏は左の演説を行った。

ここに礼拝堂の定礎式を行い神に祈りを捧げるにあた

って、チャペル建設の事情についていささか所見を述べたいと思う。そもそも教育は宗教と密接に関係するものであって、教育の基本は宗教にあるというべきである。

したがって欧米文明諸国の有名校ではどこでもチャペルのないものはない。しかも、それはもっとも美麗で設備が整った建物である。なぜならばそれは、教育と宗教の関係が一体であることの当然の結果だからである。

それゆえわが同志社の教育もまことにキリスト教と密接な関係を有するものである。こうして今日この定礎式を行い、この建物を神に捧げるのは、行く末大いに喜ぶべきことであると思う。なぜならばこのチャペルはわが同志社の基礎となり精神となるものだからである。

西洋諸国の学校は、宗教が教育にとって不可欠であることをすでに認識し、宗教を尊重しているのであるが、わが日本ではまだそうはなっていない。キリスト教を蔑視するのが学生の常である。わが同志社にもこの宗教を嫌う者がいないわけではない。それでも今日このチャペルを神に捧げることができるのは、まことに進歩を表わしているというべきである。また今日の時勢を見るならば、このチャペルはまことにわが日本に対しても大いに関係があるものであると信じている。

先にも述べたように西洋諸国においては、宗教と教育とを並行させせなければ本当の教育はできないとする。アメリカ合衆国のコルドバ大学のような大学は、断固キリスト教を排除する精神に基づいて設立され、多数の人々の大口寄付によって支えられたのであったが、結局その主義を貫徹することが不可能となり、近年では有名な伝道者を招き学生に向かってキリスト教の真理を説くようになったという。

このようなことを見れば、チャペルは学校から絶対に無くしてはならないものであると思われる。要するに、チャペルはわが国に大いに関係があるだけでなく、わが校の学生がこれをもって精神となすべきものであるということにつきる。

54 (b) ラットランド*の恩人たち（同志社書籍《しょじゃく》館〈図書館〉定礎式での式辞）

同日午前十一時

【I-一〇六】 原文は無題。同日、午前十一時から行われた同志社書籍館（現在の有終館）の定礎式で新島襄が行った式辞。同志社の基礎がラットランドでの集会（アメリカン・ボード年会*）にあることが強調された。

(109) 1887年に竣工した書籍館

わが同志社はアメリカの有志数人による寄付金によって設立された学校である。私がアメリカから最初の帰国をするにあたり、あのボストンに〔本部が〕あるアメリカン・ボードの年会〔が開かれたラットランド〕において一場の演説を行い〔日本にキリスト教主義〕学校が必要であることを説いた。その時、かの首都ワシントンのパーカー氏、ヴァーモント州前知事ページ氏、ニューヨークの有名な商人ドッジ氏の三名がおのおの千ドルの寄付を申し出られた。

このたび渡米した時、これら三人全員に面会することはできなかった。しかし、パーカー氏を訪問した時には、氏は階段をおりてきて私を抱き、しばらくはお互いにひと言も言葉が出なかった。かなりたってから氏に先年の厚意を感謝したのであった。氏は現在八十二歳という高齢であるが、まことにかくしゃくとした老翁であられる。

その後ページ氏とはボストン〔で開かれたアメリカン・ボードの年会〕の会場で再会し、互いに握手してあいさつの後、いろいろと話をし、最後に氏の写真を同志社のために請《こ》うたところ承諾された。しかし、帰宅された直後から病魔に冒され、自ら筆をとることができなくなり、奥さまの代筆によって手紙と写真二枚——一枚は同志社に、もう一枚は私に——をくださった。私は再びページ氏に会えぬままその翌日、氏は天国に召された。ところでドッジ氏はすでに永眠されていたので、奥さまにお会いしてお礼を述べてきた。

以上は本校に関することであるから、少しばかり説明して定礎式の演説とする。

54 (c) ひとりは大切（同志社創立十周年記念会での祝辞）

同日午後一時三十分

【I-一〇七】原文は無題。同日、午後一時半から体育館〔当時は「運動場」と呼ばれた〕に数百名を集めて開かれた同志社創立十周年記念会で新島が行った祝辞。新島は開口一番、渡米中に退学になった数名の学生の消息に言及し、「ひとりは大

(110)『同志社設立始末』(1888年)。建物は1884年に竣工した校舎(彰栄館)

切」と涙ながらに語った。

過去のことを述べようとすればいろいろあるが、今日は論じない。また卒業生のことについてもいろいろあるが省略する。諸君とともに過去を追想して記念としたいのは、昨年私が〔渡米で〕不在中に同志社を退学させられた人々のことである。

ほんとうに彼らのためには涙を流さずにはいられない。彼らは真の道を聞き真の学問をしていた人であったが、ついに退学させられることになった。諸君よ、人ひとりは大切である。ひとりは大切である。過去はすでに過ぎたことなのでどうしようもない。しかし、今後については私たちはまことに用心深くありたいものである（先生は涙を流し、胸をつまらせながら述べられたので、満場ひとりとして涙ぐまない者はなかった）。

ここに帰路の航海のことを紹介して少々私の気持を明らかにしたいと思う。船がサンフランシスコを出帆すると海上は暴風になり、乗客たちは大変苦しみ、私も少々疲労した。しかし、船長はこの困難にもかかわらず、通常の航路とは違う迂回路を進んだ。十数日間、実に困難を極めるなか、間もなく日本に着きそうになりながらもおよそ二、三百里ほど進んでようやく西北に向かい、日本の港〔横浜〕に入港したのであった。

これまでのわが同志社の歴史もまたこれと同じである。実に困難のなかをひたすら神によってこのような進歩をなしたのである。しかし、本日の十周年記念会も決して喜んでいる時ではない。まだ目的の港に到達していないのである。現在現われている結果はまだ完全なものではなく、数百年後でなければ真に喜べる時代とはならないし、真に見るべき成果は出てこない。しかしながら、わが同志社はこの進路を決して変えることはないのである。

54 (d) 先生と呼んでくれるな〔新島校長帰国歓迎会での演説〕

同日午後七時三十分

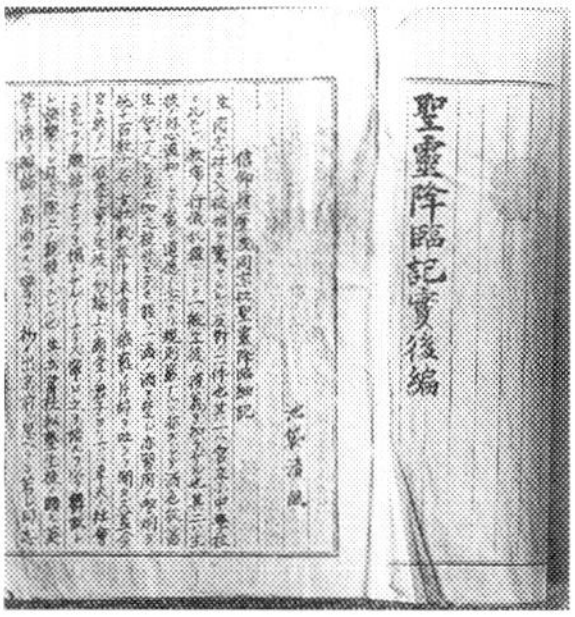

111 池袋清風*「聖霊降臨記実後編」

【I－一〇七】 原文は無題。同日、午後七時半から体育館で開かれた新島校長帰国歓迎会での新島のスピーチ。日ごろから新島には指導者と自任する気持ちはなかった。そのことをこの日も壇上から訴えた。

同夜〔七時三十分〕、新島先生〔帰国〕歓迎会を同所〔体育館〕で開催。その時の先生の演説の大意は左のとおりである。

わが愛する内外の教師学生諸君、各地教会の皆さま、および京都在住の方々に向かい歓迎会への答辞を述べる機会を得たことは、私にとってもっとも光栄である。私が諸君に迎えられ、皆さまの歓迎演説を聞くと、私の心は喜びと畏《おそ》れとでいっぱいになった。

諸君は私を同志社の功労者や教会の先導者のように思っておられるようであるが、私は決して決して先導者でもなければ功労者でもない。私はやむを得ず今の仕事に従事しているものである。私以上の適任者が現れれば、もちろんその人に任せたいと思う。

しかしながら、学校が必要としながらも、そうした適任者が現れないため、私のような者が始めざるを得なかった。「裏より始めよ」と請われて奮起したもののどういうことになるのか、またいかにすべきかは私にも分からず、今日のような同志社になるとはむろん想像外のことであった。ひとえに教師諸君の努力に感謝し、その尽力によって同志社が今日に至ったというのは、このゆえである。

今諸君から歓迎されるにあたり、今度の渡航について触れてみたい。そもそもなぜ日本を離れて遠く海外に旅立ったのかと言えば、あれこれ気を病んだためにはなはだ衰弱し、そのため〔医療宣教師の〕ベリー*氏らからアメリカに行って保養することを熱心に勧められた。そこで京都を去ることは実に悲しく、また日本を離れることも実に心残りであったけれども断行を決心し、昨年四月、諸君と別れたのである。今なお諸君との別れの時が実に悲しかったのを思い出す。しかしながら、神の守りによって今日の喜びの日となった。

さて、私がスイスの山中を散策していた時のことである。無人の土地で発作が出てしまったが、近くに家もなく人もいなかったので、困難は極度に達した。かろうじて杖をたよりに山をくだり、小屋を見つけしばらくその中で横になったが、ほとんど死にそうであった。その時私は「神よ、もしこれがあなたのみ旨《むね》ならば私の魂をお召しください」と祈ったのであったが、その時の私にはなお心残りのことがあった。まことに妻と父母を愛する心が切々と湧きあがり、もし死ぬのならば同志社の方たちの手で埋葬してもらいたいという心が起こった。

アメリカに着いてみると、皆から日本の事情はどうか、同志社の現状はどうかとしきりに説明を求められた。その熱意が強かったのでせっかく保養のために行ったのであったけれども、いろいろな場所で教会の様子や日本全般の情況を語った。とりわけ〔一八八四年に起きた〕わが同志社諸君のリバイバル〔信仰復興〕の体験を書簡で伝えてくれた学生〔*池袋清風〕のことを話したところ、人々は皆喜んでこれを聞き、日本の信徒たちの自治の精神、伝道の熱心さを讃えない者はいなかった。ある者は握手を求め、いつも日本のために祈っていたと告げてくれたり、ある者は寄付金の送付を約束して今後とも祈りたいと言った。もし同志社にリバイバルが起こらなかったならば、私がアメリカを訪れることもできなかったであろう、との感を持ったものである。

さて、ボストンの教会において*アメリカン・ボード七十周年記念集会〔年会〕が開催され、日本から送られた祝辞が総幹事の*クラーク博士によって朗読された時には、参加者一同、実に歓喜の極みであった。私は常々諸君のことを忘れることなく、そして常々私が諸君の祈りに包まれているので、本当に安心して過ごすことができた。こうして帰国後は何をしようか、またいかなることが起きるのかを心配することなく、生命のはかなさと神のみ手の中で守られていることを自覚するにいたった。

私は才能も学力もなく先導者となる器ではない。しかしながら、ひたすらこの日本を愛し、真の道を愛し、諸君を愛す。諸君よ、私は諸君から「先生、先生」と呼ばれることを悲しむ。昨年「私を先生と呼ばないでほしい」と諸君に一度お願いした。

しかしながら、諸君はそれでも私を「先生」と呼ばれる。私はそれに価しない。ひたすら神意に従っているだけである。神意ならば何でもするつもりでいる。私はひたすら日本を愛して事業をなす人とは心を同じくする同志である。

神意を同じように共有する人とは一体である。こういう人は世に勝つ。見なさい、主が「われすでに世に勝てり」〔ヨハネによる福音書　十六・三三〕と言われたではないか。私たちはこの主とともにいる。どうして勝てないことがあろうか。

諸君よ、もし神意を行うのであれば決して敗北することはない。このことこそ省みてほしい点である。今日はそのためのもっともよい機会である。もしこの時にあたり、務めを果たしてこの世を去るのであれば、神の前において讃えられるであろう。

コラム・その3

25 *アメリカン・ボード

一八一〇年に創立されたアメリカ合衆国最古のミッション・ボード(宣教師派遣団体)。当初は超教派であったが、しだいに会衆派教会色を強めた。最初の宣教師たちはセーラム(マサチューセッツ州)から一八一二年にインドに派遣されたが、日本への進出は他教派より出遅れた。そのため、*D・C・グリーン夫妻が一八六九年に来日したときには、京浜地方を避けて、宣教師の手薄な関西を活動領域に選ぶにいたった。このミッションの「準宣教師」である新島襄が同志社を関西(京都)に設立した背景には、こうしたミッションの来日事情と、同志社を京都に「誘致」した京都府顧問の*山本覚馬の存在が大きい。

このミッションならびにウーマンズ・ボード(女性宣教師派遣団体)から同志社に送りこまれた宣教師はJ・D・デイヴィス、*D・W・ラーネッド、*A・J・スタークウェザー、M・F・デントンを始めとして数十人にのぼる。初期の校地やレンガ造りの校舎は「*ラットランド資金」を始めとして、主としてアメリカン・ボードの資金で賄われた。

112 同志社に半世紀勤務したD.W. ラーネッド

26 校舎

同志社の最初の校舎は京都御所の東隣、寺町通丸太町上ルにあった高松保実《やすさね》の持ち家で、通称「中井屋敷」。同志社英学校は同家を借家して仮校舎とし、一八七五年十一月二十九日に開校した。場所は現在、「新島旧邸」が建つ所である。

翌年、かねて購入していた薩摩藩邸跡の校地に校舎(一階が教室、二階が寮室)二棟(名称は「第一寮」と「第二寮」)とを新築して寺町から移転した。

このうち「第二寮」は周知の「*自責の杖」事件の現場であり、後には同志社女学校の校舎などに転用されたりしたが、最後は一九七〇年代に京田辺校地に移築された。すなわち「第二寮」は今出川校地でも京田辺校地でも最初に建てられた由緒ある建物である。

惜しいかな、現在は取り壊されたままである。

113 今出川校地最初の校舎、第二寮(写真は近年、京田辺校地に移築され、取り壊される前のもの)

コラム・その3

27 三十番教室

同志社は開校のおり、「聖書を校内では教えない」という誓約書を京都府庁に提出させられた。ただし、校外(私宅)では可能であったので、寺町校地時代は、近くの新島襄の私宅が聖書の教室に代用された。翌年(一八七六年)、今出川校地に移ると、同志社は校外、すなわち校地の東側を走る道路の向かい側(現在「アーモスト館」管理人棟がある所)にあった豆腐屋の空き家を新島名義で四十円で購入し、その「私宅」を聖書の教室とした。学生からは「三十番教室」、あるいは「イングランド」と呼ばれた。いわば最初の「神学館」である。

けれども「校内」で聖書を教えることもあった。そのため府学務課の視察(実際は査察)の際に聖書を使っていることが判明し、新島は府庁に呼び出されたうえ、「弁明書」を提出させられた。

いつから「校内」での聖書の授業が解禁になったのかは定かではないが、「三十番教室」が三十円で売却されたのは、一八八九年であった。

114 三十番教室

28 「熊本バンド」の入学

「札幌バンド」、「横浜バンド」とともに日本におけるプロテスタントの三大源流のひとつと見なされる信徒グループ。熊本藩の熊本洋学校でL・L・*ジェーンズの指導を受けた学生がしだいにキリスト教に目を開かれ、ついに一八七六年に熊本郊外の花岡山で三十五名が「奉教趣意書」に署名を寄せた。その結果、一大騒動が発生し洋学校は閉鎖され、卒業生と在校生のうち約四十名がジェーンズの斡旋で次々と同志社に転・入学してきた。

当時、開校されたばかりの同志社は急ぎ「余科」(神学科)を新設して俊才たちの受け皿とした。同志社は三年後に最初の卒業生十五名を送り出すが、全員、「熊本バンド」であった。*小崎弘道、*宮川経輝、山崎為徳《ためのり》、*金森通倫、*横井時雄、*海老名弾正、*下村孝太郎、*市原盛宏、*浮田和民らは、卒業後も、教師、総長(社長)、学長(校長)、理事として同志社の発展に多大の貢献をした。しかし、教会合同運動では師の新島襄とは立場を異にして対立した。

115 同志社英学校第1回卒業生の1部（卒業生15名は全員が「熊本バンド」）

コラム・その3

29 「熊本バンド」にてこずる

「熊本バンド」の面々は、開校して一年にも満たない同志社に大いに失望した。「当時校舎は僅か二棟で、何等設備とてなく、洋学校より来た者と他に四、五人を除けば、多くは浮浪の学生であった」とは小崎弘道[*]の述懐である。

彼らはとりわけ新島襄に対しては点が辛かった。小崎は回顧する。「私共が明治九年に入学した時、〔中略〕新島襄の教授は一番面倒なる問題多い学科〔四福音書の比較検討〕であったので、同氏は随分お困りになったのである。生徒の質問に対しお答えが出来ずにお困りになった事が数々であった」と。さらに「彼〔新島〕の研究は頗る未熟なために生徒を満足させることが出来ず、教室は常に討論場と化し去った」という。浮田和民[*]はさらに率直に、「当時私共はいわゆる学問の師としては先生を信じていなかった。それで皆で随分その方では先生をいじめたものである」と告白する。

(116)浮田和民

30 山本覚馬[*]・八重[*]

会津藩士の山本覚馬は、藩主(松平容保《かたもり》)の京都守護職就任に伴い、幕末に京都へ転じ、戊辰戦争に従軍。薩長軍に捕えられて京都の薩摩藩邸(二本松邸)に幽閉された。その間、眼と脚に障害を負う。後に京都府に取り立てられて、府顧問として京都の諸々の近代化政策を立案、実践した。その一環が同志社の「誘致」で、新島とともに発起人となった。「同志社」の命名も覚馬によるという。なお、今出川校地は薩摩藩邸跡で、当時は覚馬の所有地であった。ここは「薩長同盟」が結ばれた歴史的スポットで、かつて西郷隆盛や坂本龍馬が出入りした。新島襄は覚馬からこの地を五百五十ドル(五百円)で譲り受けた。

八重は覚馬の妹で、会津鶴ヶ城を拠点に戊辰戦争に従軍。その後、兄を頼って京都に転居し、一八七六年に京都で最初のプロテスタントの洗礼をJ・D・デイヴィス[*]から受け、翌日、新島襄と結婚(彼女は再婚)。新島の死後には、日清・日露戦争では日赤篤志看護婦として、さらには「新島旧宅」では茶道の師範として活動した。

(117)鶴ヶ城で従軍した時の姿を再現する新島八重

コラム・その3

31 夫として

新島襄にとって理想の夫婦像は、身近に接したハーディー*夫妻、シーリー*夫妻、それにフリント*夫妻であった。彼らはいずれも相互の人格を認め合い、夫婦が対等につき合うクリスチャン・ホームを築いていた。ところが、封建色が強く、男尊女卑が支配的であった日本では、新島は形式張った手紙のなかでは八重を「愚妻」と呼ばざるをえなかった。

結婚に際して新島が望んだのは、外面の美しさではなく「心が良くて教養のある人」であった。京都府知事の槙村正直から「細君は日本人か、外国人か」と聞かれて、「日本人。ただし亭主が『東を向け』と言えば、三年でも東を向いているような東洋風の女性はご免です」と答えた。

家庭では新島は夫人を「八重さん」と呼び、八重からは「襄」と呼ばれた。そのほか新島は家事を手伝ったり、人力車を夫人と同乗するなど、当時の学生たちの目には奇異に映った。

118 結婚当初の新島襄・八重

32 新島旧邸

新島襄は大阪から京都に転じて以来、旅館や山本覚馬*邸などで仮住まいをしたが、まもなく結婚のために借家した。現在の鴨沂《おおき》高等学校の東南角、岩橋元勇の持ち家である。安中から両親と姉（みよ*）とを呼び寄せ、離れに住まわせた。

一八七八年、J・M・シアーズ*（新島と同様にハーディー*夫妻が養父母）がボストンから送金してくれた建築資金で新島は自宅を新築した。場所は奇しくも三年前に同志社英学校を開校した「中井屋敷」跡であった。

これが今も京都市上京区寺町丸太町上ルに現存する「新島旧邸」（京都市指定の有形文化財）である。和洋折衷様式が随所に見られるが、なかでも木造の洋風トイレは現存するなかでは最古といわれている。

119 新島旧邸

コラム・その3

33 女子教育

新島襄の帰国時の当面の夢はキリスト教主義の男子校の設立であった。が、帰国後に神戸などで女子教育の重要性を体験的に痛感していたJ・D・デイヴィス*ら同僚の感化を受けて、女子教育に目覚めていった。もともと彼は欧米で女子教育の実際に触れてもいた。

居留地外、「内陸部」の京都で女学校を開校するためには、男子校同様に新島が校長となり女性宣教師を雇用する必要があった。そのために官庁と折衝する仕事を彼は一身に背負った。要するに新島抜きに正規のキリスト教主義女学校は始められなかった。新島が女学校（現在の同志社女子大学）を設立したのは、英学校の開校からわずか二年後の一八七七年のこと。レベルの高い女学生は、英学校に出向いて男子と教育を受けた。共学のはしりである。

新島は同志社女学校や京都看病婦学校の校長を兼務した点で女子教育の先駆者であった。

120 同志社女学校の体育の授業

34 京都のキリスト教事始め

同志社の開校（一八七五年）は同時に京都のキリスト教開教である。最初の教員、J・D・デイヴィス*と新島襄とはいずれも宣教師で、同年に京都に移るや、開校に先駆けて、まず伝道に着手。一八七六年正月には山本八重*が洗礼を受け、翌日、新島と結婚式を挙げた。いずれも京都のプロテスタントでは初めてのケースであった。

同年秋に伝道心に燃える「熊本バンド」が同志社に転・入学してから、京都の伝道はにわかに本格化する。年末には、市内三ヵ所に「公会」（教会）が設立。D・W・ラーネッド*宅の京都第一公会、新島宅の京都第二公会（仮牧師は新島）、そしてE・T・ドーン*宅の京都第三公会がそれである。

その後、三つの教会の学生信徒は主として同志社教会へ、そして市民信徒は平安教会へと二分された。

新島は校長のかたわら同志社教会の牧師を兼ねたわけである。

121 同志社チャペル（日曜日は同志社教会となる）

コラム・その3

35 「*自責の杖」事件

開校五年目(一八八〇年)に起きた最初の同志社学園紛争。学力の違いから分かれていた二年生の二組を年度途中で新島襄校長ら学校当局が合併することを決議したために、二年上級組が反発しストに突入。新島はいったんは教員会議で校則にしたがって一週間の謹慎処分を下したが、途中で処分を解除した。そのために新島は、全校礼拝の席で持参した杖が折れるほど自分の掌《たなごころ》を強打し、「今回の紛争は学生や教師たちの責任ではない。すべては校長たる自分の責任である。よって校長を罰する」と言ったという。新島の教育姿勢をよく示す。

ただ、余波として事件後にさらに別の紛争が起き、二年上級組の*新島公義(新島家の養子)、*津田元親(津田仙の長男)、黒幕の五年生の*徳富猪一郎ら数名が退学を決意したので、新島は対応に苦慮した。

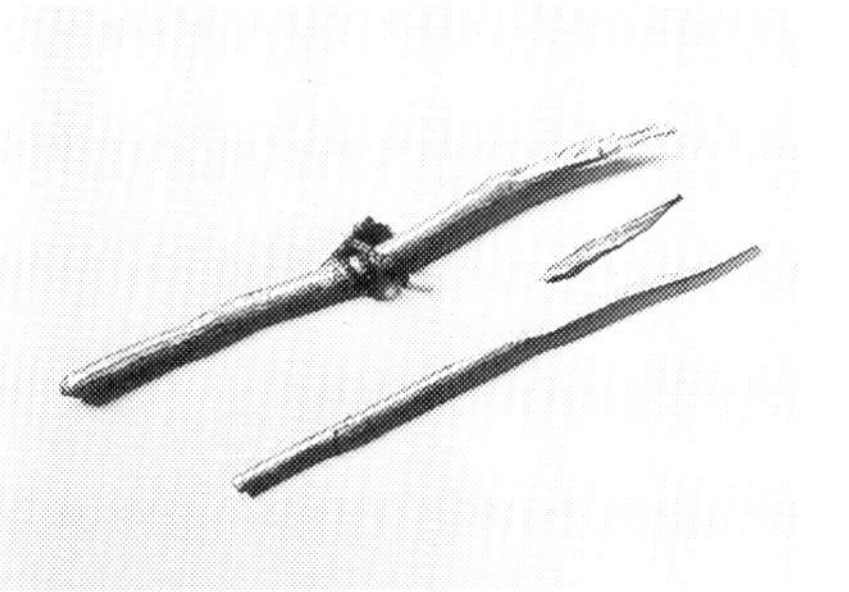

(122)「自責の杖」事件の際に折れた杖

36 吉野山

新島襄が愛唱する「吉野山花咲くころの朝な朝な　心にかかる峰の白雲」は、佐河田昌保(淀藩の家臣)の和歌。子どものいない新島には、同志社の男女学生がわが子であった。学生一人ひとりを想う彼の気持ちをこの歌はよく代弁する。「*自責の杖」事件のさい、新島はこの歌を皆の前で復唱したし、学園紛争が一段落した後、新島が休息のために脚を運んだのも吉野であった。

出張や伝道旅行の際、旅先で気になるのは同志社、それも学生のことであった。玄界灘で作った漢詩には「相国寺門前の同志社生徒諸君へ」という題がつけられ、「巴里《パリ》芳花倫敦《ロンドン》月　夢に尋ぬ相国寺前人」と詠み込まれている。

大磯での臨終の際にも新島は「吉野山」の歌を何度も口ずさんだ。筆記役の*徳富蘇峰は、その歌を二度、新島の遺言に書き留めている。

(123)吉野での新島の写生(1880年4月20日)

第四章　宿志を託す（一八八六年〜一八九〇年）

――永眠まで――

(124)新島が 1889 年 6 月に送り出した最後の卒業生たち（普通科 25 人）と同志社普通学校の教師たち。同志社チャペル（中央）横にて撮影。遠景は彰栄館（左）。新島（中列右から 4 人目）のうしろが金森通倫*、中列右から 7 人目が J.D.デイヴィス*、前列右から 5 人目が柏木義円*。

55 愛とは何か（説教）

一八八六（明治十九）年五月三十日

(125)移転後の同志社仙台分校・東華学校*（宮城英学校を改称）の旧校舎

【II-一七八】 原文は無題。一八八六年、仙台へ同志社分校（翌年に宮城英学校として仮開校）を設置するために赴いた際、他教派ではあるが押川*方義《まさよし》の仙台教会（現在の仙台東一番丁教会）で新島（四十三歳）が行った説教。今回、残された草稿から再構成した。キリスト教は「愛をもってこれを貫く」のが特徴、と説く。

「キリスト教とは何か」と人から尋ねられたら、「愛をもってこれを貫く」と答えたい。

かつて日本には神の愛という教えがなかったから、愛といえばただ君臣の愛や夫婦の愛、それに親子の愛や兄弟、友人の愛に限られた。それゆえ、とかく片寄った愛のみが行われ、聖書のこの箇所（エフェソの信徒への手紙　三・一三以下）にあるようなキリストの愛は、キリスト教が日本に入るまでは耳にすることができなかった。

神は義なる者にも不義なる者にも公平に雨を降らせ、陽を照らされる。神が完全であるというのは、すなわちこの愛なのである。事あるごとに私たちのために配慮してくださる。この愛で人間を導こうとされる。それなのに私たちはとかくそれを忘れてしまう。神の愛は被造物から推しはかるべきである。例をあげると——

小山田高家は新田《にった》義貞のために死んだ。
楠正成《まさしげ》は後醍醐天皇のために命を捧げた。
五百人の義士が斉の田横のために殉死した。
赤穂の義士たちは彼らの主君のために仇《かたき》をうった。
プロシアの皇帝の一言が負傷した兵士を感激させた。
母親のひと粒の涙が道楽息子を改悛《かいしゅん》させる。

かつてキリストは、「山上の説教」（マタイによる福音書　五・一以下）で「右の頬《ほお》を打たれたら左をも差し出せ、一里行けと言われたら二里行け、上着を取られたら下着をも取らせよ」と教えられた。
キリストの愛は広く、深く、また高い。

一学生は、「キリストで感心するのは、心が広くて、自分の敵の罪を許すように、と十字架の上でも神に祈られたことだ」と言った。これは人間にはできなくて、キリストだけが可能である。

キリストは私たちを救うために自分の食べる物を問題にせず、自分の立っている所も人に譲られる。また人に逆らわず、すなおに捕縛《ほばく》されてゲッセマネの刑場に引かれ、裁く人の前でも沈黙して言い訳せず、荊棘《いばら》の冠さえ受けて十字架につけられ、自分を罰する者を許せ、と祈って死なれた。

キリストはこの愛をもってこの世に来られ、神の道を説かれ、私たちを救うために荊棘《いばら》の冠を被せられ、十字架に磔《はりつけ》られた。また、この愛をもって私たちを近くに引き寄せ、今も私たちの心に働きかけられている。

愛は忍び、許すものである。一見、弱々しく無力に見えるが、天下の誰が愛に敵対できようか。犬や猫でさえも人間の愛に動かされるではないか。

126「真神の道　愛を以てこれを貫く」(新島の書)

56 平民主義の勝利（『将来之日本』〈第三版〉への序文）

一八八七（明治二十）年四月

127 徳富猪一郎（24歳）

【I-四五九】 原文は無題。徳富猪一郎*（蘇峰）が同志社を中退してから数年後に経済雑誌社から出版した『将来之日本』（第三版）に新島が寄せた序文。教え子の出世作が前面に押し出した「平民主義」への共鳴が見られる。

友人の徳富猪一郎君は先に『将来之日本』という書物を著《しる》し、私に一冊贈呈されたが、そのおり序文を寄せるように、と依頼された。文章は苦手ではあるが、著者とは旧《ふる》いつきあいなので、彼の好意を無にするわけにはいかない。

そこで本書を読み進んで第一回から第十六回におよんだが、毎回まるで新しい景勝地に行った気持を味わうようであった。とりわけ論旨、内容が優れ、文章も堂々としているので、読むのを中断し、おもわず「そのとおりだ」と叫ぶことがしばしばであった。

この書は広く世界の大勢を見抜き、過去から現在にいたる変遷を詳細に探り出しており、仮にも天意のあるところ、あるいは万民が望むことは、遅かれ早かれ世界は平民主義で統一されるべきであるとの一事である、と説く。

すなわち平民主義に逆らうものは滅び、それに従うものは生きのびる。一国民や一個人がその勢いを遮《さえぎ》ったり、その力に反抗することはとうていできない。以上のことを過去ならびに現在の日本に関して論じて、ついに将来の日本を描き出し、日本が採用すべき方針を示して終わっている。

要するに著者の意図はほかでもない。公道正義を日本の基本としたうえで、軍備の機関を生産の機関に、そして圧制の環境を自治の環境にそれぞれ一変させ、貴族的社会を一掃して平民的社会にすることにある。したがって著者が書中でいう愛国とは、全国を愛することである。全国を愛するとは、全国民が各自の生活を楽しみ、充実した生活が送れるようにすることである。

この点こそ著者の洞察力が大いに発揮されているとこ

ろである。身体全体にみなぎる気概を抑えがたく、それがたちまち発展してできあがったのがこの著作である。

したがって本書は昨年十一月〔実は十月〕に初めて公刊され、いまだ四ヵ月しかたっていないにもかかわらず、すでに再版が出され、今また三版が用意されようとしている。いかに人々が迅速にまた大量にこれを購入したことか。それは著者の論述がすばらしいからである。あるいは文章が堂々としているからであろう。私は断言してやまない。著者は無益な議論を吐いているわけでなく、無駄な文章を綴っているわけでもない、と。

天下の志士はこの著を一心に読むが、それは決して無駄な読書ではない。これは天下の大勢が自然にもたらした結果なのである。ああ、天下の大勢はすでにここまで来ているのである。

明治二十年二月

京都　新島襄

57 進め、進め、好男児（同志社普通学校卒業式での式辞）

一八八七（明治二十）年六月十九日

【Ⅲ-四六七】原文は無題。新島（四十四歳）は一八八七年六月十七日に仙台で開かれた同志社分校の東華学校*（前年に宮城英学校として仮開校）の開校式に夫妻で臨んだ。その後、札幌にある福士成豊*（かつての卯之吉）の持ち家でひと夏を過ごした。そのため六月二十四日の同志社普通学校卒業式には、この式辞を京都へ郵送し、卒業生たちを激励した。

128 1886年の同志社普通学校卒業生のひとり、松浦政泰*

つつしんで式辞を諸君に送ります。諸君がいよいよご多幸で、神の恩寵《おんちょう》に浴し、天の恵みに預《あずか》っておられることは慶びに耐えません。

さて私たち夫婦は、さる十一日に京都を出発して〔神戸から乗船し〕、十二日の夕方六時に横浜に無事着きました。十三日の朝、同所で原六郎*氏に面会し、同志社予備校の校舎建築のために千円の寄付の約束を受けました。同日、東京を発って、夕方には黒磯〔栃木県〕に一泊いたしました。

翌十四日にはさらに福島に一泊し、*綱島佳吉《かきち》氏に面会して、しばらく会談いたしました。十五日、大雨の中を仙台に到着。十七日には東華学校〔同志社の仙台分校〕の開校式がまことに盛大に行われ、同校もまずは一段落を告げることができたのは、喜ばしいかぎりでした。諸君もこの学校の設立を喜び、祈ってくれることを望みます。

私は出発以来、海路、陸路ともに汽船や汽車、人力車を使っての慌ただしい旅行でしたので多々、無理をいたしました。したがって大いに疲労を覚えましたが、寝こむまでにはいたらず、たいした仕事をするわけではありませんが、なおも神の恩寵のもとに月日を送ることができる幸いを得ていますので、どうぞご安心ください。

さて、京都を発ってからひとつの考えが胸中に湧き起こり、黙殺しがたいので、ここに筆をとって諸君にお伝えいたします。諸君よ、遠方よりはるばる同志社に入学されてからすでに五年の歳月が経過いたしました。その間、なんの失敗も過失もなく、品行方正で志操は卓抜、勉学にも立派に励まれ、ここに本日の卒業にまでこぎつけられたのは、私が諸君のために祝うだけでなく、私たちや同志社、そして日本のために祝すべきことです。

そして諸君は今日この位置に立たれ、前途が香《かぐわ》しく望みある旅路に進もうとされています。すでに神や天使、同胞の前に立っていることになり、走るべき行程を走る選手〔使徒言行録　二〇・二四〕というべきです。進め、進め、好男児、決して退歩の策をなすなかれ。

諸君、今日の日本の改良は諸君に期待しないでいったい誰に期待すればいいのだろうか。けれども誤って思いあがってはいけません。ますます謙虚になり、ますます努力し、信頼して一身を神に委ね、正義に立って一身を国家に投げ出してほしいのです。また志を堅持して高尚にし、目的を高く掲げ、さらに進んで真理の源泉にさかのぼり、学問を奥深くまで究め、歴史の流れを探ってほしいものです。

さらに人生の隠された法を知り、ゆったりと構えて学生である資格を備え、平然として学問する者の品位を保ち、専心勇んで進んでいただきたい。わずかな障害のために逃げたりせず、またわずかな事柄のために行動の自由を奪われたりせず、神から与えられた義務をつくし、本分をつくすことを切望してやみません。
諸君、私は病気のために遠く東北地方におります。諸君の卒業式に出席できないのは大変残念でなりません。諸君、ますます遠大な計画を立て、心身を十分に安全に守り、私に再会の機会を与えてください。書面では思いを十分に伝えることができません。

敬白

〔明治〕二十年六月十九日

仙台の一旅館にて

新島襄

この書は下書きです。書き終えて頭痛がしましたから清書する元気がありません。したがって下書きのまま諸君に差し出します。乱文をお許しください。

同志社五年生卒業生御中

私は今月いっぱいは仙台に留まり、来月早々には札幌に参ります。札幌の住所は札幌北四条一丁目一番地　福士成豊氏方です。
なお、私はこのように遠く山河を離れてはいても、日夜諸君のためにたえず神に祈らずにはおれません。諸君もまた、私のために祈ってください。日本人と外国人の先生方や同志社の学生一同によろしくお伝えください。

58 S*・H・ハーディーへの手紙

一八八七（明治二十）年八月二十四日

【VI-三一五】原英文。札幌で静養中の八月十三日、新島は七日に死去したA*・ハーディーの訃報《ふほう》をアメリカのJ*・M・シアーズから知らされ、ショックのあまり寝込んでしまった。ようやく気を取り直してハーディー夫人に慰めの手紙が書けたのは、それから十日後のことであった。

(129)ボストン郊外、ケンブリッジにあるハーディー家の墓

奥さまにお手紙を書こうとすると心がひどく乱れます。ハーディー氏の突然の召天について奥さまに申しあげたいことはたくさんあります。しかし、それを書こうとすると、実に悲しいことに何もかもが混乱して収拾がつかなくなるのです。机に向かい、ペンをとります。――が、それ以上は何もできません。

もちろん、天の父がハーディー氏を至福の天へ招かれたのは分かっています。すべての事柄を神のみ手に委ねなければならないことも十二分に理解しております。また、ハーディー氏がこの煩《わずら》いに満ちた世にあるよりもはるかに幸せであろうことも知っています。

それでも、私には彼のいないことが大変辛《つら》いのです。とても寂しいのです。実の父が死んだように感じます。そうです。ご主人は私にとって実の父以上の存在でした。日本人の友人すべてよりも私のことを理解してくださっていたと思います。私は日本の支持者を失いました。

つい最近〔五日前の八月十九日に〕日本で見られた皆既日食のように私の心は暗く閉ざされています。陽気さも明るさも突然消え去りました。本当に全くの暗黒です。大気は冷え、温度は下がっています。この前の日食はほんの少ししか続きませんでしたが、私の心のかげりは、私が生きている限り続きます。この短い手紙を終えることすらできません。私の神経はいぜんとして高ぶっています。

この傷ついた気持のほかに私にはもうひとつの思いがあります。奥さまへの同情です。奥さまがどれほどご主人のことを思って寂しい気持になられているかは、計りしれません。ご主人の明るい声はもう二度と聞けません。私の心は奥さまを思うと痛みます。

しかしながら、奥さまとともに喜びたいのですが、ハーディー氏があなたのもとを離れられた時、これからは常に強くて永遠なる神のみ腕を信じて頼るように奥さまに命じられたに違いありません。これまでよりももっと頻繁にお便りを差しあげようと思います。しかし今は、奥さまにお手紙を書くのがとても辛いのです。

59 徳富*猪一郎への手紙

一八八七（明治二十）年十一月二十二日

【Ⅲ-四九三】 A*・ハーディーの死後、彼を記念する学校を日本に建てようとする計画がアメリカで持ちあがった。新島はこれには反対であった。また同時に国内では教会合同運動が

130 徳富健次郎（蘆花）

始まった。これにも新島は慎重な姿勢を保った。これらの二件について新島は率直な気持を愛弟子の徳富猪一郎に打ち明けた。

今月十九日発のお手紙を昨日受けとり、拝読いたしました。わが校のためにいろいろとお考えいただき感謝に耐えません。私もこの前からアメリカの友人に相談しておりますが、その後はうまく捗《はかど》ってはおりません。なにぶん返信すらありませんので、この前、催促の手紙を出しておきました。

最近、聞いた話によりますと、アメリカの友人（ハーディー氏の友人です）の間で、ハーディー氏を記念するために日本に学校を創立する計画があるそうです。ご存じのとおり、これは*アンドーヴァー神学校で霊魂不滅論〔いわゆる*アンドーヴァー論争〕が持ちあがって以来、アンドーヴァー派の人物がことごとく*アメリカン・ボードから排除されたのを遺憾に思ったからでしょう。アメリカン・ボードとは別個に日本に宣教師を派遣し、さらに学校を起こそうとする計画です。

私はこれには反対論を唱え、同校のための募金はことごとく同志社に寄付し、わが校のレベルを高くするのが最善である、と強く申し入れておきました。しかし、おそらく好結果は期待できないでしょうから、場合によっては私がアメリカに出向こうか、とも思っております。

それはそれとして、君が計画されていることは断固として実行してください。私は近々、〔*内村鑑三仮教頭が引き起した「北越学館事件」の調停のために〕新潟県へ出張するつもりですから、帰りにはひとまず〔東京で〕お会いしたく思います。ご病気のようですが、なにとぞ自愛してください。今は病気を押して身体を酷使する時期ではありません。十分に療養されますように。

私は一致論〔教会合同賛成論〕にはますます賛成できません。わが組合教会の自由が欠けるくらいなら、むしろ分裂するほうがいいくらいです。わずかな情実のためにこれから百年、千年と私たちの子孫が享受する自由を売り飛ばすべきではありません。

最近、作成された教会合同草案は、全く長老教会の組織になっており、わが組合教会の自由主義・会衆自治主義はますます希薄になって、まるで見えなくなっているかのようです。私は反対論を提出せざるをえません。

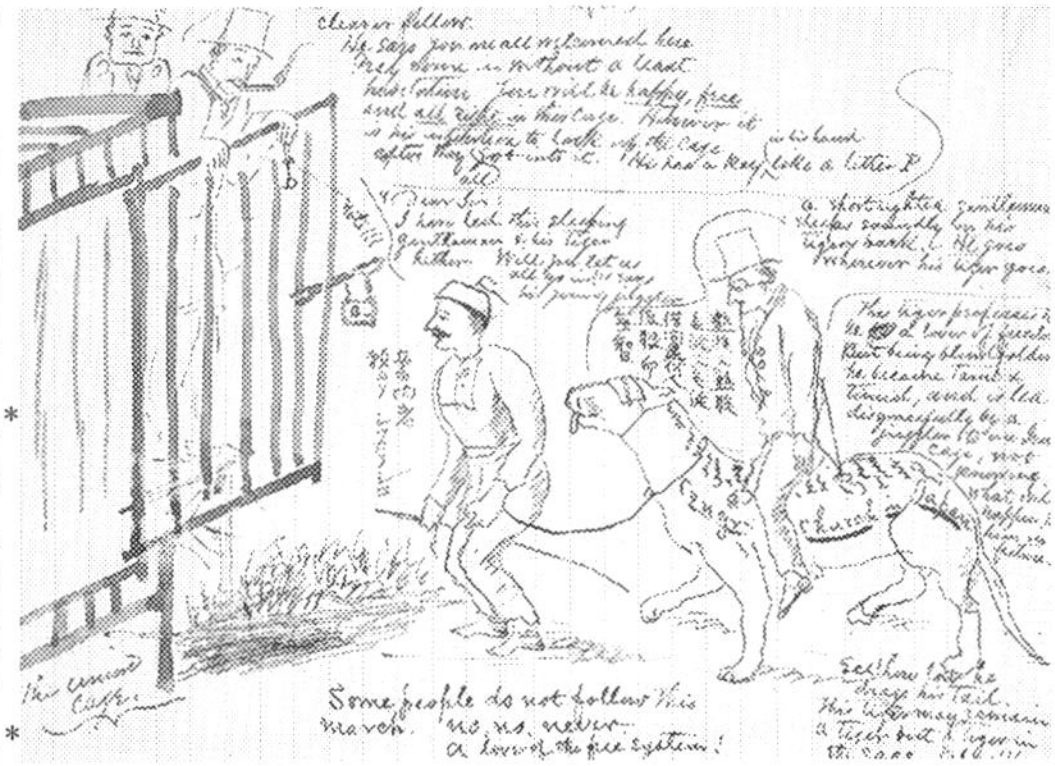

131 教会合同の危険性を示すための新島のスケッチ。目隠しをされた虎（組合教会）が檻（一致教会）の中に誘導されている。

しかし、まずはおだやかに改正や延期を促すべきでしょう。その結果、満足できなければ、破談にすべきです。私の描いたスケッチをご覧ください。推進派の湯浅*〔治郎〕、小崎*〔弘道〕、とりわけ伊勢*〔横井時雄〕らに見せてください。

右の絵は君の手許で預かっておいてください。お返事まで。

十一月二十二日

頓首

新しま襄

徳富猪一郎兄

なお、弟さん〔同志社在学中の徳富健次郎*、のちの蘆花〕へは時々、手紙を送って、十分に勉学するように促してください。ハーディー氏記念の件は、ぜひ同志社に残しておきたいので、資金をいくらか募ってハーディー氏記念資金の名義を付しておきたいと思います。現在、交渉中ですので、先方の返事しだいで来月中にも日本を出発するつもりです。このことは内密にしておいてください。

60 土倉《どくら》*庄三郎への手紙

一八八八（明治二十一）年五月十一日

【III-五六八】

132 土倉庄三郎と長男（鶴松）

土倉は「大和（奈良）の山林王」といわれた富豪で、同志社の後援者。長女（富子）や二女

133 土倉政子（内田康哉外務大臣夫人、北京日本公使館にて、1904年）

（政子）、長男（鶴松）を始めとして大勢の子どもを同志社に学ばせた。一八八八年五月九日、帝国大学のベルツ*教授（医師）に診断を受けた新島（四十五歳）は二日後に、八重*夫人の生活を将来的に保障するために東京からその方策について土倉に相談した。

先日、お手紙を差しあげましたので、きっと受け取られていることと思います。私は二、三日前に帝国大学〔現東京大学〕の近くに移り、ドイツの名医ベルツ氏に診察をお願いし、当分は養生するつもりです。

京都の専門学校〔同志社大学〕募金のことも華々しくはありませんが着々と進んでおりますのでご安心ください。いずれ近いうちに京都府下の紳士を招いて一大集会を開催するつもりです。そして京都府のまとまりがつけば、次はただちに大阪で始めたいという心づもりです。なにとぞその準備をしておいてくださるようにお願いいたします。

また、前便で次女さまのこと〔土倉政子の結婚の件〕で余計な老婆心を申しあげましたが、お許しください。

ところで私の病気のことですが、先日来、診察を受けた名医の橋本〔綱常〕軍医やベルツ先生などの話によると、すでに心臓病に間違いなく、早晩この病気のために死ぬ覚悟が必要、とのことです。

けれども養生しだいではまだ五年や十年はもちこたえられるかもしれない、と承《うけたまわ》っていますので、今後は全く仕事を離れて静かに余生を送る身となるか、あるいはますます戦場に出向いて血みどろの戦いを試みるかは、一身上決断を迫られる問題です。よく考えてみますが、むしろ戦地にあって一歩も退かないのが戦士の心得であるべき、とふだんから考えておりますので、養生しながら進むべき覚悟をしております。

つきましては、いつ何時《なんどき》にわかに死ぬかも分かりません。すでに先日も当地で突然病変が生じ、身体が全く冷たくなってしまいましたが幸いにも回復した、といったありさまです。病変がいつ起きるかは不明ですので死後の用意が必要だろう、と考えております。

第一に、同志社の将来のことはあらまし準備し、社則

〔寄付行為〕を確固なものとし、基本金を積むための手段にとりかかりたい、と思います。また学校のレベルをいっそう高尚にするつもりです。校長後任の選出には注意いたします。専門学校の計画も私に代わって働いてくれる人物をあらかじめ用意しておくつもりです。

それから、私はとてもこの世に長く生きられる身ではありませんので、存命中は何事であっても神や国家、あるいは同胞に対してつくす覚悟です。前にも申しましたように戦場からは一歩も退却しないつもりです。

けれども、このような覚悟はしてはおりますが、ただ心にかかる点は妻のことです。私の死後、しばらくは生活を支えることができますが、その先は不安ですので、彼女が貧困になった際の用意をしておき、晩年におよんで路頭に迷わせたくはありません。

このことにつき、あなたにお願いしておきたいことがあります。かねてお話しのあったマッチ用の樹木の植えつけのことです。京都に帰りましたら三百円をお預けいたしますので、私を植えつけの共同出資者《コンパネー》としてください。二十年後、あなたと同額の利益を頒《わ》けるという約束だけをしていただき、妻の万一の場合に備えたいと思います。万一、利益がない場合はそれまでのことで、あなたにご心配はいささかもおかけいたしません。

先日、病変があって以来、心配なのはこの一点でした。現在、少し快方に向かっていますので、厚かましくもこの一件だけはあなたにお願い申しあげておきます。そうすれば妻のことでとりたてて心を残すことなく、かねての覚悟どおりますます勇んで戦地に進み、まず同志社の基本を確固としたものにすると同時に、専門学校の創設に向かって全力を傾けるつもりです。

そのためには私の願いを聞き届け、家を顧みる憂いを取り除いてくださり、断固として戦地に進ませてくだされば、あなたのご恩は海山よりも深く、高いと言うべきでしょう。

右のようなことはあまり他人には聞かせたくありません。後事を託すのに信頼できる方と信じて、二十年後のご配慮をお願い申しあげました。

そうは言っても、私なり妻なりがそれまで生存していない場合には、右の資金はもちろん同志社の資金に加えたく思いますので、このことをあなたとご令息の鶴松君とに承知しておいていただきたく思います。

このようなことをお願いするのも、ひとつには人情忍び難いからであり、ひとつには同志社の前途をいつまでも心配するからです。

右のことをよろしくお願い申しあげます。

敬白

五月十一日

新島襄

土倉庄三郎様

なお、奥さまにもよろしくお伝えください。

61 死を覚悟して（「漫遊記」から）

一八八八（明治二十一）年七月二日

134 新島が「新島旧邸」で愛用したランプ

【V-三四六】原文は無題。旅日記の一節。この日、東京において医師の難波一から「心臓病は完治せず」との診断結果を聞いて、突然死を覚悟した。そのためにこの日、しみじみと来し方を振り返った心情をしたためたり、世話になった人にあらかじめ「暇乞い《いとまごい》」の便りを書き送ったりした。

八重*が医師の難波一氏を訪ねて私の病状を聞いてきた。

注目。氏が言われるには、私の心臓病は全治できない。また心臓のなかにある薄皮のようなものが血中に混じって脳中に上昇すれば、ただちに卒中のような病状をきたし、命を落とす場合もあるので、身内の者はあらかじめ承知しておくべきである、という。またほかの突然死の例をあげて話された。八重の落胆はひととおりでない。そのことが大いに私の心痛となった。

私はもともと病気が全治する見込みはないことをすでに承知しており、いつでも天父のお招きに応じて神の家に進む覚悟はできている。それゆえ〔医者の宣告は〕別に耳新しいことでもとりたてて驚くべきことでもない。しかし、後に残る老母と愛する姉のことを思うと涙で袖《そで》をぬらすことが時々ある。

本日〔同志社の〕デイヴィス*氏に手紙を書いて、自分の覚悟を伝えた。

アメリカのドルチェスター村のベーカー夫人は前から私を可愛いがってくださり、わが子のようにしばしば自宅に招くなどひとかたならぬもてなしを受けてきた方である。氏に対しては死ぬ前にお別れの手紙などは送れないだろうと思い、あらかじめ暇乞いの手紙を書いてこれまでの好遇を深く感謝した。

今日から会う友人は、たとい暇乞いの言葉を述べなくても、この会談があるいは最後になるのではないか、との思いがしないわけではない。

またアメリカに行く前の十年間の苦学や父や主君の意に反し全藩士の誹謗《ひぼう》を気にせずに勉学したこと。続いて国法を破ってアメリカ船に乗って箱館から脱走し、船上で一年間の労働を耐え忍んだこと。またアメリカに八年間留学したり、一年あまり、欧州を遊歴した時の種々の心配など。そのほか将来のことをともに計画したアメリカの友人ハーディー*氏夫妻の恩顧を受けたこと。

帰国後、同志社英学校を創設したこと。デイヴィス氏と力を合わせて、学校と関西での伝道につくしたこと。学校運営の困難、京都府の不親切な策略、外国人教師の入京を拒否されたこと。平素から病弱なために大事業に従事するのに大変困難を覚えたこと。外国人教師と日本人教師との衝突、外国人教師と学生との折り合いの悪さ。二度目のアメリカ行き。スイスの山中で発病し、死にかかったこと。アメリカに着いて、ハーディー氏夫妻から受けた厚遇、ベーカー夫人の親切。アメリカで五万ドルを日本伝道に使用できる幸運を得たこと。帰国後、同志社の将来計画、グリーン*氏の授業での失敗、その結果起きた学生の脱走。

病気にかかり、養生のために仙台から札幌に赴いたこと。札幌で聞いたハーディー氏の訃報、私の落胆、氏のために同志社で行った記念の説教。続いて病気、また二十一年一月一日以来の病気。

京都での明治専門学校〔同志社大学〕発起人募集の計画、そのために二、三回開いた集会、理事委員の選出、知恩院での演説会、そこでの知事の演説など。東京に出張したおりに井上*〔馨〕伯爵の屋敷で病気が再発したことなど。

これらすべてが頭のなかを駆け巡り、いつこの世を突然去らなくてはならなくなるか、また遺言もできず、暇乞いもできず、にわかに死ぬかもしれないと思うと、胸が締めつけられ、涙がひとりでに流れて、思わず枕をぬらしている。

七月二日の夜

62 *下村孝太郎への手紙

一八八八（明治二十一）年八月十一日

(135)下村孝太郎

【Ⅲ-六一九】 下村孝太郎は同志社英学校の第一回卒業生で「熊本バンド」のひとり。ウースター工科大学を卒業後、さらに進学することを新島は勧めた。新島は下村が将来の同志社大学で自然科学教育の柱になってくれることを期待した。ちなみに彼は帰国後は同志社のハリス理化学校の中軸となった。

拝啓

君とボストンのホテルでともに神に祈って以来、まもなく三年になります。それを思うにつけ、時間が無頓着にも無情にも私を置き去りにして、私を顧みてくれないのを嘆いています。私もまた過ぎ行く者ですから、遅い早いの差は多少あったとしても、つまりは行く者のひとりであり、水が細々と流れて行くように遅かれ早かれその運命〔死〕に到達しなければならない、と覚悟しております。

それでも、かねて計画している事業がいまだ好い結果を結ばないうちに私のように多病で一年の半分以上は養生していて、自分の事業に東奔西走して従事できない状態では、これまでの不撓《ふとう》不屈の精神もどこか少しは空しい感がしないでもありません。

しかし、「なんのその岩をも徹《とう》す桑の弓」という大高氏〔赤穂義士の大高源吾か〕の句に励まされています。またとりわけ神から慰めを受け、たとえこの身は病魔に冒《おか》されているとはいえ、何度失敗しても志は絶対に曲げないという気持でやり抜く覚悟をして、わが校のために将来の計画を立てておりますので、君も少しは安心してください。

ところで、前便でもくわしく申しあげましたように、私は一月一日以来、心臓病に罹《かか》っておりますので、例のアメリカ行きの件もなかなか決めかねておりますし、君への返事も延び延びになっています。病気を押してでも行くと言い張ったのですが、教員会議で大議論になりました。とりわけ医師のベリー*氏などは大反対をされ、また病状もあまり芳しくありませんので、私の計画も一時は消えかかりました。

しかし、三月の末にはようやく杖にすがって歩けるようになりましたので、京都でしばしば準備会を開き、府下の有志を募って、さる四月十二日に知恩院の大広間で大集会を開催しました（北垣＊〔国道〕知事も演説しました）。そこでは専門学校の設立計画を訴え、委員を選出して府下の募金を委託しました。私はただちに東京へ行き、ひと旗あげようとしましたが、不幸にして現地で再び心臓病に罹り、一時は生命にもかかわる、と医師にも言われました。幸いにも回復し始めましたので、鎌倉に赴いてしばらく休養した後再び東京に戻りました。

いったんあげようとした旗は中途でおろすことはできかねましたので、陸奥＊宗光君らの斡旋で井上＊〔馨〕伯爵に接する機会を得、また大隈＊〔重信〕伯爵（外務大臣）にも直接会いました。両氏の協力でついに私的な集会を大隈伯爵の官邸内で開き、京浜間で屈指の有力者を招待いたしました。両氏はわが校のために実に驚くほどの関心を示され、はなはだ懇切なスピーチをしてくださいました。そのため来会者も大いに賛成の気持を表され、一晩で三万一千円の寄付の約束をしてくださいました（これは七月十九日のことです。京都府下ではおそらく四万円を募金できるでしょう）。

この三万一千円はいまだわずかですから大きなことは何もできませんが、官民ともに有力者と仰ぐ陸奥公使や井上、大隈の両伯爵、また「財界の大王」とも呼ばれる渋沢＊栄一、原＊六郎氏のような人が、このようにキリスト教主義の教育を主張する私たちの計画に賛同して、手を貸してくださるにいたったのは、明治時代の実に驚くべき現象と言っても決して嘘ではありません。

本校が初めて公然と天下の信用を得る時はすでに到来した、と言うべきでしょう。この点から論じるならば、この現象を決して単なる小事件と見なしてはなりません。君も本校のために喜び、神に感謝していただきたいのです。

私も井上、大隈両伯爵の親切な勧めにより先月二十四日に東京を去り、ここ〔伊香保〕に来ています。ここは有名な温泉場で、海抜はおよそ三千尺です。眺めは実にすばらしく、気候も冷涼でからっとしていますから、養生には実にもってこいの場所と思います。なるべくささいな事で心配をしないで、養生に専念し、神がもし許し給うならば、今しばらくはこの世にあって主のみ国の拡大のために神の僕《しもべ》としての務めをおよばずながら果たすつもりですので、君もなにとぞ私のために祈ってください。

さて、君の今後の進路については前の手紙でも申しあげたとおり、お母さまさえ我慢してくだされば、もう一年アメリカに滞在されるのが将来のためには大いに有利な計画と思います。ちっぽけな親孝行の気持ちに縛られず、深く孝行をつくす計画を実施して、思い切ってもう一年、いや二年でも留学を続けられてはいかがですか。

私〔理学士〕はわが校でサイエンス〔自然科学〕がふるわないのをなんとも残念に思っています。君が十分に準備して、そちらの分野を担当してくだされば、わが校の面目は必ず一新するに違いありません。本校を十分にカレッジの位置にまで高め、国立の高等中学校に一歩も譲らないようにしたいと願っております。

そのためには多額の資金が不可欠です。資金を募ろうとするとまずアメリカです。かねて君が試みられたように*アメリカン・ボードとは全く別個に、個人的にある資産家に日本の現状を伝え、大学が日本に必要なことを説き、同感を得ることができれば、あるいは事は成就するかもしれません。この大任を君が負ってくださるよう願います。

先日、*森〔有礼文部〕大臣に面会したおり、同志社を高等中学校にすべきであるとまで申されました。また専門科を設置したうえにその力さえあれば、○○科大学と称して、卒業生に○○科大学卒業生、すなわち「学士」の称号を与えることも可能であると申されました。そうであれば、わが校をぜひとも大学の地位にまで昇格させたいと思いますので、アメリカにいる*中島〔力造〕や*湯浅〔吉郎〕〔いずれも留学中の元同志社学生〕らとも相談し、将来の計画を立て、なにとぞ今後とも責任を担《にな》ってくださるようお願いいたします。

私も現状では今後、手紙をたびたび出せませんが、君に対する期待が明確で不動であるばかりか、〔同志社の〕将来をお願いすることになる点は承知しておいてください。手紙を書くにあたって思っていることの万分の一もつくせませんが、なにとぞ私の心情をお察しください。

八月十一日　上州伊香保にて

新島襄

下村孝太郎様

〔追伸〕

季節柄、お身体ご自愛くださり、将来のためにいろいろとお考えくださるようにお願いいたします。

*フラー先生〔ウースター工科大学長〕やその他の知人へもよろしくお伝えください。

ついでに〔H・T・〕ブラウン夫人によろしくお伝えください。また、病気のためにその後、ご無沙汰していることを謝っておいてください。同夫人が学費の援助をしてくださっている二人の学生がこの九月からは同志社で三年生になることもお伝えください。

〔別紙〕

君さえよければ、別紙の書面をイェール大学の中島力造と湯浅吉郎とに見せてもかまいません。しかし、資金の募金の件は、彼らは承知しているでしょうか。中島らに相談されてもかまいません。けれども君が自分で決めることですから、書中の一部分だけを知らせてくださっても結構です。

アメリカ留学中の君の留守宅のことは、およばずながらこれまでどおり援助いたしますから、その旨承知しておいてください。なんらかの変わったことが発生した場合には、それに応じて浮田*〔和民〕さんらと相談のうえお世話したく思います。だからぜひとも一年なり、二年なり、留学されて将来の大きな計画を実現されるよう望んでやみません。

八月十一日　　襄

孝太郎様

八重*は明後日、京都から出向いて来て、私の世話をすることになっております。

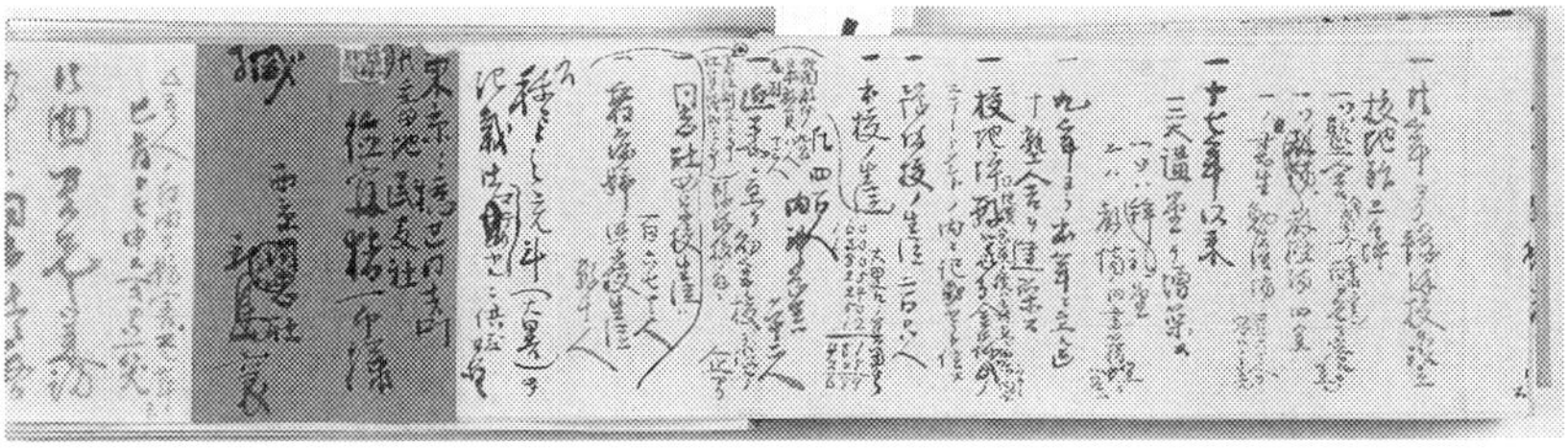

136『同志社大学設立の旨意』執筆のために新島が徳富猪一郎に送った資料

63 同志社大学設立の旨意

一八八八(明治二十一)年十一月

【I-一三〇】新島が公的に自己の所信を活版で公刊した著作としては数少ないもの。彼の教育思想が鮮明にうかがえる。ただし厳密に言えば、これは実際には新島(四十五歳)が材料を提供し、徳富*猪一郎(二十五歳)が文章に仕立てあげた点で「共著」である。私立大学ならびに徳育(心育)の重要性から説き起こし、「一国の良心」ともいうべき人々を育成する重要性で締めくくられている。

〔今こそ大学を〕

私たちが私立大学を設立したいと願ったのは今日に始まったことではない。そしてそのために計画を立て、苦労をするのも今日に始まったことではない。今では計画はほぼできあがり、〔実現の〕時期がようやく訪れようとしている。そこで私たちは今日こそ、これを全国に訴えて、全国民の力を借り、この計画を成就させなければその時期は再び巡って来ないと確信する。これこそが、私たちがこれまで立てた計画を詳しく述べ、同時に大学を設立する目的をどうしても訴えたいと思う理由である。

思い返すとすでに二十年以上も前になるが、幕政の末期、外交が切迫して人心が動揺した際、微力な私ではあったが海外留学の志を抱いて〔安中藩から〕脱藩して箱館に行き、ついに元治元〔一八六四〕年六月十四日〔陽暦七月十七日〕の夜、ひそかに国法を破ってアメリカの商船に乗りこんだ。

船員となって労働に従事することおよそ一年で、ようやくアメリカのボストンに到着した。幸運にもかの国の博愛心の厚い人に助けられて、〔フィリップス・アカデミーをへて〕アーモスト*大学に入学し、続いてさらにアンドーヴァー*神学校に学び、前後十年あまり苦学を重ねた。

〔教育こそ文明の基〕

こうしてアメリカの事物や制度が盛大である様子を見たり、すぐれた人物や人格者に接して意見を聞いたりした結果、アメリカの文明は決して突然にまた偶然に生まれたものではなく、必ず原因があるということを知った。そしてその原因がすべて国民を教化するのに熱心であったことにあるのに気づき、初めて教育が国の盛衰に深く関係するのを確信した。以来ひそかにこの身を教育事業に捧げようと決心した。

明治四〔一八七一〕年、亡き岩倉*〔具視《ともみ》〕特命全権大使らがアメリカに来られた時、文部理事官の田中不二麿*氏が欧米諸国の教育事情を調査するために一行中に加わっておられた。ちょうど私はアンドーヴァー〔神学校〕で学んでいたが、とくに選ばれて文部理事官に随行するように命じられたので、理事官とともに北米中の大学、中学校、小学校を視察してまわった。

さらにヨーロッパに渡り、ドイツ、フランス、イギリス、スイス、オランダ、デンマーク、ロシアなどの諸国をまわって、学校の組織や教育制度を始めとしておよそ学制に関することを少なからず観察し研究することができた。

この視察をとおして、欧米文明の基礎は国民の教化にあることをますます確信するようになったので、わが国を欧米の文明諸国に匹敵させようと思えば、ただ外面的な、物質上の文明を模倣するだけでなく、ぜひとも文明の根本に向けて力を注がなければならないと信じるようになった。そこで力不足ではあるが、いつの日か日本に帰国したならば、必ずひとつの私立大学を設立してわが国のために微力をつくしたい、と心に誓った。

〔同志社英学校の設立〕

明治七年、アメリカから帰国する際にたまたまアメリカン・ボードの年会が〔ラットランドで〕あり、アメリカの紳士、淑女が三千名以上も集まった。この集会には友人が大変多く参加したので、私もその集会に誘われ、同時に別れのあいさつをするように頼まれた。そこで私はかねてから抱いていた志を初めて打ち明けて、こう言った。

「今やわが国は社会の秩序が破れ、規律が乱れ、人心は向かうべき方向が分からない状態である。輝くような文化の光を今日の日本に実現しようと思えば、どうしても欧米文化の根本である教育に力を注がねばならない。思うにわが三千余万の同胞の安全と危険、不幸と幸福は、単に政治の改良によるのではなく、また物質的文明の進歩によるのでもなく、まさにもっぱら国民を教化する力しだいであることを確信する」と。

ここまで述べると思わず涙がこぼれそうになったが、さらに話を進めて言った。

「それゆえ、帰国したならば、必ずこの教育事業に微力をつくしたい。満場の皆さま、私の真心をくみとって、支援していただけないでしょうか」と。

話が終わらないうちにたちまち満場の紳士、淑女が大いに賛成してくれたので、即座に数千円の義捐金を得ることができた。こうして明治七年の末に長年抱いていたひとつの志を胸に秘めて、十年以上ものあいだ夢にまで思い浮かべたわが国に帰国した。

明治八年一月、〔大阪会議に出席した〕内閣顧問であった故木戸孝允氏にたまたま大阪でお目にかかったので、かねてから抱いていた志を打ち明けたところ同氏は深く称賛され、もっぱら政府要人の間に斡旋して私の志が実現するように力を貸してくださった。

また前の文部大輔《たいふ》、田中不二麿氏や前の京都府知事、

*槇村正直氏も賛助してくださったので、ついに〔京都府顧問の〕*山本覚馬氏とふたりで同志社を結社して、私塾開業の認可を得、ただちに明治八年十一月二十九日に同志社英学校を設立した。これが現在の同志社設立の始まりなのである。

〔キリスト教に基づく徳育〕

　このようにして同志社は設立されたが、その目的はただ単に普通の英学を教えるだけでなく、徳性を磨き、品性を高尚にし、精神を正しく強めるように努め、ただ技術や才能のある人物を育成するだけでなく、いわゆる「良心を手腕に運用する人物」〔良心の全身に充満したる丈《ますら》夫《お》〕を産み出すことに努めてきた。しかもこのような教育は、一方に片寄った智育だけでは決して達成できるものではない。またすでに人心を捉える力を失っている儒教主義が行えることでもない。

　それはただ神を信じ、真理を愛し、他者に対する思いやりの情に厚いキリスト教の道徳によらなければならないと信じて、キリスト教主義を徳育の基本とした。私たちが世の教育者の傾向と違っているのもこの点である。そして同志社が数年の間、いばらの苦難のなかに埋もれていたのもこのためであった。

　こうした時にあたり、私たちの置かれた境遇は実に哀れむべきものであった。見渡すばかりの広大な世界のなかでまことに友人がひとりもいない状態であった。キリスト教主義の徳育は愚かな人たちから嫌われたばかりでなく、世の徳の高い立派な人たちからも非常に冷たくあしらわれた。

　けれども私たちの同志は、真理こそ最後の勝利者であると信じ、互いに助け合い励まし合って、志すところを着実に穏やかにしっかりとそしてひたすら実行してきた。幸いにも世論が一変し、自分ではキリスト教を信じない人でもキリスト教がほんとうに一国の道徳を維持するのに力があることを認め、世論がキリスト教に賛成するような風潮になってきた。

　その一方では同志社の教育の実績がようやく現れて、その教育が丁寧で親切であること、ならびに徳育と智育とがふたつとも並行して行われ、決して片寄った教育に陥ってはいないことがようやく世間の人たちに認識され始め、同志社はまことに学生を安心して委ねられる学校である、との信用が社会に広まった。

　明治十四、五年ごろになると学校の規模がしだいに大きくなり、入学者の数もだんだんと多くなり、卒業生の数も徐々に増え、学科の程度もますます高度になってきた。その結果、保護者のなかには普通科だけでなくそのうえに専門科を設けてほしいと要請する人が現れるにいたった。ここにいたって私たちの長年の願いである私立大学の基礎がようやくできあがった、と言っても必ずしも誇張とは言えないであろう。

とはいうものの私立大学は実に大事業である。これを設立するには多くの人間が必要である。多額の金銭が必要である。私たちは誰に対してこの志を語り、誰とともにこの事業を行ったらよいのか。幸い一部の人たちの信用を得ることができたとはいえ、私たちの当時の状況は全く孤立状態であった。

〔京都での運動〕

けれども沈黙したままで留まっていてはいけないので、この時以来、有志が協議して熱心に支援者を世に求めた。その結果、各地で賛成者が次々と得られたので、ついに明治十七年四月に初めて京都府会議員を〔商工会議所に〕招待して数回の演説をし、私立大学創立の目的を説いた。主だった人たちから賛成が得られたので、ここにおいて大学設立の目的を述べた「明治専門学校設立の旨趣」と題するパンフレットを発行して、支持を広く世に求めた。これが私立大学設立を手がけた最初の一歩であった。

幸いこの計画は世の有力者から賛成を得たのであるが、当時は社会が一般的に不景気〔いわゆる松方デフレ〕であったので、支持者はいても寄付者はなく、寄付金の予約はあっても入金はなかった。私たちの計画は中止にひとしい状態であった。しかも私はこの間に〔静養のために〕再び外国に旅立ち、同志社大学設立事業を同志の皆さまに委ねたので、この間の進行はもっぱら緩やかなもので、これといった進展はなかった。

要するに明治十七年六月から二十一年四月までに大学設立のために集まった金額は、予約と払い込みとを合計してもほぼ一万円に達しただけであった。そして本格的に大学設立事業に取り組んだのは、実に今年になってからである。

今年は私たちの計画にとっては幸運な年である。京都では四月に知恩院で大集会を開き、府下から六百五、六十名の有力者を招待して、私立大学設立の支持を求めようとした。そして北垣*京都府知事なども自ら熱心にこの事業に賛同されただけでなく、府民にも支持するようにとの演説をしてくださった。

以来、京都倶楽部《クラブ》で〔募金〕委員会を開き、すでに募金活動に入っている。募金高はまだはっきりとはしていないが、京都府民の皆さまはきっと私たちの希望を無にすることはない、と確信する。

〔東京での運動〕

このように京都で募金に着手したのに対して東京はといえば、全く手を着けなかったわけではない。今年四月に私は東京に出向いて*大隈〔重信〕伯爵、*井上〔馨〕伯爵、*青木〔周蔵〕子爵などに面会し、かねての志を打ち明けたところ、これらの人たちから非常な支持を受けた。とりわけ大隈伯爵と井上伯爵とは今年、京都まで出向いて同志社英学校を視察され、自ら学校の様子をご覧くださり、学校の成果を大いに称賛してくださった。したがって専門科を設けて学校の程度を高めることについてはなおさら私たちの志に賛同してくださった。

さらに京浜地方の資産家の諸氏に向かってかねての志を打ち明けたところ、幸い彼らも大いにこれに賛同され、ついに東京で今年四月から今月までの間に次のような寄付金を得ることができた。

一千円	大隈伯爵	三千円	*岩崎久弥氏
一千円	井上伯爵	二千五百円	平沼八太郎氏
五百円	青木子爵	二千円	*大倉喜八郎氏
六千円	*渋沢栄一氏	二千円	*益田　孝氏
六千円	*原六郎氏	二千円	*田中平八氏
五千円	*岩崎弥之助氏		

このほかにも*後藤〔象二郎〕伯爵、*勝〔海舟〕伯爵、*榎本〔武揚《たけあき》〕子爵のような人も皆、私たちの志に賛成され、金額はまだ未定ではあるが、寄付は必ずすると約束してくださった。そのうえ今年五月にはアメリカの友人たち〔アメリカン・ボード〕から五万ドルの寄付、そしてさらに今年の八月にはアメリカの友人〔*J・N・ハリス〕から一万ドルの寄付の申し込みを受けた。こうして今日にいたって私たちの二十余年来の宿願はようやく国の内外の賛成を得て、今まさに実現のための手がかりをつかもうとしている。

これを受けて私たちは全国の協力者に訴え、この計画を一歩前進させるにはこの時をおいてほかにはないと確信する。今やわが国の主な政治家のなかでは井上伯爵や大隈伯爵、勝伯爵、榎本子爵、青木子爵のような人たちが皆私たちの志を援助され、そのために募金斡旋の労を進んでとってくださっている。各地のその他の資産家にしても、私たちの志のために寄付を行い、斡旋の労を進んでとられる方が徐々に多くなろうとしている。

けれども、大学設立の事業はまことに一大事業である。全国民から賛成を得て、その力を借りなければ、実現は実に困難である。私たちが沈黙しておれないのは、まさにこのためである。

〔同志社の現状〕

さて現在、同志社が立っている地点を考えて見ると、私たちの企てが決して架空の望みではないことが分かるであろう。今では同志社は理事を増やしたり、学則〔寄附行為〕を設けたりして、学校経営の基礎を確固たるものにした。そして本校に所属する諸学校は、同志社英学校、同志社神学校、同志社予備学校、同志社女学校を数え、そのほかに〔同志社〕病院があり、それには看護学校〔京都看病婦学校〕が付属している。詳細は次の表を見れば、明白なはずである。

そして現在の同志社の地位を引きあげて高等中学校〔カレッジ〕と同様のレベルにするにはもはや一年もからないであろう。すでにわが同志社はこのような位置にまで達している。今日、この普通科の上に専門学科を設置するのは、もはや止《と》められない勢いであり、避けられない動きでもある。今こそ大学を設立しなければならない時期にきたと言うべきであろう。

大学は学問の仕上げをするところである。すでに普通学科を修めて、なおも余裕のある者は、ここに学ぶべきである。大学は教育制度のうえで最高の位置を占めている。今では同志社はすでに程度の高い普通科を教える学校となっている。このうえさらに専門科を教える学校とならなければ、いわゆる「九仭《じん》の功を一簣《き》に欠く」〔最後の詰めの甘さのために永年の努力がすべて無駄に終わる〕ことになる。だからこそ現在の同志社には私立大学を設立する時期がいよいよ迫ってきた、と言えよう。

〔私立大学の目的〕

以上、これまでは私立大学を設立する事情を詳しく述べてきたが、ここからは私たちの目的をすこし述べてみたい。

同志社諸学校統計表（明治二十一年十月一日）

種別＼種名	同志社	英学校	予備校	神学校	女学校	看病婦学校	病院	合計
創立年月	明治八年十一月	同上	明治二十年九月	明治九年十二月	明治十年四月	明治二十年八月	同上	
現在位置	京都上京区	同上	同上	同上	同上	同上	同上	
社員現数	九							九人
教授現員		十七	一		一三	三		三四人
外国教師		九				一		一〇人
同女教師					三	二		五人
内国教師		八			五			一三人
同女教師					五			五人
助教授現員		六	一三		二	二		二三人
生徒現員		四二六	二〇三	八一	一七六	一三		八九九人
一ヵ年収入高		七五七五	二一〇一		一三五〇		三五一二	一四五三八円
創立以来入学生		一一一四	四九四	一二九	二八七	一七		二〇四一人
同卒業生		八〇	一〇八	五七	二一	四		二七〇人
所蔵書籍部数		三五六〇						三五六〇部
財産高								一四一六八五円
所有地坪数		一二八六三	一一七二		五五八一	七七五	一〇六一	二一四五三坪
同建物坪坪数		九三四	二三六	一二九	三九一	一五八	二二五	二〇七三坪
書籍館		一						一ヵ所
講義堂		四	一		二	二		九ヵ所
演説堂		二						二ヵ所
礼拝堂		一	一					二ヵ所
寄宿寮		一一	二	二	一	一		一七ヵ所
食堂		一	一		一			三ヵ所
事務局		一	一					二ヵ所

教育事業をことごとく政府の手に任せてしまうのが得策であるとは私たちは思わない。仮にも国民たる者が自分の子どもを教育するのは、まことに国民の義務であり、決して避けてはいけないことであると信じる。そして国民が自ら手をくだして〔私学〕教育を行うならば、それは国民としての義務を果たすだけでなく、その事業は親切に安価に活発にそして周到に行われて、行き届くはずである。このことは、「自分のことは自分で行う」という原則に照らして見れば明白であり、決して疑ってはならない。

わが同志社は微力とはいえ、今日までこのようにして継続してきた。もし幸運にも全国の協力者から賛成を得られるのであれば、私学としてますます〔大学にまで〕拡張したいと願っている。私たちは日本の高等教育に関してただ一校、帝国大学〔東京大学〕だけに依存して終わりとするべきではないと信じる。

そもそもわが政府が帝国大学を設立したのは、国民に率先して模範を示そうとしたのであって、日本の大学はすべて政府の手で設立するということではないと思う。私たち国民は何もしないでただ傍観しているだけでよいのであろうか。

〔私立大学の特性〕

政府の手で設立された大学が実に有益なのは疑いない。けれども国民の手で設立された〔私立〕大学が、まことに大きな感化を国民に与えることも事実である。もとより資金の多さや施設が完備している点から見れば、私立は国立とは比較しようがない。けれども学生が自分独自の気質を発揮し、自治、自立の国民を養成する点は、これこそ私立大学が持っている特性であり長所である、と信じて疑わない。

教育は実に一国の一大事業である。国民がこの一大事業を無頓着にまた無気力にただ政府の手にだけ任せておくのは、依頼心のもっともはなはだしいものであって、非常に嘆かわしいことである。およそ一国の文化の源は、決して短期間に生じたものではない。

アメリカなどの場合は、うら寂しくて人がおらず、暴風が吹き荒れ、荒波が吠えたける大西洋の海岸にピュー*リタン〔ピルグリム・ファーザーズ〕が欧州から〔一六二〇年に〕移住して十五年もたたないうちに、はやくもハーヴァード大学〔設立は一六三六年〕の基礎が築かれた。そして今日ではその教員数は百十人、書物は十三万四千冊、基本金は一千四百八十五万四千三百七十二ドルにものぼるという。アメリカ人が自治的な気力に溢れているのもこの大学のようなものが大きく影響していると思う。

ドイツの場合などは、わが国の室町時代にあたるころから次々と大学を設け始め、現在ではすでに三十以上の大きな大学が存在する。イタリアにもすでに十七の大学がある。

それに対してわが国には政府の手によって建てられた帝国大学がただ一校あるにすぎないのは、国民を教化するという目的から見て、欠けるところがないであろうか。国民が教育に目を向けるという精神から見て、不足がないであろうか。国家の将来を考える時に欠けるものがないであろうか。私たちが微力ながらわが国に私立大学を設立したいと考えるのは、実にこのためである。

〔教育の弊害〕

教育というものは人間の能力を発達させるだけでなく、あらゆる能力をまんべんなく発達させるようにしなければならない。いかに学問や技術が優れていても、その人間が意志の弱い人物であれば、一国の運命を担うべき人物とは決して言えない。もしも教育方針の的《まと》が外れているために一国の青年を歪んだ鋳型《いがた》にはめこんで片寄った人物を養成するようなことがあれば、教育はその国を滅亡させると言うべきであろう。

これまでわが国は、欧米の文化を取り入れるに際し、物質的文明や理論的文明、衣食住や鉄道、汽船、法律、制度、文学、科学思想をもっぱら輸入してきたけれども、文明を生み出すそもそもの根本に関してはまだ手を着けていないように思われる。それゆえに人心は、自分たちが立ち帰って行くべき場所を見失い、人はただ知識をもてあそんだり、能力を鼻にかけたり、または技術をひけらかしたりして世を渡ろうとするようになる。

しかも、こうした悪弊を改善しようとする者がいないわけではないが、その場合でもただ国民の表面的な文明開化の気風を直そうとすることだけに力を注ぎ、いわゆる「角《つの》を矯《た》めて牛を殺し、枝を析《さ》いて幹を枯らす」〔欠点を直そうとして反対に全体をだめにする〕と格言にあるように文明の悪弊を改良しようとして、かえって教育の目的が不自然で強制的なものになってしまう。

さらにそこでは天真爛漫《らんまん》、自由の中にもおのずから秩序があり、奔放《ほんぽう》の中にもおのずから自己制御できるような人物、すなわちその人独自の見識を備え、「仰いで天に愧《はじ》ず、俯《ふ》して地に愧ず」〔『孟子』中の一節。心にやましさがなく、公明正大であること〕、自らの腕をふるって自らの運命を切り開くような人物を育成する点で、少々欠けるものがあるのではないか。これこそ私たちが残念に思う点である。

〔品性と精神の養成〕

私たちが見るところでは、欧州文明は様々な形をとっているとはいえ、一般的に言えばキリスト教文明である。キリスト教主義は血液のようにありとあらゆるものに注ぎこまれている。ところがわが国ではただ〔欧米から〕外側の文明だけを取り入れて、キリスト教文明を取り入れない。これでは皮と肉だけを取り入れて、血液はそのままにしておくことにならないか。

今やわが国の青年は皆西洋の文学を修め、また西洋の科学を修めて、わが国を支える第二の国民になろうとしている。しかし、その教育はと言えば、立ち帰るべき場所がなく、皆が分かれ路で迷っているようでもある。これを見て私たちは、わが国の将来のために実に嘆かわしく思う。

私たちは微力でたいしたことができないかもしれないが、もしも神が幸運を与え給い、そして世の見識者が私たちの志を援助してくださるならば、私たちは力のない者ではあるが、微力であることを忘れて、この際、必ずこの大任に当たりたい。

要するに私たちは、あえて科学や文学の知識を学ばせるだけでなく、並行してさらにそれらの知識を活用する品性と精神とを養成したいと考える。そしてこのような品性と精神とを養成するには、雑多な理論や管理的な指導法では決してうまくやれるものではない。生命と力とを有するキリスト教主義でなければ可能ではない、と信じる。これこそがキリスト教主義をわが同志社大学の徳育の基本とする理由である。そしてこの教育を行うために同志社大学を設立したいと望むのである。

私たちの目的は以上のとおりである。もしも同志社大学の設立をもってキリスト教を普及させる手段とか伝道師養成の目的と見なす人がいるならば、それはいまだ私たちの考えを理解しない人である。私たちの志すところは、さらに高い。私たちはキリスト教を広めるために大学を設立するのではない。ただキリスト教主義には本当に青年の精神と品行とを磨く活力が備わっていることを信じて、この主義を教育に適応し、さらにこの主義でもって品行を磨く人物を養成したい、と願うだけである。

　それゆえに私たちが将来、設置したい大学の専門学科は、現在の同志社にある神学科のほかにまずは政治、経済、哲学、文学、法学などである。もしもこれらの学科をいっせいに設置することができなければ、もっとも設置しやすいものから始めて、順次に進めたい。

〔一国の良心〕

　以上、私たちの目的は、すでに明言したとおりである。したがって、この大学は決して宗教機関でも政治機関でもない。ましてや一地方や一党派の人たちが設置するものでないことは言うまでもない。それゆえに私たちは思うところを正直に申しあげて全国に訴え、全国民の力を借りて永年の志を遂げたいと思う。

　もちろん、この大学からはあるいは政党に加入する者が出るかもしれない。あるいは農業、工業、商業に従事する者が出るかもしれない。あるいは宗教のために働く者が出るかもしれない。あるいは学者となる者もあろう。公務員となる者もあろう。〔彼らによって〕達成されるものはさまざまなので、あえてあらかじめ定めることはできない。とはいうものの、これらの人たちは皆一国の精神となり、活力となり、柱石となるべき人たちである。すなわちこうした人たちを養成するのが、実に同志社大学を設立する目的なのである。

　一国を維持するのは、決して二、三の英雄の力ではない。実に一国を形成する、教育があり、知識があり、品性の高い人たちの力によらなければならない。これらの人たちは「一国の良心」とも言うべき人たちである。そして私たちはこの「一国の良心」ともいうべき人たちを養成したいと思う。私たちの目的は実にここにある。

　諺にはこうある。「一年の謀《はかりごと》は穀物を植えるにあり。十年の謀は木を植えるにあり。百年の謀は人を植えるにあり」。

　思うに私たちの大学設立のような事業は、実に国家百年の大計であり、なんとしてもとりかからねばならない事業である。今や〔帝国議会開設の〕明治二十三年も間近に迫ってきた。わが国にこれまでなかった議会が開かれ、国民はかつて経験したこともない政治上の権利に預《あず》かれる。これはまことにわが国において永遠に残るべき空前の出来事である。

　しかし、もしも立憲政治を百年後にも継続したいのであれば、決して個々の法律や制度だけに依存すべきではない。国民が立憲政治のもとで生活できる資質を養成しなければならない。そして立憲政治を維持するのは、知識があり品性があり自ら立ち自ら治めることができる国民でなければできない。そうであれば今日、この大学を設立するのは、まことに国家百年の大計でなくてなんであろうか。

私たちのかねての志は以上のとおりである。そうした志を抱く私たちが、他方でわが身を顧みると、ちょうど斧を研《と》いで針を作るのに似ている。とりわけ私のような者はまことに微力で学識も少なく、国家のために力をつくすと公言しながらも内心では少々、気後れがしないわけではない。

けれども二十年間抱き続けた志は、黙殺するわけにはいかない。わが国の時代の急務を黙殺するわけにはいかない。さらに知人や友人の協力も黙殺すべきではない。だから今日の時勢と環境とが好転してきたことを受けて、わが身の微力にもかかわらず私の生涯の宿願であるこの一大事業、すなわち大学設立のために一身を捧げて取り組みたい。神が私たちの志を祝福し、また社会の有識者が私たちの志を助けて、志を実現させてくださることを願ってやまない。

明治二十一年十一月

同志社大学発起人

京都寺町通丸太町上《あが》ル

新島襄

64 N・G・クラークへの手紙*

一八八八（明治二十一）年十一月十日

(137)新島の終生のモットー「自由教育、自治教会、両者併行、国家萬歳」の英訳（マサチューセッツ州セーラムのピーボディー博物館所蔵）

【VI-三三九】原英文。教会合同運動に対するアメリカン・ボード*の見解を示してほしい、と迫る新島の要望・質問書。ボストンのアメリカン・ボード総幹事にあてて京都から出された。「会衆主義の危機」と捉える新島に対して、アメリカン・ボードの同僚（宣教師）たちの反応はにぶく、大半が合同推進派であった。

親愛なる先生

先にお送りした手紙で、日本における会衆派教会〔日本組合基督教会〕と長老派教会〔日本一致基督教会〕の合同が提案されている件に関して、私自身の意見をお伝えしました。率直に申しあげますと、この提案には、全く満足しておらず、また私たち〔組合教会〕の側にあって合同を主張する人々がなぜそんなことに賛成するのか、彼らの考えが理解できません。

この提案は、何人かの指導的な立場にある宣教師と日本人の牧師が、単に頭でひねり出したものとしか思われません。これは私たちの〔組合〕教会の信徒たちの純粋な願いから生まれたものではありません。彼らは合同の真の必要性を一度も感じたことはないし、そんなことは夢にも考えたことはないのです。

合同はまず長老派の数人の指導的な日本人牧師が企《たく》らみ、次に会衆派の教会の側の数人の指導者に熱心に勧められた、と私は確信しています。この提案は会衆派指導者数人によって熱狂的に受け入れられ、取りあげられました。また数人の有能な宣教師もこれを押し進めました。そして残りの者たち（会衆派の教会の牧師たちと宣教師の友人たち）は、少数の例外を除いて合同賛成者によって無条件にまた完全に牛耳られているのです。

どう説明してよいのか分からない、非常に奇妙な現象なのです。強い魔術的な力が働いて双方の側に影響を与えているに違いありません。

先の手紙でお伝えしたように、私自身どちらを選択するか決断するにあたっては、少なくともあと三年はかける必要があります。つまり私は、提案されている合同計画を性急に受け入れることはしません。私たちは合同に賛成する前に十分に考慮しなければなりません。しばらくの間、私は健康状態が悪かったので、合同についての彼らの会合はすべて出席できませんでした。またこれに関して書面で私の考えを述べることもありませんでした。

私がここで言えるのは、ほとんどの宣教師の友人たちや日本人牧師たちと私はいくぶん考えを異にしているということです。私は今も会衆主義〔コングリゲーショナリズム〕が考えられる限り最上の教会の形態〔教会政治〕だと考えています。教会形態に関する限り、私は民主的行政組織を強く信奉しています（ここでは、政治的見解を表明しようとしているのではありません）。

私は自分がいったん受け入れたこの「自由の原則」に忠実でありたいと望んでいます。私は死ぬまでこの主義を保持するつもりです。私はまた、私たちのためにこれほどのことをしてくださったアメリカン・ボードと会衆派教会に自分を捧げるつもりです。もし日本における会衆派教会がすべて合同に走ってしまい、その高尚な気風と自由な性格が、このわざとらしくて不自然なうわべだけの合同によって失われ、修正された長老主義に呑みこまれてしまうようなことになれば、私は実に実に遺憾に思います。私には真に霊的な合同のかけらも見出すことができません。

両派の心底には疑いなく、お互いを呑みこみ、吸収しようとする隠された野心があるように思われます。幸運な合同ではなく、家族の間に見られるような実に面倒な問題が引き起こされる可能性があります。もちろん、私は予言者ではないので未来の結果について知ることはできませんが、単に人間の本性を観察するだけで、これまでのことはためらいなく言えます（人間の本性は、キリスト教の教会の中でさえも現れます）。

さて、私の以下の質問に対してアメリカン・ボードが公式の回答をくださることを要望いたします。

一、あなた方の側から見て、アメリカン・ボードは提案されている合同の規約をどのように考えますか。その主な条項の中に会衆派的な要素が含まれていると思われますか。提案されている規約は実際に長老派的な形をとっていると思われませんか。

二、もしアメリカン・ボードとアメリカの会衆派教会が、この合同は日本の会衆派教会が、日本の長老派教会へ単に吸収されるだけであると見なすならば、今後あなた方は私たちに対してどう対応されますか。伝道上も教育上も私たちの事業への支援をいぜんとして継続されますか。

三、もし〔日本で〕新しい形の教会統治〔長老主義〕を採用した教会があるという理由から、アメリカの会衆派教会がアメリカン・ボードへの献金を拒否するようなことが起きたならば、アメリカン・ボードは日本での事業を即座に停止せざるを得ないでしょう。

もしそうなれば、伝道上および教育上の事業について私たちはどうしなければならないのでしょうか。同志社の運命はどうなるのでしょうか。あなた方の宣教師をどうされますか。隆盛している同志社とともに彼らをプレスビテリアン・ボード〔長老派のミッション〕へ移籍させますか。そんなことはないだろうと信じています。私たちにはそんなことが決して起こらないことを望んでいます。

四、たとえこの合同が成立しても、アメリカン・ボードが私たちの教会の伝道事業を支援し続けるとして、もし私たちの中からこの合同を認めず、いぜんとして会衆派にとどまり、合同賛成派（すなわち会衆派の教会と宣教師による連合）から全く独立してすべてのことを行う一派が私たちの中から生まれ出た場合、そのような一派に対するアメリカン・ボードの関係はどのようなものになるのでしょうか。

現実問題として私たちの会衆派教会は二つの派に分かれると思います。一つは合同賛成派、もう一つは反合同派です。どちらの一派にあなた方は暖かい共感を寄せ、好意的な支持を寄せられるのでしょうか。もしもこの合同賛成派を支持されるならば、反合同派を見捨てざるを得ないでしょう。アメリカン・ボードは、私たちの働きの場においてそのように愚かで矛盾するようなことを決して行わないと信じています。

もしあなたの〔日本〕ミッションが、中央日本の〔長老派〕教会に同調して合同に賛成すれば、〔会衆派教会のうち〕東京の二教会〔東京第一基督教会と番町《ばんちょう》教会〕と上州の六教会（安中、原市、北甘楽《かんら》または富岡、高崎、今教会を組織しつつある藤岡、そして前橋の諸教会）が会衆派の連合を作り、あなた方のミッションと合同賛成派に対して反旗を翻《ひるがえ》すことは疑いありません。もちろん、これはまだ公になってはいません。

しかし、もし自分たちの自由を守る手段がほかにないとすれば、彼らがそのような一歩を大胆に踏み出すだろう、と私は心から確信しています。彼らはあなた方の宣教師たちからあまり世話を受けずに成長してきたのです。

これらの教会は、日本のこの地方〔関西〕の教会に比べてはるかに自立しています。彼らには自身の事業を維持するのに十分な活気とエネルギーとがあるのです。彼らは必ずや会衆派の連合を作ります。もし提案されている規約のもとに長老派との合同が同意されるならば、彼らはもはやそのようなミッションとは接触も関係も持たなくなるでしょう。

・・・・・

同志社教会の最近の動きから判断すると、教会員は提案されている規約を受け入れるのにかなり不安を感じ始めているようです。ですから、同志社教会もまた反合同派となるだろうと思います。

どうか私の質問に対して明確な公式回答をいただきたい。今はもうどっちつかずの態度をとることはできません。私たちの教会も同志社も明白な一歩を踏み出さなければなりません。この夏、私が上州の伊香保にいた時、長岡教会の——〔以下、数語欠落のため意味不明〕——最新の数字を入手し、その近辺で教会が組織され伝道が始まった場所に印を入れました。印をつけた地図〔所在不明〕が、上州の地図です。

この地域が、いかに福音の平和を説く伝道者たちで満ちあふれているかをご覧になってください。すべて日本人の働き手によってなされています。この地図は、ごく最近アメリカン・ボードが公表した上州についてのJ・H・デフォレスト牧師の手紙とともに回覧されるべきだと思います。

どうぞこれを〔幹事のE・K・〕オルデン博士、〔J・〕スミス博士、およびそのほかのアメリカン・ボード〔運営委員会〕*の委員の方々にお見せください。それからハーディー夫人にお送りください。私はこの地図をその地を最近訪れた証拠としてハーディー夫人にお贈りしたいと思います。もっとも私はそこへ病人として行ったのですが。

上州の自由教会は最近、二教派の教会の合同に際して提案されている規約に不安を抱いています。どうぞこの地方に注目し、彼らのこれからの動向を見ていてください。

私たちは二週間前に帰宅しました。体調はいくぶん好くなっています。どうぞ同僚の皆さまによろしくお伝えください。この合同問題に関する私のいくつかの質問に公式の回答がいただければ幸甚に存じます。

敬意をこめて
ジョセフ・H・ニイシマ

追伸
合同を目論む両教派の教会は、きたる二十三日に合同を決定しようと考えています。しかし、両教派の委員会はともにそのための——〔欠落〕——と思います。私たちの教会のいくつかは非常に鋭敏になっており、すでにこの合同計画について十分な情報を得ています。彼らは自分たちの道を行くでしょう。

最近アメリカン・ボードからゴッデル博士の伝記、『ミッショナリーヘラルド』〔アメリカン・ボードの月刊の機関誌〕の第八十三巻、およびサイヤー教授の五巻本のギリシア語辞書を受けとりました。

　この手紙を仕上げるのに数日間をかけたことをお伝えしておきます。今では大変用心して仕事をしております。

65 徳富猪一郎*への手紙

一八八九（明治二十二）年三月五日

【Ⅳ-六六】　徳富猪一郎（蘇峰）は同志社在学中に新島から洗礼を受けたが、中退を契機に「洗礼返上」を申し出てキリスト教から離れ、新島を失望させた。が、教会合同運動では終始、民友社の若手社員を率いて新島の側に立ったので、新島から率直な思いを打ち明けられることが多かった。これを含めて、以下、77まで新島の年齢は四十六歳。新島の手紙はこの年に集中している。

(138)金森通倫

　お手紙を拝見いたしました。伊勢神宮云々《うんぬん》の件〔森有*礼暗殺事件〕は、実に驚きました。わが同胞がこんなに変化しやすく、またこんなに方向が定まらないようでは、相手から恐れるに足らぬと思われるだけでなく、とうてい東洋には気骨ある男子、あのピューリタン*のような人種は生まれないのではないか、と私はつねづね疑問に思っております。しかし、数百年の歳月をへればあるいは実現しないことでもない、とも思っておりますので、ただ今からその準備にとりかかりたいと思います。

　その手始めに、まず私たちは真の「自由教会」と「自由教育」とを実現しなければなりません。この二つは、車の両輪のようになんとしてでも無くてはならないものと確信しております。

　それにつけてもご心配くださっている例の〔教会〕合同のことも、わが組合教会の錚々《そうそう》たる人たちは意外にも自由論者の仲間には入らないようで、まことに近ごろではほとんど説明が困難な現象、と言ってもよろしいかと思います。世の人たちがとかく自由を論じながら現実には自由を味わうことがないのは、意外なことです。将来のことを深く考慮すれば、ただ合同するためだけにわが自由を少数支配の中央集権制〔一致教会の教会政治〕の犠牲とするのは、大変残念です。

わが組合教会のなかにもとかく物事に飽きやすく、一時は熱をあげてあれこれ発言するかと思うと、いつのまにか淡泊、冷淡になって他人の言うことに引きずられて簡単に反対の立場に移る者が出て来るのではないか、と大変心配しております。もし一致教会の方でわが方の主張を聞き入れない場合は、きっぱりと合同はやめて他の教派を誘って福音主義的な同盟を主張したいと思いますので、この点に関するあなたのご意見を聞かせてください。

〔貴社々員の〕人見*〔一太郎〕、池本*〔吉治〕の両氏には内々にあなたから十分に事情をお伝えいただき、万一、関西から右のような議論が起きた場合には、関東でも十分に応援してもらえるように準備しておいてください。この両氏にはくれぐれも合同をやめて、福音主義的な同盟を主張してくれるようにあなたからお勧めおきください。

青木*〔周蔵〕子爵は私たちの自由主義を賛成してくださるのでしょうか。お手紙ではそのように承知してくださっているようですが、少々内容が把握しにくいところがあるように見受けられます。

私はあくまでも自由主義を曲げてまで合同したくはありません。

大学〔設立〕の件は、別に目立った動きはありませんが、金森*〔通倫〕氏が分裂状態の大阪を駆け巡った結果、近ごろはほぼまとまったように見受けられます。その準備には大変に骨が折れましたが、その結果はいまだ現れてはおりません。高島〔鞆之助《とものすけ》〕中将、建野〔郷三《ごうぞう》〕知事、児島*〔惟謙《これかた》〕控訴院長らの発起で〔募金〕集会が開催されるのを首を長くして待っております。そのおりには私も出張するつもりです。

当地〔神戸〕ではいまだ顕著な結果が出ず、現在、私から県会議員たちにアピールすることを始めています。また、大阪の結果しだいでは当地の有力者に訴えることができると踏んでおります。また外国の商人にも手をのばすつもりで、すでに英文の趣意書を数百部、用意しております。現在はアメリカ、イギリス、ドイツなどの領事からの回答を待っているところです。

二週間前に伊予〔愛媛県〕の今治、松山などに同志ひとりを出張させたところ、首尾よくまとまりました。金森氏は五、六日前に和歌山に出向き、昨日、大阪に戻ったそうです。私に東京まで出張を、とおっしゃってくださるので、ぜひあなたのそのようなお勧めに従いたいのですが、八重*がいまだ不同意を申し立てております。彼女は私に対しては大警視を自任しております。

同志社の教授会から何かぶうぶう言ってきました。目先のことしか見ない先生方には大閉口いたします。しかし、また教授会を満足させることも大切ですから、なんとか工夫をしてみますが、今から非常に大胆な処置にとりかかることはむずかしい状況です。

きたる秋学期からの授業料を毎学期、四円五十銭に増額するのは少々心配ですが、いかがお考えか、とくと熟考してください。また下村*〔孝太郎〕君を〔同志社に〕招聘《しょうへい》する件だけはすみやかにご回答ください。まずはお返事まで。

敬具

三月五日　襄

徳富猪一郎様

なお、もしも青木子爵が合同の件でなにかご意見をお持ちならば、お聞かせいただきたい旨お伝えください。

大隈*、井上*両伯爵には引き続き面談をして、十分に関心をつなぎとめておいてください。私は二月上旬以来、風邪をひくこともなく、少なくとも悪くはなっておりませんのでご安心ください。

九州で大同団結が不成立なのは予想どおりではないか、と思っております。

新井*毫《ごう》が訪ねてこられた場合は、なにとぞ親密な交際をしてください。当人は堅実な平民主義を採用しておられます。先ごろも備後〔岡山県〕あたりで大いに独立的平民主義を演説されたそうです。彼は奇人です。上毛〔群馬県〕で運動を試みてみたいと言われたとのことです。あなたと湯浅*〔治郎〕さまを大変信用しておられます。先日も面談中に「新島教を上毛で主唱してみる」などと雑談しておられました。

くれぐれも人見、池本両君が合同の件で簡単には動かず、自由主義を曲げてまで決して合同しないと決心するように、また青年のなかでこの議論が広がるように、あなたから奨励、誘導、薫陶《くんとう》してみてください。

66 井上*馨への手紙

一八八九（明治二十二）年四月二十二日

【IV-一〇三】 中央政界では井上馨が大隈*重信とともに同志社大学設立運動（募金活動）にもっとも協力的であった。新島は東京での募金集会に次いで、大阪でも同様の集会を目論み、井上に協力を要請した。ちなみに大阪の地元では裁判官の*児島惟謙《これかた》が協力的であった。

139 井上馨

66 1889

拝啓。昨朝、常盤舎〔神戸における井上の宿舎〕で書簡をお渡しいたしましたので、きっとお読みいただき、私の願いに対してなにかご高配いただけるものとは思いますが、本日、思い立ったことがあり黙っていることもできかねますので、大変に失礼とは思いながら〔再び書簡をお届けすることを〕お許しいただきたく思います。

さて、かねて承《うけたまわ》っておりますところによりますと、今回は大阪にお立ち寄りくださるとのこと、それならば昨日差しあげました書簡中の大阪の豪商十人くらいにいちおう同志社大学〔設立〕に賛成するようにお勧めをいただきますようお願い申しあげます。万一、右の十人にひと声かけていただくことが不都合と思われるようでしたら、せめて*藤田〔伝三郎〕、*鴻池《こうのいけ》〔善右衛門〕、そのほか二、三の人にお口添えしてくださいませんでしょうか。

また、幸いにも川崎*〔正蔵〕氏方に滞在されるようでしたら、同氏にもいちおう勧めていただけませんでしょうか。同時に、神戸にご滞在中に大阪においてもなんとか〔募金〕運動の端緒を開いていただけませんでしょうか。

最近、お身体がご不調との由、またたえずご多忙であられる閣下に向かって右のようなことまでたびたびお願いいたしますのは、実に私の胸を苦しめ、恐縮の至りに存じます。しかし、閣下でなければ、政府の大臣のご身分で在野の私どもの事業にまでも心を傾けてくださる方はなく、また閣下のようにわが国の有力者や豪商に信頼されている方はおられません。そのうえ閣下のように大胆に民間の事業を補助してくださる方はおられないことを確信し、ほかに頼むべき方もおられませんので、このように口うるさくも閣下にご賛助をお願いするしだいです。

昨日の書簡で申しあげましたとおり、私はもはや川を渡り、背水の陣を敷いた者です。今回の勝敗はひとえに閣下のご援助の有無にあります。幸いにも勝利を得るならば、大勝利となるでしょうし、不幸にして敗北の場合には大敗北になるに相違ないと決心しております。心中、多少の心配がないわけではありません。

昨年の今日は、私は東京にいて感激の涙を流して閣下のご厚意〔井上邸での募金集会〕に感謝し、今年の今日は当地にあって血涙を注いで再び閣下のご賛助を哀願するに至っているのは、なんというご縁でしょうか。わが国のためにあれこれとつくそうとする私の心情をお察しくださることを心からお願いいたします。

敬具

四月二十二日　新島襄

井上伯爵殿

67 中村栄助*への手紙

一八八九（明治二十二）年五月六日

140 中村栄助

【Ⅳ-一一八】　中村栄助は京都の政財界の有力者で、同志社社員（理事のこと）のひとり。同志社大学設立運動のさなか、和歌山県議会でアピールするために出張する中村に対して、演説の際とくに注意すべき点をメモに箇条書きして手渡した。「智徳並行主義」を始め、新島の大学観が表明されている。

一、今の学校〔同志社〕のレベルを高め、高等中学校《カレッジ》にまで進めること。

一、理化学を進める目的。

一、智育と徳育とを並行させるという教育主義。

一、今の同志社は宗教の点では自由に任せている（すでに僧侶も入学している云々《うんぬん》）。

一、大学を創る目的は、全く社会の要請に応じることができる人物を養成するためであり、種々の学科を設置することが必要（世間の誤解を解いていただきたい）。

一、将来、基本金の増加にしたがい、政治、経済、法律、哲学、文学、理化学、医学など〔の学科〕を設置すべきである。

一、大学の目的は、一時の急務に応じるような程度には終わらせず、しかも〔その設立は〕私たち一代限りの仕事でもない。代々志を継いで他年盛大な大学を創りあげるのが目的。

以上の要点を演説の中で述べていただきたい。天候が荒れそうなので、なにとぞ明日は早朝に陸路で出発していただきたい。

〔和歌山〕県議会は明日七日に開催されるそうです。

○中西光二郎〔和歌山県政界の有力者〕

68 第二の維新を（第一回夏季学校*でのあいさつ）

一八八九（明治二十二）年七月四日

【II-四一九】原文は無題。一八八九年夏に同志社を会場に第一回基督教青年会（YMCA）夏季学校が開かれ、全国から青年信徒（男女）が集まった。

(141) 第Ⅰ回夏季学校に参加した山室軍平

新島は七月四日（アメリカの独立記念日にあたる）に病を押して出席し、チャペルで短くあいさつした。山室軍平*などの参加者は強烈な印象を受けた。同年八月二十七日発行の『青年道標』に掲載されたもの。

今朝はきわめて簡単に〔YMCAの〕夏季学校に対する思いを皆さんに述べたいと思います。私の心中は喜びと期待とのふたつで満たされております。

まず喜ぶ理由はなんでしょうか。

兄弟姉妹、老若男女を問わず、東西南北の各地からこの建物〔同志社チャペル〕にあい集《つど》い、経験豊かな日本人、外国人の諸先生、牧師の方々の口から聖書や伝道についてお話しが聞けるのは、なんという幸いでしょうか。これはたしかに日本が始まって以来の大きな出来事ではないでしょうか。

また大勢の人がここに集まり、ともに神の言葉を研究し、神の霊の助けを祈るのはなんと愉快なことでしょうか。今日の集会がどういう影響を将来の日本の伝道のうえにおよぼすのか、計りがたいものがあります。私は予言者ではありませんが、神の深い意図がこの集会に必ず存在しているのを感じざるをえません。これゆえに喜ぶのです。

ではどうして期待するのでしょうか。大きな希望を抱くのでしょうか。

この夏季学校に集まった者が何名にのぼるのか、考えてみてください。参加者は主として九州の英学校〔熊本英学校〕、東京の明治学院、青山英和学校〔青山学院〕、大阪三一〔神〕学校、そのほか新潟〔北越学館〕、仙台〔東華学校〕の学生、教員の皆さんです。そしてこれらの人たちはほとんどが将来性に富んだ青年です。*

欧州のある大家が、一国の盛衰を占いたいと思うならばその国の青年を見よ、と言っております。私がかつて日本基督《キリスト》教伝道会社〔組合教会系の伝道団体〕に活動状況を聞いたところ、これまでは日本の信徒は学生や青年が少ないとのことでした。けれども今やクリスチャンの青年が大勢得られました。

明治学院や青山英和学校などの学生は、多くがキリストを信じる青年です。そればかりか、キリスト教が生命《いのち》ある道であることを知らない商業学校や、キリストを全く知らない高等中学校、それに唯物論が華やかな帝国大学〔いずれも国立〕にもすでに基督教青年同盟会〔YMCA〕を見るに至っています。そして今日これらの青年の皆さんがここに集い神の言葉を研究なさるのは、なんという大きな出来事でしょうか。

そもそも日本の明治維新の功績は、実に青年、学生の掌中にありました。将来日本の「第二の維新」、すなわち日本の精神的維新も、また皆さん青年の掌中にあります。さきの維新は長州などわずかな青年がやり遂げました。皆さん青年は全国の力を合わせて「第二の維新」を完成させねばなりません。日本の精神力を奮い起こすのに力をつくさねばなりません。

いやしくもキリストの活動の源を拝し、キリストの招きに預《あず》かった者は、何もしないで傍観している時ではないでしょう。各々の職業にしたがい、神のために犠牲となって働かなければなりません。

このように皆さんは各地から集って来て、神の言葉を研究するだけでなく、将来はますます連絡をとり合って気脈を通じ、キリストのために働こうとされています。そもそも一本の松の木を燃やしても火の勢いはしれています。二本、三本と合わせて燃やせば、非常な勢いとなります。

このように東西から集合された青年の皆さんのうえに聖霊の火がくだり、皆さんが精神を堅固にしたうえで一体となってここを出て行く。その後また集まって、そして去る……そうしたことを繰り返せば、全国民をキリストに導くのは決して困難なことではありません。日本の将来はまことに希望に満ちています。これゆえに私は大いに期待いたします。

このことについて、かのアメリカの基督教青年会の中でもっとも経験豊かな〔L*・D・L・〕ウイシャード氏が、今日、日本のために働かれ、また夏季学校の世話をしてくださっているのは、私たちにとっては非常な幸福であります。ひと言感謝の言葉を述べさせていただきます。

考えて見ますと今日はまさに七月四日で、アメリカ史上もっとも記憶すべき日です。独立と自由を宣言したのもこの日です。今日はアメリカにとっては非常に喜ばしい日で、ニューヨークやボストンなどでは祝砲を打ち、花火をあげていろいろと祝意を表します。ウイシャード氏やアメリカから来られた宣教師の皆さんは、アメリカの十三州が独立した出来事に思いをはせて、きっと最高の喜びを感じておられることでしょう。

しかし、今日、日本にいる兄弟姉妹の皆さんが何千万人の中から率先して神に仕え、神の手にあって独立するのを見た時、彼らの喜びははたしていかばかりでしょうか。また単に自分たちが独立するだけでなく、三千八百万人あまりの同胞〔日本人〕である兄弟姉妹を神に導くことを〔皆さんが〕宣言するのを見れば、ウイシャード氏の苦労も少しは報われるところがあるでしょう。宣教師の皆さんの喜びは、ただ単に本国の独立を祝う比ではないと思います。

以上、ただ今この夏季学校に対する所感すなわち喜びと希望とを述べました。

69 J*・H・シーリーへの手紙

一八八九（明治二十二）年九月三日

【Ⅵ-三六一】原英文。新島の母校、アーモスト*大学のJ・H・シーリー学長への返信。名誉法学博士の学位を授与する、との母校からの通知に新島は困惑。熟慮のすえそれを受諾する決意をした。「無位無官〔無冠〕の身」〔Ⅳ-二〇〇〕で終始したい、というのが新島の姿勢であった。

142 J.N.ハリス

お手紙を拝受いたしました。ドワイト氏から公式の手紙を二、三週間ほど前に受け取りました。

貴大学の理事会が、先の卒業式において私に名誉法学博士号を授与されたことは、私には非常に大きな驚きでした。当時私は、いったいどうすればよいのか分かりませんでした。〔今も〕私にはそのような学位を受ける値打ちが全くないと心の底から確信します。多くの友人たちにこの件について相談しました。彼らは異口同音にぜひ学位を受けるべきだと勧めてくれました。そこで、わが愛する母校からの特別のお計らいとして心から感謝しつつ拝受することに決めました。母校の卒業生のうちでもっとも小さき者の一人として命ある限り励みます。

京都にある私たちの学校は、多くの困難にもかかわらず神の豊かな恩寵によって繁栄し、成長しています。現在は政治学、文学、法学のような特別科目の講座を設立しようと努力しています。当地で資金を募ろうとしているところです。

しかし、日本では寄付するという考えが人々にないため容易な仕事ではありません。これまでのところ六万円以上を獲得しました。ご存じのようにニューロンドンの＊J・N・ハリス氏が、同志社に関係する自然科学系の学校〔ハリス理化学校〕を設立するため十万ドルを寄付してくださいました。これは私たちの学校にとってきわめて大きな贈物です。この基金の一部は同校の校舎〔ハリス理化学館〕の建設のために使われます。

143 京都看病婦学校「校長」、L.リチャーズ

わが校における宗教活動は、私たちをもっとも力づけてくれる特色の一つです。去年十月の調査では、信徒の学生三百七十人に対して非信徒の学生が五百七人でした。今（六月）は信徒四百九十八人に対して非信徒二百四十二人です。

同志社理事会の後援のもとに私たちの学校には、予備学校、普通学校、神学校、女学校と看護婦学校〔京都看病婦学校〕など数校が備わっています。これらの学校に対する特別のお祈りをお願いします。

最近、ご健康状態がよろしくないとのこと、大変お気の毒に存じます。どうぞご自愛ください。私は少し良くなりましたが、まだ激務につくことはできません。まだしばらくは用心しなければなりません。

ご家庭の近況をお知らせいただきありがとうございました。大学での楽しかった日々を思い起こさずにはいられませんでした。先生がお与えくださった道徳的および宗教的な影響は、今も私の中で生き続けており、意識するとしないとにかかわらず、私の内より外に向かって働く力となっていることをお伝えしたく存じます。私はこの点に関していつも先生の恩義を受けております。

私たちは数日前に短い休暇旅行から帰ってきました。老母（八十二歳）は大変元気です。妻も元気で幸せにしています。ご令息とお嬢さん方によろしくお伝えください。また〔W・S・〕タイラー教授とヒチコック*博士にもよろしくお伝えください。

常に感謝をこめて

ジョセフ・H・ニイシマ

乱筆をお許しください。

70 S*・H・ハーディーへの手紙

一八八九（明治二十二）年十月五日

【VI-三六五】 原英文。ハーディー夫人がウェスト・ゴールズバラの別荘で書いた手紙への新島の返信。教会合同運動への懸念や心労とともに、かつて快適で伸びやかな日々を送ったウェスト・ゴールズバラにもう一度戻りたい気持ちが正直に綴られている。新島は教会合同運動の反対要因として自身が「民主主義の愛好者」であることを宣言する。

(144) 1885 年、ハーディー*の別荘で避暑したおりに新島が描いたフレンチマン湾岸の写生画

ウェスト・ゴールズバラで書かれたお手紙を昨日受けとりました。奥さまが手紙をお書きになったあの家――白帆が点々と浮かぶ、絵のように美しい入り江の穏やかな広がりをいくども見おろしておられたに違いないあの家――には私の大切な記憶が結びついています。その記憶はまるで昨日のように鮮やかです。とても悲しく同時にとても神聖な記憶です。

今日は非常に暖かく、書斎の戸を広く開け放しています。気候が穏やかだと、心も自然と穏やかになります。今私は過去を、奥さまとつながりのある過去を思い起こしています。私の思いははるか遠い国へ、この世における天国のような場所へと飛んでおります。その場所が地上であろうと天上であろうと、私にはたいした違いはあ

145 新島旧邸の書斎の机

りません。私の思いが赴く先には、甘美で神聖な何かがあるのです。

重い心臓発作を起こしてから私は激務につくことができません。しかし、私たちの将来の大学と日本国の建設に関する考えを思い巡らせて休む間もありません。

現在キリスト教の事業は、教会合同問題のためにいくぶん停滞しています。また政治的な騒動も大きくなっています。条約改正について国民は真剣に議論しており、政党はこの問題を利用して勢力を伸ばそうとしています。来年、帝国議会の代議士を選出する時が来れば、この興奮はさらに増すと思います。この選挙は、日本の政治史において画期的な出来事となるでしょう。日本では社会が大きく動いています。

だからこそ私たちは教育事業を前進させ、国民の良心を把握しなければなりません。それなのにああ、どうして私たちは日本国をまるごとすくいあげて、つつしんでキリストに捧げるために最大限の努力ができないのでしょうか。

東京の学者の中には、進歩的な政党ならびにキリスト教の事業を阻止しようと努めている者がいます。彼らはしばらくは勢力を有することでしょう。彼らは積極的ですが、考えは狭く排他的です。彼らの活動は半ば政治的なものです。小政治家たちは、仏教僧侶の援助を受けたいと願っています。仏教僧侶はこれら心が狭く近視眼的な政治家たちの助けを得て、自分たちの地位を保とうとしています。世の光に逆らって彼らがどれだけ長く生き残れるか静観することにしましょう。このような時勢にあっては、私たちの前線をしっかりと保つために力を合わせる努力をしなければなりません。

しかし、現在企てられている教会合同は、各地方の私たちの教会の力を〔中央〕集権化〔すなわち一致教会化〕するものです。単純な考えの人たちはこの合同をかなり支持していますが、それは合同が一見寛容に見え、目に見える形で提示されているからです。私が望む合同は、もっと霊的なものです。私は民主主義の愛好者です。

私が今いるこの立場をとり続けることは、容易な仕事ではありません。何かが起これば、もっとも強い打撃を受けがちなのは私です。でも私は一切気にしません。教会の自治権が認められ、教会運営と教会政治においてすべての会員が発言権を持つことができるような方針〔会衆主義〕を私は選択しました。もしも合同の規約がこの条件に基づくのであれば、私は一切異論を申しません。しかし、実を言うと条件をつけずに性急に動くことがないよう慎重にしているのです。

不愉快な事柄についてこのように書き連ねて申し訳ありません。しかし、心配ご無用です。私たちはこの世にあっては火の中をくぐり抜けていかなければなりませんが、時がたてばすべてのちっぽけな感情や誤解は癒《いや》されます。

ああ、私はウェスト・ゴールズバラへ帰って、気持ちを落ちつかせなければなりませんね。このような考えをしばらく忘れて、過去に思いを馳せるのは、私にはまさしく天国の一部のように思えます。いつの日か天国に足を踏み入れる時、私はどんな思いを抱くことでしょうか。この世の事柄にはしばしばうんざりさせられますが、キリストのために生き抜き、私のできるすべてをやり抜く決心です。

71

横田*安止《やすただ》への手紙

一八八九（明治二十二）年十一月二十三日

【Ⅳ-二四五】　東京から同志社普通学校の在校生（五年生の横田安止）への返書。のちに「良心碑」に刻まれた「良心之全身ニ充満シタル丈夫《ますらお》ノ起リ来ラン事ヲ」（望テ止マサルナリ）や「自由教育、自治教会、両者併行、国家万歳」などの名句がちりばめられている。

146 横田安止

今月十八日付のお手紙をお送りいただき、何回も拝読しました。ご好意を心から感謝いたします。私もこのように大学の計画のために長い間、家を離れております。それはひとつには病気のためには良くないのですが、すでに乗り出した船ですから、いかなる風波が襲い来るとも二度と帰港することはできません。暴風も吹くでしょう。怒濤も襲って来るでしょう。ただ私は向こう岸に到達することを知っているだけです。途中で沈没するとしても私は恐れません。

正直に申せば、私がこうして心おきなく対外的に仕事をしておられるのは、金森*〔通倫《みちとも》〕氏が私の代理〔校長代理〕にあたってくださるだけでなく、校内で君たちなど少数の学生が、同志社を真実に自分の学校と考え、すべてのことに配慮してくださっていることによるものと心中大いに喜んでおります。

ご推察のとおり、最近は募金にははなはだ困難な時期で一時は手のつけようがなく、ただ猫が活眼を開いてネズミの穴の入り口に佇《たたず》み、ネズミが出てくるのをじっと待つ、といったありさまです。動くも目的のため、また忍耐して待つのも計画のためです。今日もなお待つありさまですが、今となってはただ待つだけでなく、農夫が田畑に寒肥《かんごえ》を施すように他日、収穫を得るだけの準備はしておきたいと思います。

政治上の状況は、真に実直で真面目な男性が乏しいと感じられ、ますます良心が全身に充満した青年が現れることを〔良心之全身ニ充満シタル丈夫《ますらお》ノ起リ来ラン事ヲ〕望んでやみません。最近の作品〔「有感」〕をひとつご覧ください。

徒《いたず》らに公事に仮《か》って私欲を逞《たくまし》うす
慷慨《こうがい》誰か天下に先だって憂えん
廟議《びょうぎ》未だ定まらず国歩退く
英雄起こらずんば神洲《しんしゅう》をいかにせん
（国家のためと称して私欲を満たす輩《やから》がいる
先憂後楽の人材が乏しいのを嘆かずにおれようか
国家の方針が定まらないために進歩がない
真の英雄が生まれなければこの国はどうなるのだろうか）

私は明後日から上州〔群馬県〕へ出発し、七日か十日間は滞在いたします。その後再び東京に戻り、しばらくは収穫を得るために奔走するつもりです。時々は留守宅へも遊びに来てくださっている、と妻《ワイフ》からも聞いております。留守中の気晴らしになると当人も大いに喜んでいますので、さらに勉学の余暇にはご来訪のうえ同人をお慰めください。彼女が長期の留守にあまり失望しないように工夫してくださるようにお願いいたします。

また留守中、同志社の内部のことは個人的にご尽力いただき、たとえ細かい規則があるといっても、学生たちの間がなごやかになり、自治と自由の春風が吹き渡るようにしたいものです。私もとかく多病の身ですが、わが同志社のため、わが将来の青年のためできるだけ力をつくしたいと思いますので、これからも変わらず私の心身のためにお祈りください。

また、先日〔越後の〕広津*〔友信〕にも申し送ったとおり、私の終生の目的は、「自由教育、自治教会、両者併行、国家万歳」です。私の心情をご推察ください。まずはお返事まで。

敬具

十一月二十三日夜　襄

安止君

72 広津友信*への手紙

一八八九（明治二十二）年十一月

【Ⅳ-二五五】 広津友信は一八八九年六月に同志社を卒業し、秋に新潟教会伝道師に就任するために北越に転じた。その直後、新島は広津を追いかけるようにこの手紙を東京から送った。広津は在学中から同志社教会の有力会員で、新島からの信任が厚く、教会合同運動では新島の側に立った。

(147)広津友信

〔前欠〕長岡〔越後の組合教会〕のことも現在の様子であれば、さしあたっては少し安心しておりますが、仮にも一致〔教会〕の要素がある以上、決して分裂の心配がないとは言えません。早晩、分裂が生じる危険性もあります。なにとぞ真の愛と真の自由とが何であるかを教会員に知らせることにより一致団結するようにしてください。

わが組合教会のなかに現在のように嫉妬が生まれ、相互に心が通わないようになったのは、全く〔教会〕合同問題の結果です。そうはいっても以前から口には出さない嫉妬がなかったわけではないのも百も承知しております。実にかの〔組合教会の有力者である〕先生などの心が狭いのを嘆いております。

けれどもこの合同問題が起こってからというもの、ますます嫉妬が増加する兆しが現れ、公然と人々に向かって私を攻撃する者が出るようになりました。これはあたかも一家の伜《せがれ》が結婚をし、子どもが生まれた時に親父に向かい「早く所帯を渡せ」と申し入れるのと同じではないか、とひそかに冷笑しております。

また彼らがあれこれ言うのは、もはや意に介してはおりません。彼らは実に「自由教育」と「自治教会」との真価を正当に評価しない者たちです。時々は彼ら以外の人材を投入するよりほかに策はないと確信いたします。

私がかつて詠んだ歌に

あれもよしそれもよしよしこれもよし
忍びて通る塵の世の中

があります。

現在は強いて弁解をしてみても、彼らは決して承知しないでありましょう。天国に入るまで忍耐して待つ以外ありません。このうえは悠然と構えております。

そちらの不愉快な風評などは、北洋から吹いてくる風が君の家の上を通過するのと同じことと見なしてください。〔北越学館教頭の松村〕介石先生などは、やはり〔教会〕合同に共鳴を示すひとりでしょう。介石だけは〔合同推進派の〕先生にしておいても結構です。同氏からなにか小崎*〔弘道〕さんまでいろいろと意見を伝えてきたと聞いております。〔中略〕

東京に出て来て以来、すでに一ヵ月が経過しようとするのになんらの収穫もないにひとしいのですが、今は農家が寒肥を施すようなものです。来春には多少の収穫が期待できましょう。ああ、天下のことはすべてみなこうしたものです。どうして簡単に落胆すべきでしょうか。

〔後欠〕

73 *新島八重への手紙

一八八九（明治二十二）年十二月十四日

(148)山本覚馬

【IV-二六六】 死去する前月、京都の留守宅へ東京から送られた手紙。同志社大学設立運動のために十一月に東京から群馬県前橋にまで足を伸ばすが、発病したためにいったん東京に引き返した。その翌日に認《したた》められたのがこれである。旅先の新島にとっては、老母（八十二歳）とともに同志社の学生は心にかかる「実に大切な人物」であった。

東京では思うように事が進みませんでしたから、今回の上州〔群馬県〕行きは時期遅れになりました。越後、金沢の雪山から吹いてくる風の冷たさでとうとうこの身も病に罹《かか》り、前に申しあげておいたように上州の〔募金〕運動もすべてこれからというときに床についてしまいました。寒気がひどいために病気がすみやかに回復する見込みはなかなかありません。そのため残念ながらすべてをうち捨てて、昨日十三日にとうとう上州〔前橋〕を去って、赤城山、榛名《はるな》山を背にして東京に帰ってきました。そのおりの旅人の心情をなにとぞなにとぞご推測ください。

さて、昨日は思いがけなく好天気で、道中湯タンポを用意しましたが、少しも寒いとは思わず、また腹部の痛みも全くなく、午後三時すぎには上野に着き、林屋〔茂林館〕に参りました。部屋はそれ以前から準備もできており、あつらえておいた小さなストーブもできておりました。また、寒気も上州とは大いに違い大変にゆるやかで、ストーブに少し火を焚《た》くだけで部屋は暖かくなりました。昨夜は医者も来てくださり、すみやかに手当をしてくださいましたから、痛みは少しもなく、まことに平穏に休めました。

今日もだいぶ気分が良く、新潟地方の卒業生〔新潟の*広津友信と長岡の時岡恵吉〕へ手紙を認《したた》めました。また、*徳富〔蘇峰〕さんも多忙のなか面談にお出かけくださいましたし、病気も好転していますのでご安心ください。今から一週間も十分に養生すれば、元のようになれると思います。

ただただ安心できかねるのは留守宅のことです。母上も不調とのことですし、あなたにも長期の留守となって退屈でお寂しいことと思いますので、なんともお気の毒に思います。

おいおいに寒さも増し加わりますので、母上には例の小型のストーブでもお使いいただき、部屋をなるべく暖かくして、また食べ物も甘くて柔らかい魚類を差しあげてください。もはや寿命もあまり長くはありませんので、病気に差しつかえがない限り、ご馳走も差しあげてください。また、葛湯《くずゆ》や水飴《あめ》類はご老体によろしいのであげてください。

私もなんとか都合をつけて年内には帰宅したいと思いますが、東京での募金も今、緒《しょ》に就《つ》いたばかりで実に大事な時ですので、なんとかしてこれを片づけてから帰りたく思います。だからご迷惑でしょうが、今少し辛抱してください。また、留守宅の管理もなるべく厳重にし、例の口やかましい馬鹿者たちにかれこれ言われないようにくれぐれも用心してください。

〔五年生の〕横田*〔安止《やすただ》〕君が親切にも来宅してくれたようですが、まことに頼もしき青年だと私も力強く思っております。学生が遊びに来れば、なにとぞ丁寧にもてなしてください。なるべくご馳走もしてください。彼らは実に大切な人物ですから丁重に応対してください。

お兄さま〔山本覚馬*〕から松方*〔正義大蔵〕大臣へのお手紙は、いずれ早々に下書きを作りお回しいたしますので、お兄さまの承認を得たうえでお認《したた》めください。河原町〔の山本家〕にくれぐれもよろしく。〔養子の啄厳を亡くした姉の〕速水*〔とき〕も気の毒なことでした。なにとぞこちらからはなるべく優しく配慮しておつきあいください。まずは用件のみ。

十二月十四日　　襄

八重様

74 横田*安止《やすただ》への手紙

一八八九（明治二十二）年十二月三十日

149「深山大沢　龍蛇を生ず」（新島の揮毫）

【IV-二五六】新島は十二月二十七日に東京から温暖な神奈川県大磯へ転地療養した。在校生あてのこの手紙は、それから三日後のもの。大魚も小魚ものびのびと泳げる「大沢」が、新島にとっては理想の天地であった。ちなみに彼は「深山大沢《だいたく》龍蛇《りゅうだ》〔大人物〕を生ず」という中国古典の一文が好きで、「大沢」は将来実現する同志社大学の理想像であった。

一日千秋の思いでいる私も、本年を関東で送ることになってしまったのは、実に予想外のことで残念の極みです。というのも、ひとつは政界の波乱と動揺とが収まらず、〔社会の〕上下ともに募金が大不出来と言わざるを得ないから、いまひとつは、そのために大学の事業もすでに端緒を開くところであったのに開けなかったからです。

さらに、かねて心づもりをしていたとおり冬休みにはひとまず帰宅し、あなた方〔学生〕と十分に接触し、将来のためにいろいろと計画をしてあげようと楽しみにしておりましたが、それも思いどおりには行かなくなりました。

心は日夜、〔同志社のある〕相国寺《しょうこくじ》門前にまで飛ぶのですが、身体の方は病魔の一囚人となり、東京にさえ滞在できません。大学募金の端緒を開くまでは関東に留まり、持久の策を立てて、気候がやや温和なここ大磯の浜辺に引きこもり、他日の雄飛を計ります。この私の心情がどのようなものかお察しいただきたいものです。

すでにご存じとは思いますが、私は先月二十五日に上州〔群馬県〕に出かけ募金活動を行いましたところ、予想以上にうまく進み、あちこちで集会を開いて招いてくれました。ところが二十八日ににわかに病気になって、今月十三日まで少しも進展いたしませんでした。寒気がますますひどくなってきましたから、ナポレオンがモスクワ〔遠征〕で全敗したように空しく東京に戻りました。しかし、今後とも再挙の計画がないわけではありませんから、来春再び出向くことを約束して帰って参りました。

関東にいる時、わが組合教会にはなおも微《かす》かではありますが、大いに発展する兆しがあるのを見て十分に加勢したいと思いました。上州〔群馬県〕を本拠とする武州〔埼玉県〕、野州〔栃木県〕、福島、信州、越後などの伝道計画を作成して、関東、福島、新潟の伝道者にわかち、来月にはいっせいに実行するつもりにしております。私は病魔の一囚人ではありますが、心だけはわが主キリストの小さな一信徒、自由の僕《しもべ》であります。病気がますます悪化しても、ますます関東に雄飛する計画がないわけではありません。

同志社の近況はいかがですか。

吉野山花咲くころの朝な朝な
心にかかる峰の白雲

昔の人がこの歌に詠んだように、私の心は日夜、君たち学生を忘れることができません。何かを聞くにつけても、今君たちはどうしているだろうかと心配しております。

学校が機械的な製造工場にだんだんと流れて行くのは、学生数が増加したために自然な傾向であり、やむを得ない面もあります。しかし、私の平素の目的は、なるべく校則を少なくし、わが校が深山にある大沢〔大きな池〕のようにすることです。小さな魚も成長させ、大きな魚も思いのままに発育させて、小魚も大魚もその分に応じて一身を世のために犠牲にし、この美しい日本をいつの日か改良して、主のみ国すなわち黄金時代を到来させること、それが日夜、私が熱心に祈っていることです。

君の同級生のなかで将来性のある者とは十分に交際をし、また下級生の四年生、三年生、二年生でも気力ある者とはなるべく交わりを深めて引き立ててください。彼らには勉強にも大いにとり組み、またそのかたわら特別に余暇を見つけては十分に精神的な訓練をも行って、不《ふ》撓《とう》不屈の精神を養い、大胆不敵な活力を蓄えて、将来、中央に雄飛する準備をするようにくれぐれも勧めていただきたいのです。

また校内の都会育ちの学生で気力がない者をも見捨てることなく、引き立ててください。そのことは破れた太《たい》鼓《こ》の皮までも捨てない名医がもっとも注意することです。

今日、八重[*]に申したことですが、五年生の皆さんになにかご馳走してあげるように、と伝えておきました。古賀〔鶴次郎〕、浜田〔正稲《まさね》〕の両君と相談のうえ八重が関東に来ないうちに一、二日前に申し込んで、五年生の皆さんが留守宅に遊びにお越しくださってはいかがでしょうか。

我が宿に問い来る友よ今年こそ
主《あるじ》なしとて春そ忘るな

(明治二十三年はわが国史上、特筆大書すべき年です)

ご来訪のことは君が提案したようにしておいてください。

私の留守中、寂しい思いをしている妻の心を慰めてください。

（君が何度もご来訪くださっていることは八重からも言ってきております）

私も三、四月ごろにはぜひ京都に帰り、親しくお話ししてみたく思います。

昨年でしたか、広津*〔友信〕などが作成に関係した同志社教会規則の草案は、おそらく〔仮牧師の〕金森*〔通《みち》倫《とも》〕氏の手元に提出されたものと思います。あれはその後、採用になったでしょうか。誰も彼も無責任のような人ばかり多いので、おそらくは同氏の手元にそのままにしておかれ、教会員には伝えられないままではないか、と心配しております。これはすぐにもご注意ください。

自由・自治主義をわが同志社において明白なものとし、各自が福音とともにこの真理と主義とを尊重することは、日本全国の伝道に責任を負っている同志社教会としては、一日たりとも猶予できないことだと思います。

〔留学から帰国した〕下村*〔孝太郎〕君とは十分に交際をしてください。同君は自然科学に非常に熱心ですが、学生とのつきあいも望んでいるようです。

金森氏には自ら採用しようとする新しい〔教育の〕主義があるようです。面談の際にはなにとぞはっきりとものを言ってくださってもよかろうかと思います。遠慮されるのはよくありません。

以上、思っていることだけをおおよそ記してご覧にいれます。

敬具

十二月三十日　襄

安止君

75 某氏への手紙

一八九〇（明治二十三）年一月五日

【VI-三六六】　原英文。英文の手紙としては最後のもの。あて先は不明（あるいは複数か）。死去する十八日前に大磯で書かれ、アメリカへ送られた。新島の後半生がキリスト教主義大学を設立するという「大きな

150 新島が永眠した大磯の旅館（百足屋）。久保田米僊*の筆

夢」（daydream）を追いかける人生であったことが分かる。

十五年前、私はキリスト教大学を設立するという大きな夢を抱いていました。私は大学を創立し、とりわけクリスチャンの働き手を育てるという強い願いを*アメリカン・ボード総幹事*クラーク博士やほかの友人たちに表明してきましたが、誰も私に励ましの言葉をかけてくれる人はありませんでした。しかし、私は決して挫《くじ》けませんでした。私はその夢をたえず内に秘め、祈っていました。

一八七四年の秋、バーモント州*ラットランドで開かれたアメリカン・ボードの〔第六十五回〕年次大会に出席するよう招待され、友人たちに別れを告げることになりました。私は集会のまさに最終日に講壇に立つように言われました。その前夜、私は後援者であった*アルフィーアス・ハーディー夫妻を訪れ、私が長く暖めてきた計画、すなわち日本にキリスト教大学を設立することを別れのあいさつのなかで取りあげるべきかどうかを相談いたしました。

ハーディー氏は、私がうまくやれるかどうか、かなり懐疑的でした。しかし、私はそうしたいと主張し続けました。それは、私がその事柄についてそんなにも大勢のクリスチャンの聴衆の前に持ち出すことのできる最後の機会だったからです。そうすると、ハーディー氏は、半ばほほえみを浮かべながら実に優しい父親のような口調で、「ジョセフ、うまくいくかどうか私には疑わしく思えるが、やってごらん」と言われました。

こうして同意がもらえたので私は所定の場所へ戻り、スピーチの準備をしました。心臓は高鳴り、入念に準備をすることなど全くできない状態でした。その時の私は、祈りの中であの哀れなヤコブのように神と取っ組み合い〔創世記　三二・二二以下〕をしていました。

次の日、壇上にあがった時、私は準備したスピーチをほとんど思い出すことができませんでした。弁士としては哀れで未熟なものでした。しかし、一分後に私は自分を取り戻し、膝の震えもとまり、足もしっかりしました。新しい考えが心にひらめき、準備したスピーチと全く異なった話を始めました。

スピーチそのものは全部で十五分もかからなかったでしょう。私は話している間、同胞に対する非常に強い感情に動かされ、彼らのために語るというよりもむしろ涙をたくさん流しました。しかし、私が舌足らずのスピーチを終える前に、日本にキリスト教大学を設立するための寄付金として約五千ドルの申し出がその場でありました。

アメリカの友人たちが惜しげもなく申し出てくれた寄付が、現在の「同志社の核」となり、今、同志社は日本における最良かつ最大のキリスト教大学として認められています。

一八八四年から私はキリスト教大学を設立したいと願い始めましたが、その願いは私自身にとっても、日本での私の友人たちにとっても、全く望みのないことを望んでいるように思われました。しかし、私には神がご自身のみ名のために私たちに力を与えて大学を設立されるであろう、という強い確信がありました。

このような事業に従事するためには強靭《きょうじん》な身体が必要です。しかし、残念なことに、私の健康はここ数年間すぐれませんでした。京都の大きな寺〔知恩院〕を借りて六百五十人の選り抜きの聴衆を前に新しい大学のためのスピーチを行いましたが、私にはそれをする体力がほとんどありませんでした。

原因は主として私の心臓にあります。つまり心臓病です。私はしばらくは安静を保たなければなりませんでした。ある程度体調が回復すると、私はすぐさま活動を再開しようとしました。〔大隈重信*の斡旋で外務大臣官邸で開かれた集会において〕一晩で三万一千円の寄付の申し出があり、私たちにとって実に忘れられない夜となりました。一八八八年七月後半のことです。

その時以来、国内各地から寄付が集まりました。現在、募金は六万円以上になりました。この夏までには十万円にしようと努めています。十月から私は家を離れて各地を回っていますが、現在は活動の拠点を東京においています。

十一月の後半に私は重態に陥りました。まだ十分に体力は回復していません。さらに募金を行うためにいくぶんでも体力を取り戻すように今は静かな田舎町〔大磯〕で静養を余儀なくされています。

大学を設立したいという私のささやかな願いは、将来を担う人々に教育を授け、キリスト教の光とキリスト教の良心による影響を与えることにあります。私たちは、神学にもっとも力をそそぎ、ついで哲学、文学、自然科学、法学、政治経済学などに力を入れるつもりです。神学の講座はすでに設置されています。

最近、自然科学の〔教育の〕ために十万ドルの寄付を

〔J*・N・ハリスから〕受けました。他分野の学科をいくつか設置するための寄付金が、さらに与えられるのを待ち望んでいます。

　これは信仰の業です。あなたご自身、またはご友人にお金の余裕がおありなら、どうぞ私たちのことを思い出してください。キリスト教大学についての私の漠然とした大きな夢が遅かれ早かれ実現すること、そしていつの日にか、私たちの期待にまさる導きと恵みを与えてくださる神に感謝を捧げるすばらしい機会が与えられることを心から待ち望んでいます。

　どうぞ教会学校のお友だちによろしくお伝えくださり、私たちの国のために祈るようにお願いしてください。

76 遺言（その二）

一八九〇年（明治二十三）年一月二十一日

【Ⅳ-四〇三】　六年前の英文の遺言47に続き、死去する二日前に大磯の臨終の床で徳富*蘇峰に口述筆記させた遺言。同志社に対するもの（とくに前半の十項目）が中心で、なかでも「倜儻不羈《てきとうふき》」は有名である。これとは別に大隈*重信、井上*馨、伊藤*博文、勝*海舟などにはそれぞれ個人的な遺言が残された。

〔明治二十三年一月〕二十一日午前五時半〔から〕、新島*八重子、小崎*弘道、徳富猪一郎が立ち会った〔うえで徳富が書き留めた新島の〕遺言の箇条〔は以下のとおりである〕。

151 同志社チャペル前のテントで行われた新島の葬儀

同志社の将来はキリスト教による徳育、文学や政治などの興隆、学芸の進歩、これら三者を一体的にまた相互作用的に行うこと。同志社教育の目的は、神学、政治、文学、自然科学などいずれの分野に従事するにせよ、どれもはつらつたる精神力があって真正の自由を愛し、それによって国家につくすことができる人物の養成に努めること。

いやしくも教職員は学生を丁重に扱うこと。

同志社では倜儻《てきとう》不羈《ふき》なる書生〔信念と独立心とに富み、才気があって常規では律しがたい学生〕を圧迫しないで、できるだけ彼らの本性にしたがって個性を伸ばすようにして天下の人物を養成すること。

同志社は発展するにしたがって機械的に事を処理する懸念がある。心からこれを戒めること。

金森通倫*氏を私の後任〔同志社社長〕とするのは差しつかえない。氏は事務に精通し、鋭い才気の点では比類がないが、教育者として人を指導し、補佐する面では徳がなく、あるいは小細工をしやすいという欠点がないとは言えない。この点は私がひそかに残念に思うところである。

東京に政法学部、経済学部を設置するのは、最近の事情を考慮すれば、とうてい避けることができないと信じる。

日本人教師と外国人教師との関係についてはできるだけ調停の労をとり、両者の協調を維持すること。これまで私は何回も両者の間に立って苦労した。将来も教職員の皆さんが日本人教師にこのことを示していただきたい。

私は普段から敵をつくらない決心をしていた。もし皆さんのなかであるいは私に対してわだかまりを持つ人がいるならば、そのことを許していただければ幸いである。私の胸中には一点の曇りもない。

これまでの事業を見て、あるいはこれを私の功績とする人がいるかもしれない。けれどもこれは皆、同志の皆さんの援助によって可能になったことであり、自分ひとりの功績とは決して考えてはいない。ただ皆さんのご厚意に深く感謝する。

以上の筆記したものを朗読すると、〔新島〕先生はいちいちこれを聞いて、うなずかれた。時刻は午前七時十分前であった。

76 1890

77 最後の言葉

一八九〇（明治二十三）年一月二十二日

【IV-四〇八】　新島生前の最後の言葉を徳富蘇峰*が枕頭で筆記したもの。「吉野山」の歌は新島の愛唱歌で、どこにいても常に学生のことを思う彼の気持ちがよく代弁されている。ちなみに新島は留学生の時にJ・M・シアーズ*から贈られた聖書の表紙の裏に「この道や冥土《めいど》の旅の導燈《あかり》かな」と書きつけていた。

152 新島の葬儀。テントの内部

明治二十三年一月二十二日　午前五時十五分

天を怨《うら》まず、人を咎《とが》めず。

吉野山花咲くころの朝な朝な
心にかかる峰の白雲

同志社に対する私の感情は、いつもこの歌のとおりである。

これは新島先生の最後の言葉である。

コラム・その4

37 説教と演説

新島襄は雄弁ではなかった。が、不思議と人の心を打った。至誠そのものであったからだ。「ちょっと話をするにもウカとした話しはしない。満腔の熱血を注いで話をせられた。〔中略〕その演説、その説教を聞くや、人々これを聞いて感じないものはない。またこれを聞いて涙を流さないものはない。またこれを聞いて精神を惹起させないものはない」と*小崎弘道は追憶する。

新島は聴衆の涙を誘うだけでなく、自身が声涙ともに下《くだ》る話し手であった。*浮田和民によれば、「涙徳」の持ち主である。

とかく新島には批判的であった一致教会の指導者、*植村正久も新島の話し振りに関しては、「その声には愛嬌があり、何だか金の鈴でも鳴るような具合で、聴く人の懐に入るごとく感じられた。その雄弁は男性的ではなく、むしろ女性的であった」と称賛している。

153 説教台（同志社チャペル）

38 医学教育

新島襄は学校創立を志した当初から、総合大学、すなわち文学（神学）、法学（経済学）、医学などの諸学部を擁する総合大学造りを目指した。そのうち、医学部構想は一八八七年に緒に就いた。同年、まず同志社病院と京都看病婦学校が実現。場所は京都御所の西隣、今のKBS京都の所である。特に看護学校は日本で二番目という先駆的なものであった。

*アメリカン・ボードは病院には医療宣教師の*J・C・ベリーを、看護学校には看護宣教師のL・リチャーズ（アメリカ最初の有資格看護婦）をそれぞれ院長、「校長」（法的には新島が校長）として京都に送りこんだ。

154 同志社病院と京都看病婦学校

が、新島の死後、ミッションとの関係がこじれ、資金的な支援が望めなくなったので、一八九七年に病院は閉鎖。看護学校はキリスト者で医師の佐伯理一郎に管理が委ねられたあと、払い下げられた。

以後、同志社は医学教育から撤退した。

コラム・その4

39 教会合同運動

一八八六年、プロテスタント（ピューリタン*）の大教派、日本基督一致教会（長老派）と日本基督組合教会（会衆派）との間で合同運動が開始。前者は植村正久*を先頭に「横浜バンド」の人たちが、そして後者は小崎弘道*を先頭に「熊本バンド」の面々が主として運動を推進した。

これに対して新島襄は、こと合同という点では教え子の「熊本バンド」たちとは一線を画し、主義（教会政治）を異にした。教会運営の面では一致教会は「長老」（教会代表役員）主体の貴族政治、そして組合教会は「会衆」（一般信徒）主体の民主政治が原則、と新島は見たからである。合同が実現すれば、後者は前者に飲み込まれ、民主政治という組合教会のよき伝統が失われる、との危惧が新島にはあった。「民主政治の愛好者」を自任する彼には、「自由」を犠牲にしてまでも拙速に合同することには最後までためらいがあった。一八九〇年、奇しくも新島の死去した年に合同運動は最終的に失敗に終わった。

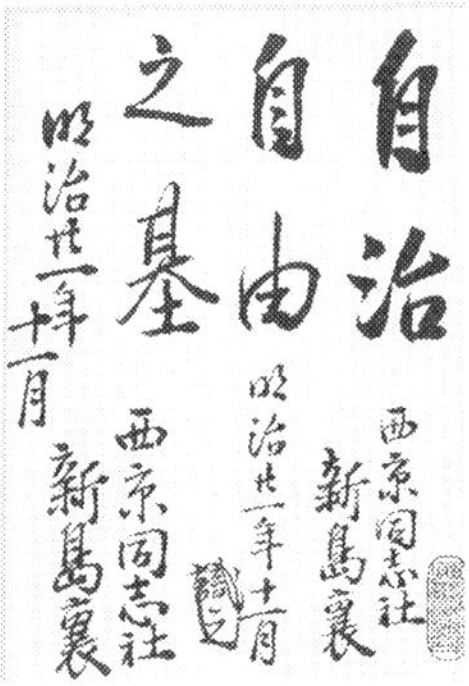

155 教会合同運動のさなか、「自由・自治」を強調する新島の揮毫

40 大学設立運動

新島襄は同志社英学校を創立した数年後に大学昇格運動に着手した。一八八二年に執筆した「同志社大学設立之主意之骨案」が出発点であったが、運動は新島の渡米で頓挫した。

二度目の盛り上がりは一八八八年で、徳富蘇峰*の筆で『同志社大学設立の旨意』が公表された。七月十九日には大隈重信*と井上馨*の呼びかけで外相官邸で募金集会が開催され、大隈や井上を始め、渋沢栄一*、岩崎弥之助*、大倉喜八郎*、原六郎*などから総額三万一千円の寄付の予約を得た。同志社は京都の彦根藩邸跡を大学校地として購入までしたが、新島の死去で運動はまたもや中断し同地も新島の死後、手放さざるをえなかった。

同志社が専門学校令によって大学に昇格するのは、新島の死から二十二年後の一九一二年、さらに大学令による大学の設立は一九二〇年まで待たねばならなかった。

156 大隈重信

41 「騶虞《すうぐ》は折らず生草《せいそう》の茎《くき》」

李白の詩の一節で、新島襄の愛唱句。「騶虞」とは聖人の徳に感じて現れるという霊獣で、生き物を襲って食べたり、草を踏みつけたりはしない心優しい怪獣。新島は聖書の「いためられた草を折ることがなく、煙っている燈心を消すことがない」（マタイによる福音書　一二・二〇）とともに「小生の心情を貫きたるもの」との共鳴を心底から示している。

教会合同運動で新島が慎重論を唱えたのも、推進派のなかに「たとえ一、二の教会が反対しても合併は決行」といった切り捨て論があったことに対する新島なりの反発が底流に潜んでいたからである。「破れ太鼓の皮」さえも捨てるな、と人に忠告する新島にとっては、合同賛成へのコンセンサスは時間をかけてでも作り出すべきであった。

この点は教育にあっても「ひとりは大切」であった。授業ではもっとも出来ない学生に注目したい、との思いがあった。

157 騶虞

42 名誉学位

新島襄は「洛陽の一平民」であることを誇りにし、位階や勲章には無欲であった。無名でありたい、無位無官でありたいと思っていた。死後二十五年が経過した一九一五年に政府は故人を「従《じゅ》四位」（*山本覚馬は「従五位」）に叙したが、生前であれば辞退していただろう。

なぜなら名誉学位の時がそうであった。母校のア*ーモスト大学（学長は、かつて新島を家族ぐるみで世話をした*J・H・シーリー）が一八八九年の卒業式に新島に名誉法学博士号（LL・D）を贈ろうとしたさい、新島は「それを受けるにはまったく値しない」と逡巡し、辞退した。が、周辺の者たちが一致して受諾を勧めたので、ようやく承諾。それでも、自分の場合、「LL・Dは"Lame Lazy Dog"（足が不自由な怠け犬）」とユーモア混じりに受けとめている。

158 アーモスト大学ジョンソン・チャペル（内部の正面に新島の肖像画がかけられている）

コラム・その4

159 今出川校地正門近くに立つ良心碑

43 良心碑

新島襄の手紙の一節、「良心を全身に充満したる丈夫の起り来らん事を」望んで止まざるなり、を彼の筆跡のまま刻んだ碑。手紙は東京から同志社普通学校五年生の*横田安止にあてられたもので、「一国の良心」ともいうべき人物を同志社から輩出したいという新島の教育理念をよく表明している。ちなみに新島は学生あての手紙でも渾身の力をこめて書く。

碑は一九四〇年十一月二十九日(同志社創立六十五周年記念日)に新島永眠五十周年を記念して今出川校地の正門入り口に*建てられた。いわば同志社の「表札」である。裏面には徳富蘇峰の筆で建碑の由来を刻む。石は新島の出身地、上州の碓氷石である。その後、同志社香里中・高等学校(寝屋川市)、新島学園中・高等学校(安中市)、高崎自然道(高崎市)、同志社大学京田辺校地(京田辺市)、フィリップス・アカデミー(アンドーヴァー)にも次々と建設された。

160 佐々城豊寿

44 女性の権利

新島襄が同志社大学設立の募金運動に奔走しているのを知って、佐々城豊寿(ささきとよじゅ)は同志と計って協賛音楽会を開催し、その収益を新島に捧げた。彼女は当時、発足したばかりの社会改良団体、日本基督教婦人矯風会の書記であった。

新島は彼女に礼状を出したうえ、東京の宿舎で彼女や潮田千勢子に会い、直接に礼を述べた。新島は当時の女子教育の弊害に触れ、彼女らにこう注文した。「女性の権利を拡張することにいっそう力をつくされたい。そのためにはまず、女生徒に人権を重んじることと慷慨心を起こさせることとを教えてほしい」と。最後に新島は「あなたたちは断然、世の改革者、いや、改良者となられよ」と激励した。新島が死去する一ヵ月前のことである。佐々城は、新島から聞いたこの談話を「遺訓」(『女学雑誌』第一九八号)として終生大事にした。

コラム・その4

45 「倜儻不羈《てきとうふき》」

新島襄が嫌うタイプの学生は芯のない「軟骨漢」であった。彼は言う。

「わが校の門をくぐりたる者は、政治家になるもよし、宗教家になるもよし、実業家になるもよし、教育家になるもよし、文学者になるもよし。かつ少々角あるも可。奇骨あるも可。ただかの優柔不断にして安逸をむさぼり、いやしくも姑息の計をなすがごとき軟骨漢には決してならぬこと。これ予の切に望み、ひとえに願うところなり」と。

逆に好ましいのは「倜儻不羈」の学生である。常軌では律しがたいほど独立心と才能あふれる青年である。新島はこの言葉を遺言に残した。同志社は今後とも、そうした学生を型にはめたり、圧迫したりしないで、本性にしたがって導き、将来の「天下の人物」に仕立ててほしい、と。「熊本バンド」は揃って「倜儻不羈」であったが、新島は決して彼らを抑圧しなかった。自身が国禁を犯して密出国した「倜儻不羈」だったからであろう。

(161)司馬遼太郎が同志社来校のおりに揮毫した「倜儻不羈」(1992年)

46 永眠の地

新島襄の永眠の地は神奈川県の大磯で、死因は急性腹膜炎であった。時に一八九〇年一月二十三日午後二時二十分、「四十六歳」。正確に言えば、四十六歳と十一ヵ月十一日である。そのため伝記や年譜では死亡年齢は「四十七歳」とされるケースが目立つ。さらに戦前の伝記類では享年は数えで「四十八歳」とされた。

同志社大学設立運動の途次、前橋で発病した新島は、暖かい大磯での療養を徳*富蘇峰から勧められ、同地の旅館(百足屋)に移った。闘病のかたわら、手紙、詩作、揮毫にも時間を割いた。そのうち、最後の正月に詠んだ和歌に「いしかねも透《とお》れかしとてひと筋に　射る矢にこむる大丈夫《ますらお》の意地」がある。新島の一生は実に「大丈夫の意地」で貫かれた生涯でもあった。

作歌からまもなくして、彼は京都から駆けつけた八*重の左手を枕にして息絶えた。

(162)大磯に立つ新島終焉地の碑

コラム・その4

47 墓

新島襄は「葬儀は質素に」、「墓は木片で十分」と言い残した。が、葬儀(一八九〇年一月二十七日)には四千人近い参列者が予想されたので同志社チャペルの前に大テントが張られた。葬儀後、おりからのみぞれを押して、同志社の学生が交替で新島の棺を若王子の山頂まで担ぎ上げ、土葬した。

ところで、埋葬地に関しては前日に突然、トラブルが発生。新島は当初は父親が埋葬されている南禅寺に葬られるはずであったが、葬儀前日になって寺側が厳しい条件を突きつけてきたので、キリスト教式を貫くために市の共葬墓地に変更せざるをえなくなった。これが現在の「同志社墓地」(京都市左京区若王子)の始まりである。

翌年、当初の木製の墓標に代えて鞍馬石の墓石が建てられた。碑文は勝海舟*の筆になる。一九八六年、事故のために崩壊したので、翌年新島ゆかりのラットランド*産の大理石で建て替えられた。

163 再建された新島の墓

48 新島遺品庫

一九四〇年、新島襄永眠五十年記念事業の一環として企画され、池田庄太郎を始めとする同志社卒業生からの寄付をもとに、二年後に竣工。設計は一柳《ひとつやなぎ》建築事務所のW・M・ヴォーリスで総工費は一万八千円。コロニアル・スタイルのレンガ建てで、建坪は二十四・五坪である。

当初は大小二室の展示室からなり、収蔵史料の公開に使用された。が、年々、増える史料の収蔵のために展示スペースがとれなくなり、一九九六年、別に常設展示場(Neesima Room)を新設して、展示と収蔵とを分離。二〇〇〇年、耐震工事を始め、空調設備、整理棚の新設工事、内装などを約四千二百万円をかけて行い、収蔵庫として面目を一新した。

収蔵史料は新島の手紙、日記、草稿、揮毫、遺品、肖像画など約六千点におよぶ。現在、学園創立百二十五周年記念事業の一環で史料のデジタル化が同志社社史資料室により進められている。

164 新島遺品庫(後方の建物は啓明館)

編集後記

本書は同志社創立百二十五周年を記念する。

『新島襄全集』を現代語訳する、という構想は今から数年前、記念事業を検討する段階から立案されていたが、正式に決定を見たのは三年前であった。一九九七年秋に、「建学の精神をあらためて確認するとともに、新島襄が実現しようとした志を同じくする人びとがひとつに結集し、志の輪がさらに広がっていくことを念願」して発表された「同志社創立百二十五周年記念事業基本計画」には、この企画が次のように盛りこまれた。

「新島襄の教育理想の理解をいっそう深めるため、新島襄全集の適切な部分を抜粋し、たとえば『新島襄の教育理想』（仮題）として現代語訳を刊行します。」

その後、さらに協議を積み重ね、実際に編集委員会が発足したのは、翌一九九八年のことであった。

私たち編集委員は、同年七月二十九日に最初の編集委員会を開いた。以来、資料の選定に一年、訳出に一年をかけた。授業や校務をもちながらの作業となる編集委員には負担が大きいことが最初から予想された。しかし、議論のすえ編集委員はすべての作業を責任をもって一貫して担う、という決断を下した。

それは予想以上の時間と労を伴う苦しい展開となった。そのうえ資料を一点ずつ合議して委員会訳を決定したために、作業は膨大な時間を必要とした。最初に取り組んだ訳出では、一回の委員会で短い書簡一通すら完了することができなかった。これはさすがにショックだった。当然、追い込みの段階では委員会は週一回の強行軍にならざるをえなかった。委員のすべては、他の記念行事、すなわち地方講演、シンポジウム企画、年表や大学史の編集・出版、記念展示などの仕事をも兼務していただけに、まずは時間調整が大変であった。

それでも予定どおり、百二十五周年の創立記念日に間に合わせることができた。これも同志社社史資料室の方々の協力があって初めてできたことである。また新資料や写真類を提供、転載許可してくださった方々、判読困難な箇所についてご教示をいただいた方、無理な注文を聞いていただいた丸善の方々にもあわせて感謝申し上げたい。

ようやく日の目を見た本書は、欲張りな企画である。

一、新島を多面的、立体的に捉えられる資料を多く提示する。これまでの教育者・新島襄に加えて新たな側面、たとえば宗教者・新島襄などを前面に押し出したい。

一、新島を捉える基調はあくまでも人間・新島襄とする。そのためにそれぞれの資料は全訳を原則とし、「新島らしからぬ」という理由で削除したり改めたりした箇所はない。この点、旧版の書簡集とは多少の異同が生じていることをお断りしたい。

一、高校生や大学生などの若い読者にも親しんでもらえる著作にする。段落やルビを多用し、コラム記事、注、スケッチ、写真などをできるだけ多く入れたのもこのためである。

一、『新島襄全集』へのガイドブック、さらには新島研究の入門書でもありたい。すなわち、本書は単なる翻訳物に終わらず、『新島襄全集』を補完し、新島研究の現状、いうならば最前線を反映する著作でありたい。

一、従来の解釈や慣行にしばられず、新しく問題提起を行いたい。本書は所々で新しい情報や解釈を披露し、これまでの常識に挑戦した。そのなかで最後まで問題になったのが "Amherst" 表記である。学内の同志社アーモスト館に代表される従来の表記に代えて、近年、学界などで主流になりつつある「アマースト」表記に代えるかどうか、という議論である。結局、本書は同志社が伝統的に使用している「アーモスト」の方に落ち着いたが、委員会での議論が今後、学内で決着をみることを期待したい。

日ごろ、新島や同志社の歩みに関心を抱いている私たち編集委員にとって、今回の仕事は彼の思想・信仰と人物を再認識する絶好の機会となった。この二年余、年代順に新島の書簡類を一字一句、熟読することを迫られた私たちは、まさに新島と共に成長し、同時代を共に生きた感がする。原稿を前に彼の志の高さや気迫の大きさ、さらには真摯に生きる姿勢にあらためて心打たれ、仕事を忘れて感動する場面が何度もあった。

新島に初めて接する方を始め、読者の皆さまにも新島はきっと多くのことを語りかけてくれるに違いない。そう信じて、私たちは「千里の志」をこめて本書をいま世に送り出す。

二〇〇〇年十一月

『現代語で読む新島襄』編集委員会

（本井康博）

年	年齢	事　　項
		12月14日、東京から新島八重*へ手紙[73]。 12月23日、東京の宿舎で佐々城豊寿、潮田千勢子に「女性の権利の拡大を」と激励する。☞44 12月27日、温暖な神奈川県大磯の旅館(百足屋の離れ)に転地療養する。 12月31日、大磯から横田安止*へ手紙[74]。
1890(明治23)	46	1月5日、大磯から某氏へ手紙[75]。 1月12日、腹痛が激化する。 1月21日、危篤を電報で各方面に知らせる。 1月21日、新島八重*、小崎弘道*、徳富蘇峰*の立ち会いのもとに遺言[76]を徳富に口述筆記させる。☞45 1月22日、臨終の言葉を徳富蘇峰が筆記する[77]。 1月23日、午後2時20分、急性腹膜炎で死去。46歳11ヵ月。☞46 1月24日、午前1時20分、遺体が京都の七条駅に到着。約600人が出迎える。遺体は同志社の学生たちが担いで自宅に運ぶ。 1月27日、午後1時から同志社チャペル前のテントで葬儀。参列者は約4000人。式後、折からのみぞれの中を同志社の学生が遺体を担いで若王子山頂に運び、土葬する。☞47

年	年齢	事　　項
		4月22日、井上馨*邸で政財界の有力者と大学設立に関する集会を開く。会合中、脳貧血のために倒れる。 5月11日、東京から土倉庄三郎*へ手紙[60]。 7月2日、東京で医師から突然死の危険性を知らされ、日記に死の覚悟について記入する[61]。 7月19日、大隈重信*外務大臣官邸で政財界の有力者が大学設立のための集会を開く。席上、3万1000円の寄付金の申し込みを得る。 8月11日、伊香保(群馬県)から下村孝太郎*へ手紙[62]。 11月7日、「同志社大学設立の旨意」[63]を『国民之友』ほか全国の主要な雑誌、新聞に発表する。 11月10日、京都からN.G.クラーク*へ手紙[64]。
1889(明治22)	46	3月5日、神戸から徳富猪一郎*へ手紙[65]。 4月22日、神戸から井上馨*(神戸在)へ手紙[66]。 5月6日、大学設立のアピールのために和歌山県議会に出張する中村栄助*に細かく指示[67]を与える。 5月8日、アメリカのJ.N.ハリス*から理化学校設立のための寄付(通算10万ドルとなる)を受ける。 7月4日、同志社で開催された基督教青年会第1回夏季学校*で所感[68]を述べる。 8月、母校のアーモスト大学*から名誉学位(LL. D)を贈られることを知り、大いに困惑する。☞42 9月3日、京都からJ.H.シーリー*へ手紙[69]。 10月5日、京都からS.H.ハーディー*へ手紙[70]。 10月12日、病気を押して大学設立募金運動のために関東へ出張する。 11月23日、東京から横田安止*へ手紙[71] ☞43。 11月(中旬か)、東京から広津友信*へ手紙[72]。 11月28日、群馬県前橋で腹痛(胃腸カタル)を覚え病床に伏したために募金運動を中断する。 12月13日、湯たんぽを抱えて、ひとまず東京に引きあげて療養。

年	年齢	事　　項
		同日午後1時30分、同志社創立10周年記念会で演説[54](c)。
		同日午後7時30分、新島校長帰国歓迎会で演説[54](d)。
1886(明治19)	43	3月、一致教会と組合教会との間で教会合同運動が起きる。 ☞[39][41]
		5月29日から翌月3日まで仙台で松平正直県令(知事)らと英学校(同志社分校)設立について相談する。
		5月30日、押川方義*の仙台教会で説教[55]。
		6月4日、同志社チャペルの新築を契機に京都第二公会を校内に移転させ、同志社教会に発展させる。
		6月25日、レンガ造りの同志社チャペルの献堂式で祈禱を捧げる。
		9月、将来の医学部のためにデイヴィス*邸に同志社病院の仮診療所を設置する。同時に京都看病婦学校の授業を開始する。 ☞[38]
		10月11日、仙台に同志社分校の宮城英学校(翌年、東華学校*と改称)を仮開校。
1887(明治20)	44	1月30日、父、死去。80歳。
		4月、徳富猪一郎*『将来之日本』に序文[56]を寄せる。
		6月17日、八重*夫人を同伴して、仙台の東華学校*の開校式に臨む。
		6月24日、同志社普通学校卒業式において、仙台から郵送した式辞[57]が披露される。
		7月7日から9月14日まで夫人同伴で札幌で静養する。福士成豊*の持ち家を借家。
		8月13日、札幌でA.ハーディー*死去の知らせを受け、ショックで寝込む。
		8月24日、札幌からS.H.ハーディー*へ手紙[58]。
		11月15日、同志社病院開院式、京都看病婦学校の開校式を行う。
		11月22日、京都から徳富猪一郎*へ手紙[59]。
1888(明治21)	45	4月12日、知恩院で京都の名士数百人を招き、大学設立について支持と理解とを求める。

年	年齢	事　　項
		学設立運動のために東京で奔走する。 4月1日、2日、京都商工会議所で大学設立のための集会を開催し、演説を行う。 4月6日、保養と募金のために神戸港から欧米旅行(イタリア、スイス、ドイツ、イギリスを経てアメリカへ)に出発する。 5月、山本覚馬*と連名の「明治専門学校設立旨趣」(新島公義*が執筆)と「同志社英学校設立始末」とが公刊される。 6月21日から8月1日までイタリアのトレ・ペリチェ(ラ・ツール)で静養する。 7月24日、トレ・ペリチェで日記に所感を記入する[46]。 8月6日、スイスのサン・ゴダール峠の坂道を登る途中で呼吸困難になり、容体が急変。山頂のホテルで英文の遺言[47]を書き残す。 8月9日、ルツェルン(スイス)で遺言に関するメモ[48]を残す。 9月30日、ボストンに到着し、ハーディー夫妻*らと再会する。 12月14日、この日からニューヨーク州クリフトン・スプリングスで湯治する。 12月25日、クリフトン・スプリングスから小崎弘道*へ手紙[49]。
1885(明治18)	42	2月1日、クリフトン・スプリングスから新島八重*へ手紙[50]。 2月13日、クリフトン・スプリングスで日記に所感を記入する[51][52]。 5月31日、ボストンから蔵原惟郭*へ手紙[53]。 8月29日、ウェスト・ゴールズバラにあるハーディー*の別荘で自伝的手記「私の青春時代」[1]を書きあげてハーディー夫妻*に贈る。 12月12日、アメリカから帰国し、横浜に入港。 12月18日午前10時、同志社チャペルの定礎式で式辞[54](a)。 同日午前11時、同志社書籍館(図書館)の定礎式で式辞[54](b)。

年	年齢	事　　項
		9月4日、京都からA.ハーディー*へ手紙[36]。
		10月23日、姉(みよ*)死去。42歳。
		11月3日、姉(まき)死去。46歳。
1880(明治13)	37	2月17日、18日、岡山県高梁で説教をする[37]。
		4月7日、英学校2年生上・下級合併問題が原因で学園紛争(ストライキ)が発生する。
		4月13日、いわゆる「自責の杖」事件*により、ストライキは解消する。☞35
		4月、学園紛争後、保養のため吉野山に行く☞36。
		5月、学園紛争が再燃し、徳富猪一郎*ら数名が退学する。
		6月29日、京都から、退学した徳富猪一郎*と河辺鍁太郎へ手紙[38]。
		11月16日、医学校設立の相談のために岡山にJ.C.ベリー*を訪ねる。
1881(明治14)	38	5月1日、母がM.L.ゴードン*から洗礼を受ける。
		5月に刊行されたJ.H.シーリー*著(小崎弘道*訳編)『宗教要論 全』に序文[39]を寄せる。
1882(明治15)	39	4月17日、岐阜で遭難した板垣退助*を大津に出迎え、見舞う。
		6月29日、女学校第1回卒業式を行う(卒業生は5名)。
		7月15日、群馬県原市で「地方教育論」を講演[40]。
		11月7日、同志社英学校を大学に昇格させる運動に着手し、「大学設立之主意之骨案」を作成する。
1883(明治16)	40	4月、同志社大学設立運動のために「同志社大学設立旨趣」を公刊する。同時に「同志社設立の始末」を作成する。☞40
		5月5日、京都からJ.C.ベリー*へ手紙[41]。
		5月11日、第3回全国基督教信徒大親睦会(東京・新栄教会)で説教[42]を行い、会衆に深い感銘を与える。☞37
		6月、同志社女学校の広告[43]を作成する。
		12月31日、琵琶湖畔から板垣退助*へ手紙[44]。
1884(明治17)	41	1月19日、新島宅において大学設立の仮発起人会を開く。
		1月20日、京都から柏木義円*へ手紙[45]。
		2月、徴兵令改正問題(徴兵猶予の特典を得る件)の陳情と大

年	年齢	事　　項
		部)の校舎2棟(第一寮、第二寮)、食堂・台所1棟が竣工し、寺町通りの高松邸から英学校を移転させる。このころ、校舎に隣接する廃屋を購入し、聖書を教えるための教室―いわゆる「三十番教室」―とする。☞ 26 27
		9月以降、L.L. ジェーンズ*の紹介で熊本洋学校の(元)学生が相次いで同志社に入学する。彼らはのちに「熊本バンド」と呼ばれた。☞ 28 29
		10月24日、A.J. スタークウェザー*がデイヴィス*宅(京都御苑内の柳原前光邸)で女子塾を開始する。
		12月3日、新島宅に京都第二公会(現在の同志社教会)が設立され、仮牧師となる。この日、金森通倫*や徳富猪一郎*などに初めて洗礼を授ける。☞ 34。
		12月11日、京都から中村正直*へ手紙[31]。
		12月25日、京都から M.E. ヒドゥン*へ手紙[32]。
1877(明治10)	34	3月4日、父に洗礼を授ける。
		4月28日、京都府から同志社女学校開校の認可を得る。☞ 33
1878(明治11)	35	2月28日、京都から外務卿の寺島宗則*へ手紙[33]。
		7月4日、女学校をデイヴィス*宅から今出川通り寺町西入ル(現在の同志社女子大学今出川校地の一部)の新校舎に移転させる。
		8月16日、京都から A. ハーディー*へ手紙[34]。
		9月7日、アメリカの友人 J.M. シアーズ*の寄付金で新築した私宅―現在の「新島旧邸」―が、最初の校舎跡(寺町通り丸太町上ル)に完成し、新烏丸頭町の借家から移転する。☞ 32
1879(明治12)	36	6月7日、校内で聖書を教えたことに対する弁明書を京都府に提出したが、9日に書き直しを命じられる[35](a)。
		6月15日、弁明書を書き直して再提出する[35](b)。
		6月12日、英学校第1回卒業式を第二寮1階で行う。卒業生は余科(神学科)の15名で、全員が「熊本バンド」。
		6月、7月の夏休みを利用して、小崎弘道*と宮崎、鹿児島へ伝道旅行に出かけるが、政府との関係上、廃校の危機が突発したので、電報で呼び返される。

年	年齢	事　項
		1月、「大阪会議」のために大阪に集合した木戸孝允*や伊藤博文*らの協力を得て、念願の学校設立に着手する。 2月、渡辺昇大阪府知事の賛成が得られず、大阪での学校設立計画を断念する。 3月7日、大阪から父へ手紙[27]。 3月、大阪からハーディー夫妻*へ手紙[28]。 4月、たまたま訪れた京都で、槇村正直*京都府大参事(後に知事)や山本覚馬*京都府顧問らと面談し、山本から学校を京都に「誘致」される。☞30 6月7日、J.D. デイヴィス*(神戸在住)とともに京都に山本を訪問。学校敷地として旧薩摩藩邸跡地(山本の所有地で名義は開拓社)を山本から550ドル(500円)で譲渡してもらうことが決定。 6月、大阪から京都に転住し、山本宅に住みこむ。 8月23日、山本と連名で「私塾開業願」[29]を京都府に出願する(9月4日に認可される)。 10月15日、山本八重*と婚約する。 10月、仮校舎として寺町通り丸太町上ルにある高松保実邸(現在の「新島旧邸」の所)を月15円で借り受ける。また山本宅から新烏丸頭町(現在の鴨沂高等学校の東南角)の借家に移転する。 11月22日、京都府に対して校内では聖書を教えないことを誓約する。 11月23日、京都からS.H. ハーディー*へ手紙[30]。 11月29日、アメリカン・ボード*、山本らの協力を得て、同志社英学校を仮校舎で開校。教員は新島とデイヴィス*の2人。学生は8人。
1876(明治9)	33	1月2日、山本八重*がデイヴィス*から洗礼を受ける。 1月3日、デイヴィス*宅で山本八重*と結婚式をあげる。☞31 4月26日、両親、姉(みよ*)、甥(公義*)が安中を引き払い、新島の借家に移り住む。 9月18日、旧薩摩藩邸跡(現在の同志社大学今出川校地の一

年	年齢	事　項
		9月14日、アンドーヴァー神学校に復学するためにニューヨークに戻る。
1874(明治7)	31	4月14日、アメリカン・ボード日本ミッションの準宣教師に任命される。☞25
		4月30日、アンドーヴァーからアメリカン・ボード幹事へ手紙[23][24]。
		7月2日、アンドーヴァー神学校卒業。
		9月24日、ボストンのマウント・ヴァーノン教会で按手礼を受け、正規の牧師の資格を得る。
		10月9日、ラットランドで開催されたアメリカン・ボード第65回年会の最終日に演説し、日本にキリスト教主義の学校を設立することを訴えて、献金を懇願する。献金総額(ラットランド基金)は後日の募金と合わせて5千ドルとなる。☞24
		10月19日〜22日、帰国の途次、ニューヘイブン、シカゴで日記を認める[25]。
		10月31日、サンフランシスコを出港。
		11月26日、横浜に入港。D.C.グリーンらが出迎える。
		11月28日、東京から人力車3台を借りきって群馬県安中に向かい、深夜に到着。その夜は旅館(山田屋)に宿泊する。
		11月29日、家族らと10年振りに再会する。
		12月22日、安中からハーディー夫妻へ手紙[26]。
		12月24日、安中から東京に出る途次、高崎に宿泊する。
		12月28日、文部省に田中不二麿を訪ね、帰国のあいさつをする。
		12月30日、田中から私邸に招かれる。
1875(明治8)	32	1月9日、横浜から父にあてた手紙に初めて「襄」と記し、「ジョセフの略也」と説明する。☞6
		1月20日、横浜から船で大阪に向かう。船中で伊藤博文に再会する。
		1月22日、大阪着。外国人居留地(川口与力町)に住む宣教師、M.L.ゴードン宅に仮住まいする。

年	年齢	事　　項
		一船長の生家でひと夏を過ごす。 12月21日、テイラー船長の事故死を知り、遺族に慰めと入信奨励の手紙[13]をアーモストから出す。
1870(明治3)	27	4月19日、ヒンズデールからJ.H.シーリーへ手紙[14]。 7月14日、アーモスト大学卒業式で理学士の学位を受ける。 7月、8月の夏休みをヒンズデールのフリント宅で過ごす。 8月10日、祖父(弁治)死去。84歳。 9月、アンドーヴァー神学校に入学。
1871(明治4)	28	2月25日、アンドーヴァーから飯田逸之助へ手紙[15]。 3月21日、アンドーヴァーからO.フリントへ手紙[16]。 3月27日、弟(双六)死去。24歳。 8月22日、森有礼少弁務使(駐米公使)の斡旋で、日本政府からパスポートと留学免許状が交付される。☞22
1872(明治5)	29	3月8日、ワシントンで岩倉遣外使節団の田中不二麿文部理事官と初めて会う。 同日、ワシントンからハーディー夫妻へ手紙[17]。 3月9日、岩倉遣外使節団に三等書記官心得として協力することになる。☞23 3月20日、ワシントンからA.ハーディーへ手紙[18]。 3月22日、岩倉遣外使節団副使の木戸孝允に初めて会う。 3月、ワシントンから吉田賢輔・尺振八へ手紙[19]。 5月3日、ニューヨークから木戸孝允へ手紙[20]。 5月21日、ヨーロッパ諸国の教育視察を行うために田中不二麿とともにニューヨークを出港する。 9月からベルリンに滞在し田中への報告書草案を作成。 9月29日、ベルリンから父へ手紙[21]。 12月16日、ベルリンからS.H.ハーディーへ手紙[22]。 12月26日、田中(翌年1月3日にベルリンから帰国)に出す報告書(のちに文部省から刊行された『理事功程』の原稿の一部)を脱稿。
1873(明治6)	30	2月13日からリューマチの治療のためにヴィースバーデン(ドイツ)で湯治する。

年	年齢	事　項
		訳の新約聖書を購入する。「ヨハネによる福音書 3•16」に感銘を受ける。
1865（慶応 1）	22	東南アジアから弟へ手紙[6]。
		7 月 20 日、ボストン入港。
		10 月、ワイルド•ローヴァー号の船主 A. ハーディー*と夫人*に「脱国の理由書」[7]を提出。夫妻は新島のいわば「養父母」となる決意を固める。☞ 13 16 20
		10 月、M.E. ヒドゥン*の自宅にホームステイする。同家に同居する E. フリント夫妻*が家庭教師役を引き受ける。☞ 15 16 17
		10 月 30 日、アンドーヴァーにあるフィリップス•アカデミー英語科に入学する。☞ 14
1866（慶応 2）	23	5 月 9 日、英語の作文[8]を作る。
		12 月 30 日、アンドーヴァー神学校付属教会で洗礼を受ける。
1867（慶応 3）	24	3 月 19 日、アンドーヴァーから父へ手紙[9]。
		6 月、フィリップス•アカデミー修了。
		7 月、8 月の夏休みをチャタムのテイラー船長*の生家で過ごし、ヨットや潮干狩りなどを楽しむ。
		9 月、アーモスト大学*に入学。「ミッショナリー•バンド*」という学生サークルに加入。在学中、公私ともに J.H. シーリー*教授の感化を受ける。☞ 16 18 19 21
		11 月 22 日、アーモストから M.E. ヒドゥン*へ手紙[10]。
		12 月 24 日、アーモストから弟（双六*）へ手紙[11]。
		12 月、ヒンズデールの E. フリント家*で冬休みを過ごす。
1868（明治 1）	25	4 月 27 日、アーモストから S.H. ハーディー*へ手紙[12]。
		夏休み中、ニューハンプシャー州、ヴァーモント州などを歩いてまわり、登山をする一方で鉱山その他の見学をする。
		12 月、ヒンズデールのフリント家*で冬休みを過ごす。
1869（明治 2）	26	春休みを利用して、アーモストの南部で銃器、製紙、製鉄、織物などの製造工場を見学する。
		6 月、大学を訪問した宣教師の S.R. ブラウン*と面談する。
		夏休みにコネティカット州を旅行。その後チャタムのテイラ

年	年齢	事　　項
		江戸湾でオランダ軍艦を見て、その偉容に驚愕する。 幕府の軍艦教授所（軍艦操練所*）に通い、数学、航海術を学ぶ。 蘭学の書物により天文学、物理学を自習する。
1861(文久 1)	18	軍艦教授所で生徒中世話役を務める。 無理な勉強のため目を傷める。
1862(文久 2)	19	眼病のために軍艦教授所を退学する。 甲賀源吾の塾に入り、兵学、測量、数学などを学ぶ。 翌年にかけて 2 ヵ月間、備中松山藩(今の岡山県高梁市)の洋式帆船、快風丸*に便乗し、江戸から玉島(今の倉敷市)まで航海する。初めての航海で、解放感を十分に味わったために「家出」の決意を徐々に固める。☞1
1863(文久 3)	20	蘭学のほかに英語の勉強を始める。 「ロビンソン・クルーソー物語」の日本語訳、アメリカ史に関する漢訳の書物(『連邦志略*』)や聖書の物語などを読んで「天父」を発見する。
1864(元治 1)	21	川勝広道*の塾で学ぶ。 箱館の武田塾に入るために再び快風丸*に便乗して、品川から箱館まで航海する。 箱館ではロシア領事館付の司祭、ニコライ*神父の日本語教師となって、神父の家に移り住み、「脱国」の機会をうかがう。☞2 福士卯之吉(成豊*)の斡旋で夜半、アメリカ商船ベルリン号*(W.T. セイヴォリー船長*)に忍びこむ。 翌朝、出港。密出国に成功する。☞3 旅行記「箱館紀行」を書き残す[3]。 箱館から父へ手紙[4]。 上海から福士卯之吉*へ手紙[5]。 上海で、ベルリン号*の W.T. セイヴォリー船長*の斡旋によりアメリカ船ワイルド・ローヴァー号*(H.S. テイラー船長*)に乗り換える。☞4 5 香港に上陸した際、テイラー*に小刀を買ってもらった金で漢

新島襄略年表

1843—1860

年	年齢	事　　項
1843(天保 14)	0	2 月 12 日(新暦)、姉 4 人(くわ、まき、みよ*、とき*)に続いて江戸神田一ッ橋の安中藩邸で生まれる。幼名は七五三太。父(安中藩祐筆)は民治*、母はとみ*。
1847(弘化 4)	4	弟(双六*)生まれる。
1848(弘化 5)	5	父から習字のけいこを受け始める。
1849(嘉永 2)	6	母に口ごたえをしたために祖父(弁治*)からお仕置きを受ける。
1851(嘉永 4)	8	祖母(ます)死去。70 歳。
		絵を江場新太郎に習う。
		同時に礼儀作法の塾にも通う。
1853(嘉永 6)	10	安中藩の学問所に入り、添川廉斎*について漢文の学習を始める。
		同時に剣術や馬術のけいこを始める。
1856(安政 3)	13	藩主(板倉勝明*)から抜擢されて、田島順輔*に蘭学を習う。
1857(安政 4)	14	藩主の交替(勝明から勝殷へ)に伴い、教育政策が後退したために大いに失望する。
		元服して諱を「敬幹」とする。
		藩の祐筆補助を命じられる。
		教師(田島順輔*)が長崎へ遊学したため蘭学の勉強を中断する。
1858(安政 5)	15	安中藩家老・尾崎直記*へ手紙[2]。
		自分を可愛がってくれた尾崎と添川(後任は川田剛*)とが死去し、悲嘆に暮れる。
		川田剛*から漢学を学ぶ。その一方で退屈な出仕生活に不満を覚える。
1859(安政 6)	16	父が藩主に随行して大坂に出張。その間、祐筆ならびに自宅の書道塾での指導を代行する。
		蘭学の勉強を再開する。
1860(萬延 1)	17	姉(くわ)死去。29 歳。
		藩主の護衛役のひとりに選ばれ、初めて上州安中に行く。

◉小　説

徳富健次郎『黒い眼と茶色の目』(新橋堂、1914 年。『蘆花全集』10、蘆花全集刊行会、1928 年)

真下五一『小説　新島襄』(上毛新聞社、1977 年)

福本武久『新島襄とその妻』(新潮社、1983 年)

河野仁昭『新島襄の青春』(同朋舎、1998 年)

◉研究誌・逐次刊行物

『同志社談叢』1 (同志社社史史料編集所、1980 年)～20(同志社社史資料室、2000 年)

『新島研究』 1 (洗心会、1954 年)～91(同志社社史資料室、2000 年)

『同志社時報』 1 (同志社、1962 年)～109(同志社、2000 年)

◉ビデオ

『新島襄の生涯』(同志社、1993 年)

『新島襄　Ask and ye shall receive』(紀伊国屋書店、1998 年)

伊藤彌彦『のびやかにかたる　新島襄と明治の書生』(晃洋書房、1999 年)
竹中正夫『勝海舟と新島襄』(同志社、1999 年)
井上勝也『国家と教育―森有礼と新島襄の比較研究―』(晃洋書房、2000 年)
安森敏隆『新島襄の短歌―和歌的発想と短歌的発想―』(同志社、2000 年)
教科書新島襄編集委員会編『教科書新島襄』(新教出版社、2000 年)

◉回想録

松浦政泰『同志社ローマンス』(警醒社、1918 年)
徳富蘇峰『蘇峰自伝』(中央公論社、1935 年。復刻版、同志社社史資料室、1995 年)
徳富蘇峰『我が交遊録』(中央公論社、1938 年)
森中章光編『新島先生記念集』(同志社校友会、1940 年)
徳富蘇峰『蘇翁感銘録』(寳雲舎、1944 年)
徳富蘇峰『三代人物史』(読売新聞社、1971 年)
『創設期の同志社―卒業生たちの回想録―』(同志社社史資料室、1986 年)
永澤嘉巳男編『新島八重子回想録』(同志社大学出版部、1973 年。復刻版、大空社、1996 年)
徳富猪一郎『蘇峰交遊録―我が交遊録―』(中公文庫、1990 年)

◉論文集

北垣宗治編『新島襄の世界―永眠百年の時点から―』(晃洋書房、1990 年)
同志社編『新島襄―近代日本の先覚者―』(晃洋書房、1993 年)

◉初期同志社の歴史

同志社校友会編『同志社五十年史』(同志社校友会、1930 年)
青山霞村『同志社五十年裏面史』(からすき社、1931 年)
森中章光『同志社開校事情』(同志社新島研究会、1951 年)
同志社社史資料編集室編『同志社九十年小史』(同志社、1965 年)
『同志社女子部の百年』(同志社女子部創立百周年記念誌編集委員会、1978 年)
『同志社百年史』全 4 巻(同朋舎、1979 年)
(坂本清音・本井康博)『外国人教師の目に映った百年前の同志社』(同志社大学人文科学研究所、1995 年)
本井康博『京都のキリスト教―同志社教会の 19 世紀―』(同朋舎、1997 年)
同志社大学人文科学研究所編『来日アメリカ宣教師―アメリカン・ボード宣教師書簡の研究　1869〜1890―』(現代史料出版、1999 年)

湯浅與三『新島襄伝』（改造社、1936 年）
森中章光『新島先生片鱗』（洗心会、1940 年）
森中章光『新島襄先生の生涯（海外修学篇）』（泰山房、1942 年）
森中章光『新島襄先生の生涯（教育報国篇）』（泰山房、1942 年）
鑓田研一編『わが人生』（全国書房、1946 年）
森中章光『新島襄片鱗集』（丁字屋書店、1950 年）
岡本清一『新島襄』（同志社大学出版会、1950 年）
魚木忠一『新島襄　人と思想』（同志社大学出版会、1950 年）
岩本博民編『新島襄言志録』（同志社彰栄会、1955 年）
徳富蘇峰『新島襄先生』（同志社、1955 年）
神田哲雄『新島襄の生涯（増補新訂）』（社会教育者連盟、1957 年）
渡辺実『新島襄』（吉川弘文館、1959 年）
森中章光編『新島襄先生詳年譜（改訂増補）』（同志社・同志社校友会、1959 年）
砂川万里『新島襄・本多庸一』（東海大学出版会、1965 年）
森中章光『新島先生と徳富蘇峰』（同志社、1965 年）
加藤延雄『新島襄先生略伝（改訂二版）』（日本観光美術出版社、1966 年）
昭和女子大学文学研究室著『近代文学研究叢書（増訂）』1（昭和女子大学近代文学研究所、1969 年）
和田洋一『新島襄』（日本基督教団出版局、1973 年）
J.D. デイヴィス（北垣宗治訳）『新島襄の生涯』（小学館、1977 年）
森中章光『新島襄先生』（同志社新島研究会、1978 年）
『日本人の自伝』 3（平凡社、1981 年）
島尾永康『新島襄と科学』（同志社大学出版部、1984 年）
福本武久『新世界に学ぶ　新島襄の青春』（筑摩書房、1985 年）
末光力作『新島襄と自然科学教育』（同志社、1986 年）
加藤延雄・久永省一『新島襄と同志社教会』（同朋舎、1986 年）
吉田曠二『新島襄―自由への戦略』（新教出版社、1988 年）
井上勝也『教育者　新島襄』（同志社大学出版部、1988 年）
伊藤彌彦『抑圧と飛躍の青春』（同志社大学出版部、1989 年）
森中章光『新島襄先生の生涯』（不二出版、1990 年）
井上勝也『新島襄　人と思想』（晃洋書房、1990 年）
同志社編『新島襄―その時代と生涯―』（同志社、1993 年）
河野仁昭『新島襄への旅』（京都新聞社、1993 年）
北垣宗治『新島襄とアーモスト大学』（山口書店、1993 年）

≪読書案内≫

・主として日本語の参考文献をあげた。
・雑誌論文などは省いた。

◉新島襄の書簡・日記・手記類

J.H. Neesima, *My Younger Days*（同志社校友会、1934 年）
同志社校友会編『新島襄先生書簡集』（同志社校友会、1942 年）
同志社編『新島襄書簡集』（岩波文庫、1954 年）
同志社編『新島襄先生書簡集（続）』（同志社・同志社校友会、1959 年）
（森中章光訳）『同志社大学設立の旨意』（同志社、1959 年）
小川与四郎『新島襄の漢詩』（同志社新島研究会、1979 年）
新島襄全集編集委員会編『新島襄全集』全 10 巻（同朋舎、1983 年〜1996 年）
阿部正敏編著『新島襄の英文書簡』第 1 部（大学教育出版、1997 年）

◉目録

『新島旧邸文庫所蔵目録』（同志社大学、1958 年）
『新島先生遺品庫収蔵目録』上（同志社社史史料編集所、1977 年）
『新島遺品庫収蔵目録』下（同志社社史史料編集所、1980 年）

◉新島襄の伝記・評伝・資料

P.F. McKeen, *The Story of Neesima*, Boston D Lothrop Company, 1890（『同志社談叢』20、2000 年 3 月に再録）
A.S. Hardy ed., *Life and Letters of Joseph Hardy Neesima*, Houghton, Mifflin and Company, Boston and New York, 1891（Reprint, Doshisha, 1980）
池本吉治編『新嶋先生就眠始末』（警醒社、1890 年。復刻版、山岡家文書刊行保存会、1996 年）
佐々倉代七郎編『新島先生高談集』（大阪福音社、1890 年）
石塚正治編『新島先生言行録』（警醒社、1891 年）
ゼ・デ・デビス（村田勤・松浦政泰訳）『新島襄先生伝』（警醒社、1891 年）
ゼー・デー・デビス（山本美越乃訳補）『新島襄先生伝』（警醒社、1903 年）
永代静雄編『新島襄言行録』（内外出版協会、1909 年）
根岸橘三郎『新島襄』（警醒社、1924 年）

長男。同志社卒業後は今治教会を創設。のち同志社の教員、社員(理事)、本郷教会牧師、ジャーナリストなどを経て、実業界、政界に転身。その間、同志社総長を務める。教会合同運動では推進者。

横田安止(1865-1935)　熊本出身の実業家。同志社に在学中、新島襄から熱烈な手紙を何通も受信した。とりわけ「良心碑」の碑文に選ばれた「良心之全身ニ充満シタル丈夫」の一句は著名である。卒業後はジャーナリスト、銀行家として活躍。☞ 43

吉田賢輔(1839-1896)　江戸の出身で、新島襄より 4 歳年上。田辺石庵、古賀茶渓に学ぶ。蕃書調所で書記や翻訳書記取締、外国奉行支配で書記や支配調役などを歴任。江戸において新島は「親友」のひとりとみなす。下谷にあった田辺信次郎(田辺太一*の父)の塾生であったとき、隣接する川田剛*の塾の塾生であった新島とは相互に密接な交流が見られた。吉田、津田仙*、杉田廉卿*らはともに聖書の学習会を開いたという。吉田は後、慶応義塾ならびに共立学舎の教授を経て、大蔵省に出仕した。『西洋旅行案内』(尚古堂、1869 年)などの著作がある。

湯浅一郎(1868-1931)　画家。湯浅治郎*の長男として上州安中で出生。同志社で学んだ後、東京美術学校(現東京芸術大学)に学び、パリ、スペインで研鑽を積む。新島襄や D.W. ラーネッド*の肖像画を作成。主要作品は群馬県立美術館が所蔵する。

湯浅吉郎(1856-1943)　詩人(号は半月)。上州安中の生まれで、湯浅治郎*の弟。同志社に学び、「自責の杖」事件*の際の学園紛争後に徳富猪一郎*らといったんは退学。が、治郎に説得されて復学する(猪一郎は復学せず)。卒業後はアメリカに留学し、オベリン大学、イェール大学で学ぶ。帰国して同志社の教授、平安教会牧師、京都府立図書館長などを歴任した。同志社の徽章の制定者でもある。

湯浅治郎(1850-1932)　上州安中出身のクリスチャン実業家。安中で有田屋を経営し、醸造業に従事。帰国した新島襄がただちに安中に帰省して行った説教を聞いてキリスト教に共鳴し、受洗。以後、安中教会の柱石となる。群馬県会議長の時、全国に先駆けて公娼廃止を実施し、のち代議士として活躍。1888 年以来、同志社の社員(理事)として尽力するが、とりわけ新島の死後は、京都に居を移し、無給で同志社の経営に専念した。湯浅一郎*(画家)は長男、湯浅八郎(同志社総長、国際キリスト教大学総長)は五男。

W

渡辺源太(1847-1931)　牧師。摂津出身。同志社を卒業後、三田教会、美作落合教会などで伝道に尽力する。

ワイルド・ローヴァー号　the Wild Rover　ハーディー商会所有の帆船(貨物船)。1853年、メイン州のダマリスコッタで建造される。重さ1100トン、長さ187フィート、幅36フィート、深さ22フィートの3本マストの快速船。新島襄が上海からボストンまで乗船した後、船主が代わり、1871年、座礁のためロングアイランドで沈没した。現在、同志社大学の広報誌の誌題、ならびに同志社大学アメリカン・フットボール部の愛称となっている。

ウイルソン　J. Wilson(1845-没年不詳)　アメリカン・ボード*(ウーマンズ・ボード)女性宣教師。ニューヨーク市にて出生。同志社女学校で教えるために1877年に来日したが京都在住許可がおりず、1879年から岡山ステーションに移る。

ウイシャード　L.D.L. Wishard(1854-1925)　北米キリスト教青年会(YMCA)同盟学生部主事で世界最初の学生YMCA主事。ユニオン神学校の学生のころから大学間のYMCA活動を開始した。1889年世界YMCA同盟の代表者として、日本を始め、各国を歴訪。在日中、同志社を会場に日本で最初の夏季学校を開いた。

Y

山本覚馬(1828-1892)　会津藩士。戊辰戦争で捕縛され、薩摩藩邸に幽閉中に『管見』を口述筆記させた。同書はきわめて開明的、先駆的な内容であったために京都府顧問に取り立てられる契機となった。社会科学の理論ばかりか、実践にも明るく、京都の種々の近代化プロジェクトを立案、実行した。そのほか京都府議会の初代議長、京都商工会議所の2代目会頭にも推されている。妹(八重*)が新島襄の妻となったが、義弟の新島は京都とは何の縁故もなかったので、新島とふたりで発起した同志社は、京都の市民の目にはいわば「山本兄弟の学校」と映ったのではないか。新島の死後、同志社の臨時総長に就任。なお、同志社が最初に購入した校地の旧薩摩藩邸を覚馬が薩摩藩から手に入れた経緯は定かではない。☞ 30

山本八重⇨新島八重

山室軍平(1872-1940)　岡山県出身の社会事業家。同志社で開催された第1回夏季学校*を契機に新島を慕って同志社に入学。中退後、日本救世軍に入り、日本司令官(中将)となる。留岡幸助(家庭学校校長)と並ぶ、同志社が生んだ代表的なクリスチャン社会事業家。

横井時雄(1857-1927)　一時、伊勢を名乗る。「熊本バンド」のひとりで横井小楠の

多数受け取った人物である。新島の遺言を書き取った後、(新島本人からか)新島伝の執筆者(英文は J.D. デイヴィス*)に指名されたが、未完に終わった。

徳富健次郎(蘆花)(1868-1927)　小説家。徳富猪一郎*の弟。同志社在学中、「自責の杖」事件*にいたる学園紛争や、山本覚馬*の子(久栄)との恋愛事件に関与する。『黒い眼と茶色の目』は「黒い眼」(新島襄)と「茶色の目」(久栄)をめぐる彼の自伝的小説で、初期同志社の学生生活を活写する。作品は『蘆花全集』全 20 巻。

津田仙(1837-1908)　幕臣。キリスト者。新島とは江戸で早くから親交があった。新島は津田の娘(梅子*)とも留学時代にアメリカで交流があった。津田は麻布に創設した学農社(農学校)に数名の同志社出身者を教師として招く一方、息子ふたり(元親、次郎)を新島に託して東京から同志社に送った。政界での顔が広く、新島を寺島宗則*、勝海舟*などに紹介したり、新島と伊藤博文*との会見を設定したりした。

津田梅子(1864-1929)　津田仙*の次女。女子英学塾(現津田塾大学)の創設者。開拓使が派遣した女子留学生 5 名中、最年少の 7 歳でアメリカに留学し、新島襄に可愛がられた。留学中に受洗。帰国後、一時、伊藤博文*家で家庭教師を務める。

綱島佳吉(1860-1936)　牧師。美作出身。同志社を卒業後、福島県、平安教会、霊南坂教会、番町教会などで伝道に尽力する。

U

内村鑑三(1861-1930)　上州出身。「札幌バンド」の中心人物で、無教会派の指導者。最初の結婚と離婚、留学(アーモスト大学*で新島襄の後輩)、帰国後の就職(北越学館教頭)はいずれも新島の斡旋による。1883 年、勤務していた学農社農学校(津田仙*が設立)が閉鎖された時、同志社に招聘されたが、農商務省に入る。

上原方立(1860-1884)　「熊本バンド」のひとり。同志社卒業後、大阪の島之内教会の伝道師を務めるが、チブスにかかり夭折。

植村正久(1858-1925)　幕臣の子。「横浜バンド」の代表者で、日本基督一致教会の指導者。J.H. バラ*から受洗する。東京・富士見町教会の創立者、牧師。神学教育や評論活動でも活躍した。新島襄とは教会合同運動をめぐって対立した。

浮田和民(1859-1946)　「熊本バンド」のひとり。同志社卒業後、大阪・天満教会牧師に就任。1883 年、小崎弘道*の『東京毎週新報』の発行を手伝うために東京に転出。ついで同紙の後継紙『基督教新聞』の編集に従事。同志社政法学校教授を経て、東京専門学校(現早稲田大学)教授となる。安部磯雄や大西祝(はじめ)などの同志社出身の早稲田大学教授らとともに「同志社からの輸血」と言われる。

島は再渡米のおり太一の息子(次郎一)と同船であった。

田中不二麿(1845-1909)　新島襄は岩倉遣外使節団*のメンバーの中では文部理事官の田中ともっとも接触が濃密だった。新島は彼の秘書役(通訳・翻訳者)として行動をともにすることが多かった。「私は彼のために日曜学校の教師になりました。〔中略〕信仰を公に告白こそしてはいませんが、彼は心情的にはほとんどクリスチャンです」と新島は書き残している。が、結局、田中は入信しなかった。政府高官になってからの田中に新島はたびたび陳情したが、「無精神。ああ、天下を憂う士ではない。自家保身の策をなすに似ている。自分が大事。天下はどうでもよい」と痛烈に批判し、失望している。☞23

田中平八(1834-1884)　実業家。横浜で洋銀の売買を始め、1865年に両替店を開店。のち洋銀現場取引所長。ガスや水道などの公共事業も手がけた。新島襄の同志社大学設立運動のために寄付をした。

田中茂手木(1843-1868)　会津藩士。江戸における新島襄の旧友。箱館の武田*塾に学ぶ。1886年、樺太の日露国境交渉の一行に加わりペテルブルグに派遣され、帰途にパリの万国博を見学。帰省の途上、越後において戊辰戦争にまきこまれ戦死した。

テイラー　H.S. Taylor(1829-1869)　ワイルド・ローヴァー号*の船長で、新島襄を上海からボストンに運んだ。新島(Joe)の名づけ親。帰米中は、新島をチャタムの生家に招き、家族同様に扱った。新島の留学中にボストン港で事故死。それを知った新島は彼の親戚に入信を勧める熱烈な手紙[13]を書き送った。☞5

テイラー　W. Taylor(1835-1923)　アメリカン・ボード*派遣の医療宣教師。神戸、岡山、京都で活躍する。同志社時代、医療行為をしたことが問題視され、新島襄が府に呼び出されたりしたが、結局、同志社教員を辞任して大阪に去った。

寺島宗則(1833-1893)　薩摩藩士。英国留学後、1873年に外務卿となる。宣教師の雇用に関して新島襄の交渉相手となる。交渉は難航し、森有礼*の援助でかろうじて許可が降りる。

東華学校　同志社が富田鉄之助(当時は日銀副総裁)などの協力を得て、1886年に仙台に分校として開校した男子校。校長には新島襄、副校長には市原盛宏*が就任。開校時(仮開校)の名称は宮城英学校。翌年、東華学校と改称され正規に開校。新島の死後、1892年に廃校。のち校舎は仙台第二女子高等学校の校舎に転用。

徳富猪一郎(蘇峰)(1863-1957)　『国民之友』、『国民新聞』を創刊したジャーナリスト。民友社社長。代表作は『近世日本国民史』全100巻。「熊本バンド」の一員でありながら、先輩グループとは一線を画した。彼らが熊本洋学校のL.L. ジェーンズ*を高く評価するあまり同志社の教師陣を軽視するのに義憤を感じて蘇峰は終始、新島襄側に立った。教会合同運動はその好例である。新島からの信任が厚く、手紙(日本語)を最

蘭学の勉強もやめないように、と助言される。新島の親友、吉田賢輔*の師でもある。安中藩中屋敷で病没。喜多方市に顕彰碑が建てられている。

スタークウェザー　A.J. Starkweather(1849-没年不詳)　1876年、アメリカン・ボード*(ウーマンズ・ボード)から京都に派遣された最初の独身女性宣教師。着任の翌月、J.D. デイヴィス*の借家で女子塾を開始。同塾は同年「京都ホーム」となり、翌年、新島襄が同志社分校女紅場(同志社女学校、現同志社女子大学)として認可を取った。

菅沼精一郎(生没年不詳)　長岡藩士で箱館・武田*塾の塾頭。新島襄をニコライ神父*や沢辺数馬*に紹介した。

杉田廉卿(1846-1870)　杉田玄白の孫(成卿)の養嗣子。新島襄は青年時代、年下の廉卿から蘭学の教えを受けた。新島、廉卿、津田仙*らはともに聖書の学習会を開いたという。新島が渡米後、廉卿は新島のために草木の種を収集している。妻(縫)は廉卿の死後、富田鉄之助(日銀総裁)の夫人となる。

杉田潮(1856-1925)　牧師。摂津三田出身。同志社を卒業後、安中教会、前橋教会、浪花教会などで伝道に尽力する。元良(もとら)勇次郎の兄。

杉浦義一(1852-1926)　牧師。三河出身。同志社在学中から多聞教会を応援し、卒業後は土佐、北海道などで伝道に尽力する。

サザランド　G.E. Sutherland(1843-1899)　アーモスト大学*での新島襄の3年目のルームメイト。南北戦争の従軍経験があり、13重砲連隊の大尉を務めた。大学卒業後、コロンビア大学などで法律学を学び、州上院議員、判事、弁護士として活躍する。

T

田島順輔(1827-1859)　新島襄の蘭学教師。近江(滋賀県)日野の出身。大阪の緒方塾、ついで江戸の塾で洋学を学ぶ。1851年、安中藩主の板倉勝明*に召し抱えられた。1856年、蕃書調所教授出役となったが、翌年長崎伝習所行きを命じられ、江戸の安中藩邸を去ったために新島を失望させた。

武田斐三郎(1827-1880)　伊予大洲藩士。蘭学者。箱館で武田塾を開き、蘭学、航海術、砲術、築城、造船、化学などを教えた。新島襄は彼を頼って渡道するが、新島が江戸で英語の指導を受けたといわれる高柳松之助(紀州藩士で武田の門人)の斡旋も考えられる。しかし、武田は新島とは入れ違いに江戸に行き、開成所教授に就任した。五稜郭の設計者。

田辺太一(1831-1915)　蘭学者。昌平黌に学ぶ。早くから江戸で新島襄と知り合う。1864年欧州に、1867年にはパリに派遣された。1872年、岩倉遣外使節団*の書記官長格(一等書記官、外務少丞)で渡米し、新島と再会。帰国後は元老院議官。父は田辺信次郎で、弟が孫次郎。孫次郎の子の朔郎は京都疏水事業工事の設計・監督者である。新

スト大学教授(道徳哲学)、のちに学長。新島襄の恩師。新島が初めてアーモストにやってきた時に駅で出迎え、入寮までの3週間、家庭に引き取った。以来、彼の家庭は一貫して新島のホスト・ファミリーであった。シーリーが出張などで不在のおりには食卓で新島が代わってシーリーの席に座り、食前の祈りをリードした。シーリーの講演集が日本で『宗教要論　全』として発行された際、新島はシーリーの人となりを絶賛する序文を寄せた。一方、シーリーは学長のおりアーモスト大学から新島に名誉学位を贈った。☞18

尺振八(1839-1886)　鈴木振八。江戸の出身。外国方通弁を経て、幕府の遣外使節の一員としてフランス、アメリカを視察。吉田賢輔*、木村熊二と同じく、田辺信次郎(田辺太一*の父)の塾生時代に、新島襄との交流が始まった。新島は「親友」のひとりとみなす。維新後は横浜アメリカ公使館通弁。1870年、東京本所に共立学舎を設立し英学を教授。のち大蔵省に出仕した。

「千里を駆けめぐる志」(千里の志)　曹操の漢詩の一節「老驥は櫪に伏す　志は千里に在り」にある新島襄愛唱の句。「驥」は一日に千里走るという駿馬、「櫪」は厩の根太を意味する。老いた名馬は厩につながれていても、千里を駆けめぐる志を忘れず「脱櫪」を夢見る、との意味。新島は若き日の「千里の志」を最後まで堅持した。☞3

渋沢栄一(1840-1931)　実業家。武蔵国の豪農出身。1867年、欧州視察した後、大蔵省に出仕する。退官後、第一国立銀行、大阪紡績会社、王子製紙などを創設し、財界の中軸となる。同志社大学設立運動を始め、教育、社会事業にも寄付を惜しまなかった。

下村孝太郎(1863-1937)　「熊本バンド」のひとり。少年時代から母と多数の姉妹とを扶養する義務を負い、苦学する。同志社卒業後、ウースター工科大学、ジョンズ・ホプキンス大学に留学。その間の留守宅の家計を新島襄は親身に世話した。帰国後は同志社に戻り、ハリス理化学校の教頭となる。のち、実業界に転じて、技師、社長として活躍。その間、同志社総長を務める。夫人(とく)は北垣国道*の長女。英語に優れ、英詩集を残す。

塩田虎尾(1842-1913)　備中松山藩士。同藩の重臣、塩田仁兵衛の次男で、米三俵外二人扶持。新島襄より1歳年上。快風丸*で新島と玉島、箱館へともに航海した。箱館では新島の密出国を援助した。

スマート　J.G. Smart(1840-1925)　アーモスト大学*における新島襄の2年先輩。牧師の子として誕生し、アーモスト大学を卒業後はプリンストン神学校に進み、牧師となる。各地で伝道に従事する。

添川廉斎(1803-1858)　完平。会津(喜多方市)出身の儒学者。江戸、京都、備後で学び、安中藩に招かれる。新島襄が少年時代にもっとも慕っていた恩師。漢学を習うが、

後」総額5000ドルに集計されたと考えられる。新島は1000ドルを捧げた3人の大口献金者(ひとりは遺族)を再渡米のおりに訪ね、あらためて礼を言った。なお、新島の墓が近年、再建されるにあたって新たに使用された石は、この地の花崗岩である。☞ 24

S

セイヴォリー　W.T. Savory(1827-1897)　マサチューセッツ州セーラム出身の船長。ベルリン号*で新島襄を箱館から上海まで運んだ。新島は船長の信仰を疑問視するが、セイヴォリー自身はセーラムの第一教会(会衆派ユニテリアン)の会員である。晩年はセーラムで実業に従事したが、健康を損ねたためにフロリダに転出し、デランドで死去。☞ 4

沢辺数馬(1835-1913)　琢磨。土佐出身で坂本龍馬の従弟(いとこ)。箱館・神明社宮司。菅沼精一郎*が新島襄を沢辺に紹介し、沢辺が新島を福士卯之吉*に紹介した。脱国する新島に対して自宅で送別会を催し、「忘るなよなよわするなよわするなよ　この言の葉のにしきなりしを」との返歌を新島に贈った。当初は異教に反対してニコライ*を刺殺しようとしたが、のちに彼から洗礼を受けた。ハリストス正教会の最初の日本人司祭となる。葬儀は神田のニコライ堂で行われた。

澤山保羅(1852-1887)　周防出身の牧師(組合教会系)、教育者。アメリカ留学中に受洗し、帰国後は浪花公会(現浪花教会)を設立し、牧師に就任。梅花女学校(現梅花学園)を創設し、校長を務めた。熱烈な「自給」論者で、この点では新島と対立した。

シアーズ　J.M. Sears(1854-1905)　彼の父はマサチューセッツ州ヤーマス出身の実業家で、A. ハーディー*と事業をともに起こした。父は一人息子の彼が誕生する直前に、そして直後に母が死去したために、約150万ドルにおよぶ莫大な遺産の管理とともに彼は幼少時にハーディー家に引きとられた。それ故いわば新島襄の「義弟」(11歳年下)にあたる。フィリップス・アカデミーからイェール大学に進んだ。シアーズは12歳で新島に聖書を贈ったのを手始めに、「新島旧邸」と京都第二公会(現同志社教会)の建築資金を新島に送金した。聖公会員。墓はハーディー家の墓があるケンブリッジのマウント・オーバンにある。

シーリー　E.T. Seelye(1833-1881)　J.H. シーリー*夫人(エリザベス)。新島襄は彼女の死去を知らされた際、シーリーに「私は奥さまを私のアメリカの母たちのひとりだと主張しておりましたし、奥さまのそばにいる時、豊かさを感じていました。〔中略〕私は奥さまが私にしてくださったことを他者にしてあげたいと思います」と書き送っている。☞ 16

シーリー　J.H. Seelye(1824-1895)　アーモスト大学*、オーバン神学校卒。アーモ

信頼していた人物。彼らふたりが相次いで亡くなったために新島は大きな失望を味わった。享年38。墓は安中の大泉寺にある。『新島襄全集』第3巻では「直紀」、同8巻では「直記」表記であるが、今回、安中市史編さん室の調査結果を参考に本書では「直記」とした。

P

パーミリー　H.F. Parmelee(1852-1933)　アメリカン・ボード*(ウーマンズ・ボード)派遣の女性宣教師。オハイオ州出身。1877年に来日したが、京都の在住許可がおりたのは3年後の1880年6月であった。この時から同志社女学校で活動。1891年、再来日し、津、前橋、松山、明石で教育と伝道に従事。

ペリー　M.C. Perry(1794-1858)　アメリカの東インド艦隊司令長官として1853年に浦賀に来航。翌年、再来日して日米和親条約の締結に成功する。

ポーター　A.P. Porter(1827-1891)　イギリス商人。福士卯之吉*が勤めていた箱館のポーター商会店主。新島襄は彼の店でW.T. セイヴォリー*に初めて会う。新島は1887年に函館を再訪した際、ポーターに再会した。

ポーター N. Porter(1811-1892)　牧師。教育者。イェール大学の卒業生で、1871年に母校の学長に就任(就任式には森有礼*も参列した)。新島襄は田中不二麿*を案内して訪問したのを皮切りに何度もニューヘイヴンに学長を訪ね、学長住宅に宿泊している。

ピューリタン　Puritans　清教徒。もともとは宗教改革以後、(スコットランドに誕生したカルヴァン派である長老派に対して)イングランドに誕生したカルヴァン派のキリスト教信徒を指す。新島襄の場合は、通例「ピルグリム・ファーザーズ」(巡礼始祖)の同義語として用いられている。彼らは1620年に宗教的自由を求めてイングランドからアメリカに渡った102名のピューリタンである。新島が住んだニューイングランドは「ピルグリム・ファーザーズ」の子孫たちが開拓し、基礎を据えた地域であり、その伝統をもっとも色濃く受け継いでいた。

R

『連邦志略』　E.C. ブリッジマン*が上海において漢文で著したアメリカ史。1862年に刊行された。新島襄はこれを読んで、「脳髄がとろけ出るほど」驚嘆し、「ロビンソン・クルーソー物語」とともに海外雄飛の夢をかき立てられた。

ラットランド　Rutland　ヴァーモント州にある地方都市。1874年秋にアメリカン・ボード*の年次大会が同地のグレース教会で開催された時、新島襄のアピールに応えて日本にキリスト教学校を設置するための寄付が5000ドル寄せられた。従来、それは「その場で」募金された金額と伝えられてきたが、実際は後日の募金をも併せて「その

み、90 歳で死去。

新島八重(1845-1932)　新島襄の妻。会津藩士、山本覚馬*の妹。会津で川崎尚之助と結婚したが、出身藩の相違から戊辰戦争を契機に離婚。戊辰戦争において鶴ヶ城で従軍した体験が彼女のいわば原点である。鳥羽•伏見の戦いで戦死した弟(三郎)の衣装を着て、西軍を相手にケーベル銃を手に「弔い合戦」を繰り広げた。京都に転じて、洗礼を受けて「クリスチャン•レイディ」となり、さらに新島と再婚して校長夫人に転身したものの、死ぬまで会津魂を失わなかった。☞ 30、31

二階堂円造(1847-1940)　旧姓横山。牧師。摂津出身。同志社英学校の最初の入学生のひとり。多聞教会、西宮教会、兵庫教会、三田教会などで伝道に尽力する。

O

大木喬任(1832-1899)　佐賀藩出身の政治家。民部、文部、司法の各卿を経て、司法大臣、文部大臣、枢密院議長を歴任した。J.H. シーリー*が日本を訪ねた際の文部卿であった。

大隈重信(1838-1922)　佐賀藩出身。東京専門学校(現早稲田大学)の創立者。黒田清隆内閣の外務大臣のおりに新島襄の大学設立運動に協力し、募金集会を開いたり、同志社を視察したり、自身寄付を行ったりした。新島の死後、総理大臣の時にもアメリカン•ボード*と同志社との紛争に調停役を演じた。創立者同志の緊密なつながり以後も同志社大学と早稲田大学との間では交流が継続し、現在、学生の交換留学制度が実施されている。☞ 40

大倉喜八郎(1837-1928)　実業家。越後出身。戊辰戦争で軍の御用商人として巨利を得、大倉財閥を築く。大倉高等商業学校(現東京経済大学)の創設者。新島襄の同志社大学設立運動にも協力し、寄付をした。

押川方義(1849-1928)　伊予出身の牧師(一致教会系)、政治家。「横浜バンド」のひとり。仙台伝道の開拓者で、仙台教会(現仙台東一番丁教会)の創立者。同地における学校設立計画が新島襄の英学校(宮城英学校)設立構想とかち合ったために神学校(仙台神学校、現東北学院)と女学校(現宮城学院)とを開校させた。

オーティス資金　Otis Legacy　コネティカット州ニューロンドン在住の資産家、A. オーティス(1787-1879)がアメリカン•ボード*に寄付した遺産で総額 100 万ドル。同志社への寄付だけでなく北日本ミッション(新潟ステーション)の設置、運営にも使用された。

尾崎直記(1820？-1858)　安中藩家老。新島家とは家族ぐるみの交際が見られた。新島襄の母(とみ*)は娘時代に彼の家で奉公しており、彼女の結婚に際しては、尾崎が媒酌人を務めた。学問への理解が深く、新島が少年時代、添川廉斎*とともにもっとも

中村正直(1832-1891)　敬宇。江戸出身の漢学者、英学者。1873年、東京小石川に同人社(学校)を開き、英学、漢学を教えた。翌年、G.L.カックランから受洗。同年、中村は新島に自著『訓点天道溯原』を贈った。一時、新島に対して同人社への引き抜きを考えた。

ニコライ　I.D. Kasatkin(1836-1912)　Père Nikolai(ニコライ神父)は修道士名。ペテルブルグの神学大学に在学中にV.M.ゴロヴニンの『日本幽囚記』(1816年)を読んで日本に関心を抱き、1861年、来日して箱館でロシア領事館つきの司祭となる。新島と出会った時は、すでに滞日4年目で、日本語もある程度習熟していた。一時、領事館に預かった新島襄から日本語や『古事記』を習う。1869年、いったん帰国。再来日して、東京(神田)を拠点に半世紀間、ハリストス正教の宣教に貢献し、大主教に就任。東京で死去。☞ 2

新島弁治(1786-1870)　新島襄の祖父。旧姓中島。安中藩士。幼少年時代の新島に肉親中もっとも大きな感化を与えた。新島の箱館航海(密出国)にも同情的で、その壮図を激励した。新島の留学中にコレラで死去した。

新島公義(1860-1924)　新島家養子。植栗義達の次男で幼名は棣弥である。新島双六*が死去する6日前に弓削田雪渓(安中藩校教授)の周旋で新島双六の養子(新島にとっては義理の甥)となる。群馬県で小学校教師を務めたあと、同志社英学校に入学し、京都第二公会でM.L.ゴードン*から洗礼を受ける。「自責の杖」事件*の要因となった学園紛争では、当事者の2年上級組のひとりで、退学騒動を引き起こして伯父の新島校長を苦境に立たせた。同志社卒業後は、伝道師、実業家を務める。

新島みよ(1838-1879)　新島襄の3番目の姉。少女時代に弟(七五三太)を背負って転んだことが遠因で歩行の自由を失う。生涯、独身を通した。安中から両親や公義*とともに京都へ転じ、新島の借家、ついで「新島旧邸」に居住した。新島から洗礼を受けて京都第二公会に入会。新島にとっては最後まで気がかりな姉であった。

新島双六(1847-1871)　新島襄の4歳年下の弟。安中藩でも将来を嘱望された俊才のひとりで、昌平坂学問所に学んだ。新島自身にとっても「右腕」であったが、彼の帰国を待たずに23歳2ヵ月で死去した。

新島民治(1807-1887)　新島襄の父。安中藩の祐筆。山本流の書道師範でもあり、自宅で書道塾を開き、早くから新島に手習いをさせた。新島は青年時代、父の不在中には書道塾を助けた。新島の留学中に江戸から安中に転居し、新島の帰国後は一家で京都に移転した。京都第二公会で新島から洗礼を受ける。

新島とみ(1807-1896)　新島襄の母。旧姓中田。武州(埼玉県)浦和の出身。結婚前に数年間、安中藩家老の尾崎直記*の家庭で奉公。新島民治*との結婚の際も尾崎が媒酌人となった。京都第二公会でM.L.ゴードン*から洗礼を受ける。新島よりも長寿を楽し

結成したもので、海外伝道に関心を抱き、宣教師を志望する学生が大勢、入会した。新島の同期生では彼を含めて 11 名が所属した。新島はアンドーヴァー神学校*でも同種のクラブ、「兄弟団」(Brethren)に加入している。

宮川経輝(1857-1936)「熊本バンド」のひとり。同志社卒業後、同志社女学校教員を経て、大阪教会牧師。泰西学館や梅花女学校(現梅花学園)の校長をも兼務する。

ムーディー D.L. Moody(1837-1899) アメリカを代表するエヴァンジェリスト(大衆伝道者)で、1879 年ノースフィールドに伝道者養成学校を、そして 1886 年にはシカゴ伝道協会(後にムーディー聖書学院)を設立。新島襄は前者への蔵原惟郭*の受け入れをムーディーに要請した。

森有礼(1847-1889) 薩摩藩出身の外交官、政治家。少弁務使時代にアメリカで新島襄と接触したが、当時の消息を新島のルームメイトは「先日、ボストンで日本大使〔森〕が彼〔新島〕に会い、費用は全部引き受けるから官途に就くようにすすめました。ジョセフはそういう考え方をする男ではありません。誰の家来にもなる気がないのです」と報じている。帰国後は、外交官として活躍した。1885 年、伊藤*内閣に初代文部大臣として入閣。青年時代、T.L. ハリスの影響でキリスト教に共鳴し、新島にも協力的であったが、しだいに国家主義的教育体制の確立に邁進する。キリスト教に心酔したとの嫌疑を受け、大日本帝国憲法が発布された日に暗殺された。☞ 22

陸奥宗光(1844-1897) 陽之助。和歌山藩士。外交官。駐米公使、外務大臣を歴任。日清戦争、三国干渉の外交処理を担当する。新島襄は早くに陸奥の神奈川県知事時代にアメリカから家族との通信上、交渉があった。陸奥は帰国後の新島にも同志社大学設立運動で協力し、寄付を行う。公使として渡米する彼のために新島は鹿鳴館で送別会(ただしアルコール抜き)を催す。

N

中浜万次郎(1827-1898) 幕臣。ジョン万次郎。土佐に生まれる。1841 年、出漁中、遭難したところをアメリカ船に救助され、渡米。10 年後に帰国したのち、幕府に召されて軍艦教授所教授などに抜擢され、翻訳などに従事。1860 年、通訳として咸臨丸で再渡米。江戸では新島襄を始め、海外の情報に飢えた青年たちの良き先達であった。

中島力造(1858-1918) 倫理学者。丹波出身。同志社英学校の最初の入学生のひとり。同志社を経てイェール大学などに留学し、帰国後、帝国大学教授になる。

中村栄助(1849-1938) 京都における代表的なクリスチャン実業家、政治家(府会・市会議長、代議士)。新島襄と山本覚馬*とに師事し、社員(理事)、総長(社長)代理として同志社を後援した。徳富蘇峰*についで新島から多数の手紙(日本語)をもらっている。早くに J.D. デイヴィス*から洗礼を受け、四条教会(現京都教会)の創立にかかわる。

のルームメイト。「大変静かで、素敵なクリスチャン青年」と新島は評している。アーモスト大学を 1868 年に卒業後、バンゴウ神学校、アンドーヴァー神学校*に学び、牧師となって、各地で伝道に従事する。

M

槇村正直(1834-1896)　萩藩出身。同志社英学校が設立された時の京都府権知事(実質的には知事)。京都博覧会で入京した大阪の宣教師、M.L. ゴードン*を相手に京都府顧問の山本覚馬*とともにキリスト教について熱心に討論する。当初は覚馬の献策もあり、キリスト教や同志社に好意的であったが、しだいに警戒心を抱くにいたった。聖書講義に関して新島襄が府に提出した「弁明書」はその好例である。

益田孝(1848-1938)　佐渡出身の実業家。三井財閥の大番頭として三井物産や三井鉱山などの発展に貢献した。同志社大学設立募金にも協力。

松方正義(1835-1924)　薩摩藩士。内務卿、大蔵卿を経て、最初の大蔵大臣。のち総理大臣。金融制度をめぐって早くから山本覚馬*と交流があった。新島襄も徳富蘇峰*の紹介で 1889 年に接触し、大学設立運動の協力を要請した。

松浦政泰(1864-1919)　伊予出身の教育者。同志社に学び、後、同志社女学校教頭、日本女子大学校(現日本女子大学)教授。村田勤とともにいち早く J.D. デイヴィス*による新島伝の翻訳に着手。格調高い文語訳として名高い。

松山高吉(1846-1935)　越後糸魚川出身。初期の組合教会の指導者で、聖書翻訳に尽力する。神戸で洗礼を受け、摂津第一基督公会(現神戸教会)の設立にかかわる。同志社にも教員、社員(理事)として貢献。「ジョー」の漢字化にあたって「譲」を避けて「襄」とすることを新島に進言。

ミッション・スクール　a mission school　ミッション(宣教師)が主導的に経営する学校。「同志社の核」となった「ラットランド*資金」の 5000 ドルを始め、初期の同志社は新島襄を始めとするスタッフ(人材)の経費はもちろん、土地、建物、設備、図書などほとんどすべてはミッション(アメリカン・ボード*)が支弁した学校、すなわち実質的にはミッション・スクールであった。ただ、神戸のミッション・スクール(現神戸女学院)と違って、「内陸部」の学校であるために表面上、法的には日本人の新島が校長となり、宣教師(同僚)を雇用して給与を支給するという形をとる必要があった。同志社の経営権がミッションから日本人の理事会(社員会)に正式に移行されるのは、開校 13 年目の 1888 年正月のことであった。☞ 25

ミッショナリー・バンド　Missionary Band　新島襄がアーモスト大学*時代に所属した学生サークル。アメリカン・ボード*がマドラスに派遣していた宣教師の J. スカッダーが大学を訪問したのを契機に 1846 年、J.H. シーリー*(後の学長)ら 6 人の学生が

小崎弘道(1856-1938)　「熊本バンド」の代表者。教会合同運動の推進者で新島襄と対立した。新島の臨終の際、新島八重、徳富蘇峰とともに遺言に立ち会う。新島の死後、臨時に同志社総長を務めた山本覚馬の後を受けて2代目総長に就任する。が、新島時代と違って、アメリカン・ボードとの関係がうまくゆかず、紛争が発生したために総長を辞任した。☞ 28 29

久保田米僊(1852-1906)　日本画家。本名寛。京都生まれ。京都府立画学校に創立から勤務。『京都日報』の挿絵が評判を得、1890年、徳富蘇峰から招かれて民友社に入社。『国民新聞』の日清戦争の絵入り通信が好評を博す。1907年、石川県工芸学校教授。

蔵原惟郭(1861-1949)　「熊本バンド」のひとり。同志社中退後、渡米して、アンドーヴァー神学校、オベリン大学で学ぶ。さらに渡英してエディンバラ大学に進む。留学中、新島襄の配慮にあずかる。帰国後、校長を経て、代議士として活躍した。蔵原惟人は次男。

来原彦太郎(1857-1917)　山口にて来原良蔵の長男として出生。1870年、鉱山学研究のためにアーモスト大学に留学。帰国後、帝国大学、大阪専門学校に学ぶ。1884年、伯父の木戸孝允の養子となり木戸孝正と改名。東宮侍従長、宮中顧問官、貴族院議員を歴任。彦太郎の留学中、新島襄は木戸とアメリカで直接交渉があった。木戸幸一(内大臣)は来原の長男。

L

ラーネッド　D.W. Learned(1848-1943)　ウイリストン・アカデミー、イェール大学卒の牧師、学者。アメリカン・ボードから日本に派遣された宣教師で、J.D. デイヴィスと並ぶ初期同志社の中軸的教員。半世紀にわたって同志社で教鞭をとり、同志社大学の初代学長をも務めた。さすがの「熊本バンド」の学生も、ラーネッドには一目置いていた。初期にはあらゆる教科を手掛けたが、なかでもユニークなのは「体育」である。同志社はチャペル(木造)よりも早くに「運動場」(体育館である)を建築するなど、体育の先進校であった。京田辺校地の「ラーネッド記念図書館」に名前が残されている。

リンカーン　A. Lincoln(1809-1865)　アメリカ合衆国第16代大統領。新島襄はアメリカの大統領制への憧れを抱いて渡米したが、彼を待っていたのはリンカーン大統領の「暗殺」事件であり、A. ジョンソン大統領の「弾劾」問題であった。新島は2度目の渡米のおりに(1885年4月29日)S.G. クリーヴランド大統領とホワイト・ハウスで握手する機会があった。また、アーモスト大学のジョンソン・チャペルの正面には卒業生の中から新島とC. クーリッジ大統領のふたりの肖像画がかけられている。

リヴァモア　A. Livermore(1843-1909)　アーモスト大学における新島襄の1年目

新島は大変信頼した。後半生は、新島の故郷、安中教会の伝道に徹した。

勝海舟(1823-1899)　幕臣。安芳。新島襄は津田仙*から勝を紹介されて以来、数回、面談。心から師事し、指導を仰いだ。新島が勝に揮毫してもらった「六然の書」は「新島旧邸」の応接間に今も往時そのままにかけられている。勝は新島の葬儀には徳富蘇峰*の依頼で幟に大書したばかりか、墓の碑文をも書いた。☞ 47

川田剛(1830-1896)　号は甕江。漢学者。備中松山藩士(玉島出身)。快風丸*の購入に関与。添川廉斎*の死後、安中藩でも漢学を教えた。江戸の川田塾で新島襄に漢学を教え、快風丸への乗船にあたっては、斡旋の労をとった。留学中の新島へ弟(双六*)の死を知らせた。川田は双六の師でもあった。後、帝国大学教授。歌人、川田順の父。

川勝広道(1830-1888)　光之輔。陸軍兵学寮の校長。新島襄の師。新島は洋学を学ぶために1864年、駿河台袋町の彼の塾に寄宿した。友人に田中浩造(長岡藩)、鈴木熊六(松前藩)、郁尾四郎(同)がいて、箱館航海の出立の際、彼らから餞別をもらった。

川崎正蔵(1837-1912)　川崎造船の経営者。神戸布引の自宅に井上馨*をよく泊めた。

木戸孝允(1833-1877)　長州出身。木戸は桂小五郎時代に京都で山本覚馬*とすでに面識が生まれている。薩長同盟(のちに同志社の校地となる薩摩藩邸で結ばれた)にも関与。岩倉遣外使節団*の副使としてワシントンのアーリントン・ハウスで新島襄と会い、以後親交を結ぶ。新島の療養先のヴィースバーデン(ドイツ)でも再会する。「大阪会議」のおりには伊藤博文*とともに新島の学校設立運動に協力した。☞ 23

北垣国道(1836-1916)　鳥取藩士の長男として但馬(兵庫県)で誕生。京都府知事。「任他主義」で府政を統治し、キリスト教にも理解があった。そのため、同志社にとっては初めて教会堂(京都第二公会)建築や宗教講演会開催が実現できた。同志社の学生(林拾)に奨学金を支給した。子女の教育を新島襄に託したほか、長女(とく)を「熊本バンド」の下村孝太郎*に嫁がせた。日記「塵海」には新島に関する記述が多く見られる。内務次官、北海道長官を歴任。

講武所　幕末の幕府の武術調練機関。砲術や剣術、水泳などを教授した。1856年、江戸築地に開設され、1860年に小川町に移転。1866年に陸軍所と改称。

児島惟謙(1837-1908)　大津事件(1891年)で司法の独立を守った大審院長。大阪控訴院長のおり、新島襄に協力して、大阪の自宅を提供して同志社大学設立募金集会を開いた。

古木虎三郎(1854-1913)　牧師。大和郡山出身。同志社に入学した翌年、大阪の天満教会から招かれて牧師に就任。後、高梁教会、島之内教会などで伝道に尽力する。

鴻池善右衛門　鴻池本家の当主の通称。初代の両替商以来、金融や新田開発などで財を築き、大阪を代表する豪商となった。維新以後、銀行業などに転じた。新島襄が接触したのは12代目の鴻池翠屋(すいおく)(通称鴻池屋新十郎)か。

われなかった、③留守中の若い教師の判断ミスの責任を無実の校長が「代わりに」背負った、④現場にいた「全員」が感涙にむせんだ、といった点などに関しては改めて検証が必要であろう。☞ 35

ジョセフ・ヒコ(1837-1897) Joseph Heco. 浜田彦蔵。播磨出身の通訳、貿易商。漂流中、救助され渡米。ボルチモアでカトリックの洗礼を受け、ジョセフを名乗る。10 年近く滞米のあと、帰化(日系米人第 1 号)し、アメリカ領事の通訳として帰国。以来、日米外交に活躍する。後、実業に転じ、貿易商社の経営、最初の新聞『海外新聞』の創刊などを手がける。在米中の新島襄は留守家族との手紙の取り次ぎを彼に期待した。

K

快風丸 1862 年、備中松山藩が山田方谷らの尽力で購入した洋式帆船。ニューヨーク製で、180 トン。新島襄は備中松山藩主・板倉勝静*の許可を得て、この船で玉島ならびに箱館へ航海した。☞ 1

夏季学校 日本キリスト教青年会(YMCA)が主催した修養会。1889 年 L. D. L. ウイシャード*の来日を契機に、D.L. ムーディー*がノースフィールドで開いていたサマー・スクールをモデルにして同志社で第 1 回が 12 日間開催された。新島襄の名声を慕う者を始め、全国から 467 人が参加した。

金森通倫(1857-1945) 「熊本バンド」の中でまっさきに同志社に入学し、新島襄から洗礼を受ける(新島が授洗した第 1 号)。卒業後、岡山伝道の成果を買われて、同志社教師に招聘された。新島の晩年、新島に代わって校長代理、仮牧師を務め、大学設立運動でも活躍。新島の後継者と目されたが、新島の「遺言」中の金森に関する人物評が原因で同志社を去り、東京で伝道に従事する。

加納格太郎(1834？-1907) 備中松山藩士。同藩で中小姓を務め、江戸詰では御供番句読師兼帯、銀三枚二人扶持であった。快風丸*で新島襄の玉島航海に同船した翌年、同船が箱館へ航海することを新島に教えた。新島は帰国後、高梁に加納を訪ね、汁粉を振る舞われた。昔、箱館行きのおり、加納が送別のために新島を料理屋に誘ったところ、新島が「酒はいや。汁粉をくれ」と言ったことを加納は覚えており、「別れの時が汁粉なら、会う時も汁粉」となった。2000 年 8 月、高見彰氏(総社市)の調査により頼久寺(高梁市)に墓碑があることが判明し、永眠日が 1907 年 3 月 16 日(享年 73)と特定された。

柏木義円(1860-1938) 越後出身の教育者、牧師。小学校の校長を経て同志社に入学するが、学資が続かず退学し、校長に復職。その間に安中教会で「熊本バンド」のひとり海老名弾正*から洗礼を受け、新島にそれを知らせた。同志社に再入学した柏木を

祀官。

板垣退助(1837-1919)　土佐出身の政治家。立志社を組織し自由民権運動に従事。岐阜で暴漢に襲われて負傷した際、新島襄は攪拌機と食材を大阪まで持参して、板垣にミルク・セーキを自ら作って飲ませた。

伊藤博文(1841-1909)　長州藩出身。岩倉遣外使節団*に副使として参加したさいに留学中の新島襄と接触の機会があったと考えられる。帰国直後、新島は横浜から神戸に赴く際に「大阪会議」(1875年)に向かう伊藤と同船して、船上で面談を重ねている。M.L. ゴードン夫人の証言によると、伊藤は木戸孝允*とともに「大阪会議」のかたわら、新島が仮寓していたゴードン*の住宅(大阪・川口居留地)でしばしば新島と学校設立の協議を交わしたという。総理大臣時代を含めて2度にわたって同志社を視察し、寄付もした。☞ 23

岩倉遣外使節団　条約改正の予備交渉のために維新政府が1871年から1873年にかけて欧米に派遣した外交使節団。留学中の新島襄には木戸孝允*(副使)や田中不二麿*(文部理事官)と接触できる絶好の機会となった。伊藤博文*(副使)とも交渉があったようである。森有礼*(少弁務使)をも含めて、アメリカで始まった彼らとの交流は、帰国後の新島の学校設立運動に計り知れない恩恵を与えた。

岩倉具視(1825-1883)　幕末・維新期の政治家。公家。維新政府では右大臣となり、1871年、岩倉遣外使節団*の団長(正使)として欧米を視察した。新島襄は岩倉とは直接に面談する機会はなかった。

岩崎久弥(1865-1955)　土佐出身。三菱財閥の創始者である岩崎弥太郎の長男。岩崎弥之助*とともに三菱財閥の発展に尽力。文化事業にも関心が高く、東洋文庫を設立した。同志社大学設立運動に協力して寄付を行う。

岩崎弥之助(1851-1908)　土佐出身。岩崎弥太郎の弟。弥太郎の後を継いで三菱財閥の基礎を築いた。日銀総裁にも就任。同志社大学設立運動に協力して寄付を行う。

J

ジェーンズ　L.L. Janes(1838-1910)　ウエスト・ポイント士官学校卒の砲兵大尉。熊本洋学校に招かれ、全学生をひとりで教える。同校の廃校後、「熊本バンド」を同志社に転入・進学させる。自身も同志社に招聘される予定であったが、いったん帰国した際に夫人から離婚訴訟を起こされ、同志社への道を断たれた。☞ 28

「自責の杖」事件　新島襄をめぐる出来事のなかではもっともよく知られた事件(1880年)。その時折れた杖はいわば「社宝」として今も大切に新島遺品庫に収蔵されている。ただ、史実が「伝説」化されるにしたがって尾ひれもつきやすい。①紛争は新島校長の「留守中」に発生、②この事件ですべてが「解決」したので「処分」は行

I

市原盛宏(1858-1915)　「熊本バンド」のひとり。同志社卒業後、ただちに同志社教員となるが、仙台の宮城英学校(同志社分校)の開校に伴い、新島襄の代理(副校長)として転出。イェール大学留学後、同志社政法学校教頭に就任するが、のち実業界に転身。横浜市長、日銀局長、朝鮮銀行総裁などを歴任する。

家永豊吉(1862-1936)　一時、辻姓を名乗る。「熊本バンド」のひとり。同志社に不満を抱いて中退した後、ジョンズ・ホプキンス大学に留学し、帰国後に東京専門学校(現早稲田大学)講師、慶応義塾大学教授を歴任する。後、再渡米してシカゴ大学教授になる。

飯田逸之助(生没年不詳)　安中藩目付役。添川廉斎*の門弟。新島の密出国に理解を示し、藩主に斡旋の労をとった。新島はアメリカから帰国の手立てをも相談している。

池袋清風(1847-1900)　日向都城出身の桂園派歌人。33歳で同志社に入学後も、学友を集めて結社し、和歌の指導を行う。在学中、M.L.ゴードン*から洗礼を受ける。卒業後は同志社女学校教員や同志社図書館司書などを務める。記録を残すことに生きがいを感じ、詳細な日記(『池袋清風日記』)をつけた。

池本吉治(1865-1917)　熊本出身のジャーナリスト。徳富蘇峰*が熊本に開いた私塾、大江義塾に学ぶ。後、同志社に進むが、中退して東京に転出し、『青年思海』に参加する。東京専門学校(現早稲田大学)を卒業後、民友社に入社。国民新聞の翻訳主任として人見一太郎*とともに蘇峰の信頼が厚かった。教会合同運動では新島を支援した。退社後は九州に戻り、『九州日日』、『福岡日日』記者となる。池本吉治編『新嶋先生就眠始末』(1890年)がある。

井上馨(1836-1915)　長州藩士。外務卿を経て、伊藤博文*内閣に初代外務大臣として入閣。伊藤とともに欧化政策を推進し、一時、キリスト教に接近。新島襄のキリスト教主義大学の設立運動にも大隈重信*や青木周蔵*などと肩入れした。同志社を視察した後、寄付を行った。

板倉勝明(1809-1857)　新島襄が仕えた安中藩主。日本の藩主のなかでは「もっとも優れた学者」と新島は敬慕した。学問を好み、田島順輔*、添川廉斎*、山田三川などの学者を招いた。厖大な「甘雨亭叢書」を編纂。弟の板倉勝殷が後を継ぎ、蘭学の学習を禁じたりしたために文教政策はいっきょに後退した。

板倉勝静(1823-1889)　備中松山藩主。快風丸*を購入して商取引に当たらせる。最後の主席老中として徳川慶喜に仕える。新島襄に玉島航海と箱館航海とを許可したことが、彼の密出国に道を開く結果になった。戊辰戦争では敗者となり変名して箱館まで落ちのびるが、家臣の説得で新政府に自首。安中藩お預けとなり、晩年は上野東照宮

年に移り住んだ。その後、彼は同地出身の女性と結婚し、同地に住み着いた。M.E. ヒドゥンは彼ら夫妻の長女で、アボット・アカデミー(女子校)を卒業。新島が住んだヒドゥン邸は 1811 年の建造で、今もフィリップス・アカデミー近くのヒドゥン通りに建っている。☞ 15

広津友信(1865-1937)　福岡県出身。教育者。同志社在学中は同志社教会会員として新島襄から深い信頼を受ける。卒業後、新島の要請で新潟教会の伝道師になるが、まもなくアメリカに留学してイェール大学、ハーヴァード大学で学び、帰国後は同志社に復帰して校長心得を務める。新島八重*の養女、甘糟初子(山形県出身)と結婚。後半生は岡山と山形の旧制高等学校で英語の教授を務める。

ヒチコック E. Hitchcock(1828-1911)　アーモスト大学*第 3 代学長の E. ヒチコック(同名)の息子で、アーモスト大学を J.H. シーリー*などと卒業した後、ハーヴァード大学で医学を学び医師となる。英国留学後、母校に招かれてアーモスト大学で生理学、衛生学、体育を教えた。新島襄は彼から「人体構造と生理学」を学び、不眠症の治療をも受けている。ヒチコックの教え子の G.A. リーランドは日本政府から招かれて体操伝習所の教授として「日本の学校体育の父」となった。☞ 20

人見一太郎(1865-1924)　ジャーナリスト。号は呑牛。熊本県宇土出身。1884 年、熊本師範学校卒。小学校教員の時に徳富蘇峰*に見い出だされて大江義塾(熊本)に招かれ、蘇峰の秘書兼教員となる。後、徳富蘆花*によると民友社社員(新聞記者)として蘇峰の「唯一無二の女房役」となり、蘆花夫妻の媒酌人にもなった。教会合同運動では新島の「手足」となって活躍した。日清戦争後、民友社を退社し、後藤新平に認められて台湾総督府に出仕したり、大里製糖会社の創立などに尽力した。

ホランド　W.J. Holland(1848-1932)　新島襄はアーモスト大学*の学寮で 3 年間を過ごした。ルームメイトは、1 年目が A. リヴァモア*、2 年目が W.J. ホランド、そして 3 年目が G.E. サザランド*である。ホランドは新島よりも 5 歳年下であったが、残る 2 人は奇しくも新島と同年であった。信仰の点から見て、また趣味(スケッチや鉱物採集)からいって、新島はホランドとの親交をもっとも楽しんだ。ホランドの父はモラヴィア派の宣教師で、息子を同派の学校に送った。ホランドはアーモスト大学を卒業後は、諸学校の校長、牧師などを務めた。当時、妹のひとりがこっそりと新島にスリッパを贈ってもいる。後にウエスト・ペンシルヴァニア大学(現ピッツバーグ大学)の学長、カーネギー博物館長に就任した。1887 年、日食観測のために来日した際、新島を京都に訪ねた。☞ 21

本間重慶(1856-1933)　牧師。伊勢出身。同志社英学校の最初の入学生のひとり。平安教会、彦根教会、天満教会、神戸教会などで伝道に尽力する。

H

原六郎(1842-1933)　鳥取藩士。銀行家。明治維新後、渡英して銀行論を学ぶ。1871年にボストンで新島襄に会う。帰国後に第百国立銀行を創設。同志社の後援者となり、新島の大学設立運動にも協力的であった。北垣国道*の媒酌、新島の司式により土倉庄三郎*の長女(同志社女学校で学んだ富子)と結婚。晩年、洗礼を受けてクリスチャンとなる。

原田直次郎(1863-1899)　洋画家。新島襄や山崎為徳(「熊本バンド」のひとり)の肖像画を残す。岡山藩士の子として江戸で誕生。大阪と東京とでフランス語を学習した後、渡独しミュンヘン・アカデミーで絵画を本格的に学ぶ。同国で森鷗外との交流が始まり、『うたかたの記』の主人公のモデルとなる。帰国後、自宅に画塾を設けて、伊藤快彦(よしひこ)や和田英作などを指導。鷗外『舞姫』などの挿絵をも担当する。

ハーディー　A. Hardy(1815-1887)　ボストンのクリスチャン実業家で新島襄の養父。当初は牧師を目指して、フィリップス・アカデミーに入学するが、病気のために中退。牧師になるかわりに実業を天職として神に仕える道を選び、銀行頭取やハーディー商会などの経営者として巨額の利益をあげた。それを海外伝道や教会、キリスト教教育などに惜し気もなく献金した。アメリカン・ボード*の役員を永年務め、新島から「日本ミッションの父」と評価された。ハサミを足の上に落とした事故が原因で敗血症にかかり、71歳で死去した。☞ **13**

ハーディー　S.H. Hardy(1817-1904)　ボストン出身。A.ハーディー*夫人(スーザン)。新島襄にとっては「アメリカの母」のひとりで、「神を敬い、キリストを信じる温和で賢明な女性」であった。新島とJ.M.シアーズ*といういわばふたりの「養子」のほかに4人の実子(息子)に恵まれたばかりか、新島の死後も14年長生きし、87歳の長寿を楽しんだ。☞ **16** **20**

ハリス　J.N. Harris(1815-1896)　アメリカのコネティカット州ニューロンドンの実業家、市長、議会議員。同地在住のD.W.ラーネッド*の母の周旋で同志社に巨額の寄付を行った。それをもとに同志社はハリス理化学館を建築し、ハリス理化学校を開校した。

速水とき(1840-1905)　新島襄の4番目の姉。速水林次(忠雄)と結婚し、維新のおりに越後椎谷に転じたあと、安中、京都へと移り住む。京都第二公会でM.L.ゴードン*から洗礼を受ける。

ヒドゥン　M.E. Hidden(1818-1896)　マサチューセッツ州アンドーヴァー在住の独身女性で、フィリップス・アカデミーに入学した新島襄をホームステイさせた。彼女の父は建築家で、アンドーヴァー神学校*の校舎建築のためにアンドーヴァーに1816

F

フリント　E. Flint　Jr.(1828-1882)　フィリップス・アカデミー、ウイリアムズ大学を卒業後、一時、学校教師、校長を務めたが、牧師になる召命を感じて、1865年に37歳でアンドーヴァー神学校*に入学。在学中、M.E. ヒドゥン*邸で同居した新島襄の家庭教師を妻(オリラ)と共に引き受けた。1867年に卒業後、ヒンズデールの教会に牧師として赴任。休暇中の新島をしばしば招いて、山登り、木の実の採集、魚釣り、スケッチなどを楽しませた。出身地のリンカーン(マサチューセッツ州)にある墓には「善き働き」(“WELL DONE”)と刻まれている。☞ 17

藤田伝三郎(1841-1912)　実業家。西南戦争で得た巨利で藤田組を創立し、関西財界の有力者となる。新島襄の同志社大学設立運動のために寄付を行う。

福士成豊(1838-1922)　卯之吉。北海道開拓事業の功労者。箱館築島にあるポーター商会の店員(日本人書記)のおり、沢辺数馬*から新島襄を紹介された。新島をW.T. セイヴォリー*船長に紹介して、新島の密出国を義侠的に手伝う。23年後の1887年、新島夫妻の避暑のために札幌の持ち家を提供した。

フラー　H.T. Fuller(1838-1908)　ウースター工科大学(Worcester Polytechnic Institute)学長。新島襄は2度目の渡米のおりにウースター在住のフラーに招待され、2、3日ともに過ごしている。彼の大学へは下村孝太郎*が進学した。

G

ゴードン　M.L. Gordon(1843-1900)　アンドーヴァー神学校*、ニューヨークの医学校を卒業後、アメリカン・ボード*から日本に医療宣教師として派遣された。最初は大阪・川口居留地に住み、帰国した新島襄を仮寓させた。後、同志社で神学、音楽を教えた。新島の家族に洗礼を施した。

後藤象二郎(1838-1897)　土佐出身。大政奉還に尽力。自由党の有力メンバーで自由民権運動に従事。1889年、黒田内閣に入閣したおり、新島襄の同志社大学設立運動に協力し、寄付も行った。

グリーン　D.C. Greene(1843-1913)　夫人(メアリ)とともにアメリカン・ボード*が日本に派遣した最初の宣教師。新島襄が帰国した時、“Neesima”ではなく、“Nijima”と署名するように進言。同志社教師として彰栄館、同志社チャペル、書籍館(有終館)を設計した。☞ 6

軍艦操練所　幕末の幕府海軍調練機関。1857年、江戸築地の講武所に併設され、測量術などを教えた。新島襄は軍艦教授所時代にここで主として数学を学んだ。1866年に海軍所と改称。

帰国後の新島が行った諸々の要請をアメリカン・ボード（運営委員会）に好意的に取り次いだ。新島が２度目の渡米のおり、クリフトン・スプリングスで長期間、ともに湯治した。この時、クラークがさきに退所するのを見た同地のふたりの小さな女の子が、別々に「彼がいなくなって寂しいでしょう」と新島に同情したほど、親密な間柄であった。なお、札幌農学校教頭のW.S.クラークとは血縁的なつながりはない。

D

デイヴィス　J.D. Davis（1838-1910）　アメリカン・ボード*派遣の宣教師。ベロイト大学、シカゴ神学校卒。最初は神戸、ついで京都に転じ、新島襄とふたりで同志社最初の教員となる。「内陸部」という京都の特殊性から同志社の場合は法的には日本人の新島が校長に就任する必要があった。が、実質的にはすべてがミッション主導であったために「陰の校長」は当初、デイヴィスであった。同僚のD.W.ラーネッド*は、「初期の同志社には校長がふたりいた。新島とデイヴィスで、後者のほうが名前（Jerome Dean Davis）が示すとおり、学長（Dean）であった」と見る。京田辺校地の「デイヴィス記念講堂」に名前が残されている。新島と気質を同じくし、新島の死後、英文の新島伝をいち早く著した。

ドーン　E.T. Doane（1820-1890）　アメリカン・ボード*宣教師。J.D.デイヴィス*（同志社教員）夫人（ソフィア）の姉である妻（クララ）の健康上ポナペから同志社に転じ、「熊本バンド」に神学を教えたが、きわめて不評であった。音楽の素養があり、同志社における最初の「音楽」（Singing）教師でもある。自宅に京都第三公会を設置し、仮牧師となった。夫人の失踪事件のために帰米。

土倉庄三郎（1840-1917）　奈良大滝村の山林地主。政治家との交際が深く、新島襄の大学設立運動にも多額の寄付を行った。子女の大半を同志社（男女各校）に入学させた。新島も大滝村の土倉邸を訪ねて５泊し、同家で中島信行とも面会した。新島は土倉の長女（富子）と原六郎*との結婚式を司式した。

E

海老名弾正（1856-1937）　「熊本バンド」のひとり。同志社卒業後、安中教会や本郷教会（現弓町本郷教会）などで牧師を務める。同志社総長。

榎本武揚（1836-1908）　幕臣。戊辰戦争中、五稜郭で政府軍に反抗。のち政府高官となり、逓信、文部、外務、農商務の各大臣を歴任。逓信大臣時代に新島襄の同志社大学設立運動に協力。

青木周蔵(1844-1914)　長門(山口県)出身の外交官。井上馨*外務大臣のもとで外務次官を務めたおり、新島襄の大学設立運動に協力した。ドイツ滞在中に洗礼を受け、ドイツ貴族の妹と結婚。後、外務大臣、各国の公使を歴任した。

新井毫(1858-1902)　上野国(群馬県)出身の政治家。自由民権運動で活躍後、井上馨*、土倉庄三郎*、新島襄などの事業に協力する。湯浅治郎*などと最初の代議士となる。

B

バラ　J.H. Ballagh(1832-1920)　オランダ改革派の宣教師。1861年に来日し、日本における最初のプロテスタント教会、横浜公会(現横浜海岸教会)の仮牧師に就任。「横浜バンド」の指導者。

ベルツ　E. Bälz(1849-1913)　お雇い外国人(帝国大学教授)でドイツ人内科医。新島襄は森有礼*文部大臣の紹介で診察を受けた。

ベルリン号　the Berlin　長崎のトーマス・ウォルシュ商会所有の2本マストの船で、207トン。ニューヨークで1855年に建造。新島襄を箱館から上海まで運んだ。当時の船長はW.T. セイヴォリー*。その後、1865年に福井藩が購入して、松平春嶽によって富有丸と命名された。1868年、戊辰戦争で沈没。☞ 4

ベリー　J.C. Berry(1847-1936)　アメリカン・ボード*医療宣教師。岡山で医師として活躍しているおり、新島から同志社病院院長に招聘される。晩年はボストン西方のウースターで開業。☞ 38

ブリッジマン　E.C. Bridgman(1801-1861)　アメリカン・ボード*から上海に派遣された宣教師。中国名は裨治文。アーモスト大学*、アンドーヴァー神学校*卒(いずれも新島襄の先輩に当たる)。聖書の漢訳を始め、新島襄に大きな影響を与えた『連邦志略*』などの著書を漢文で著した。

ブラウン　S.R. Brown(1810-1880)　1859年に来日のオランダ改革派宣教師。横浜に在住。いったん帰米したおり、留学中の新島襄をアーモストに訪ねた。1869年に再来日し、越後に赴任。その途次、安中で新島の祖父、父に出会う。のち、横浜に転じる。新島は日本の家族と通信する際に横浜在住の彼を頼りにした。

C

クラーク　N.G. Clark(1825-1896)　アンドーヴァー神学校*を経て、オーバン神学校に学ぶ。J.H. シーリー*とは早くからの親友である。アメリカン・ボード*総幹事を長く務め、新島襄を側面から援助した。アメリカン・ボードが日本伝道を開始する契機は、アーモスト大学*に留学中の新島がクラークにその必要性を直訴したことにある。クラークもまた日本伝道、ならびにウーマンズ・ボードによる伝道活動に理解が深く、

注

A

アメリカン・ボード　American Board of Commissioners for Foreign Missions　会衆派教会系の宣教師派遣団体。新島襄はこのミッション・ボードから「準宣教師」として派遣された。ミッション・ボードの窓口となった総幹事のN.G.クラーク*は、新島の恩師、J.H.シーリー*の親友であったし、運営委員長は養父のA.ハーディー*であったのも新島には大いに幸いした。新島が教会合同運動に批判的であったのは、もちろん教会政治に関する主義の相違が根本的であるが、合同によりこのミッション・ボードから同志社への援助が途切れるのではないか、との懸念が底流にあったのも事実である。なお、女性宣教師は主として同系のウーマンズ・ボードから派遣された。☞ 25

アーモスト大学　Amherst College　1821年創設のリベラル・アーツ・カレッジ。ハーヴァード大学がユニテリアン化したことを憂える人たちが、ピューリタン*の信仰を堅持するために「敬虔の念と才能をもった貧しい青年を牧師にする」ことを目標にアーモスト大学を建学した。新島襄が入学するまでの学長はすべて牧師経験者であり、新島の卒業後に学長となった恩師のJ.H.シーリー*もそうである。新島在学当時、学生は約250名(男性)、教授陣(男性)は19名で、いずれも学内に居住した。現在でも小人数教育に徹しており、在学生は1,650名(1999年)である。ただし1975年から共学。同志社大学にはアーモスト大学ゆかりの建物として「アーモスト館」がある。なお、近年では社会的には「アマースト」表記が主流になりつつある。☞ 19

アンドーヴァー論争　Andover controversy　1886年にアンドーヴァー神学校*の教授が説いた神学が引き起こした論争。悔い改めずに死去した霊魂が、死後、悔い改めることが可能かどうかをめぐる論争。同年のアメリカン・ボード*年会で問題とされ、新神学を支持する宣教師候補者が任命を拒否された。A.ハーディー*は新神学には反対であったが、問題の処理の仕方に疑問を感じ、永年務めたアメリカン・ボードの役員を辞任した。新島襄は「進歩的な神学」そのものには同情的であった。

アンドーヴァー神学校　Andover Theological Seminary　1807年創立。会衆派教会系の神学校としてはアメリカ最古で、いわゆる「ニューイングランド神学」の砦。新島襄はこの神学校が生んだ176人目の宣教師であった。1886年、「アンドーヴァー論争*」の舞台となる。新島の時代はアンドーヴァーのフィリップス・アカデミーの校地にあったが、現在はボストン郊外のニュートンに移転して他派の神学校と合同し、アンドーヴァー・ニュートン神学校と改称。

(161) 同志社社史資料室

(162) 同志社社史資料室

(163)『新島襄―その時代と生涯―』

(164) 同志社社史資料室

(100) 同志社社史資料室
(101)『新島襄―その時代と生涯―』
(102) 同志社社史資料室
(103) 同志社社史資料室
(104) 同志社社史資料室
(105) 同志社社史資料室
(106) 同志社社史資料室
(107) 同志社社史資料室
(108)『新島襄―その時代と生涯―』
(109)『新島襄―その時代と生涯―』
(110) 同志社社史資料室
(111) 同志社社史資料室

《コラム・その3》

(112) 同志社社史資料室
(113)『新島襄―その時代と生涯―』
(114)『新島襄―その時代と生涯―』
(115)『新島襄―その時代と生涯―』
(116) 同志社社史資料室
(117) 同志社社史資料室
(118)『新島襄―その時代と生涯―』
(119) 同志社社史資料室
(120)『新島襄―その時代と生涯―』
(121)『新島襄―その時代と生涯―』
(122)『新島襄―その時代と生涯―』
(123) 同志社社史資料室

《第4章》

(124) 同志社社史資料室
(125) 同志社社史資料室
(126) 同志社社史資料室
(127) 徳富蘇峰『蘇峰自伝』(中央公論社、1935年)
(128) 日本女子大学成瀬記念館
(129)『新島襄―その時代と生涯―』
(130)『新島襄―その時代と生涯―』
(131)『新島襄全集』III
(132) 同志社社史資料室
(133) 同志社社史資料室
(134) 同志社社史資料室
(135)『新島襄―その時代と生涯―』
(136)『新島襄―その時代と生涯―』
(137) 同志社社史資料室
(138) 同志社社史資料室
(139)『新島襄―その時代と生涯―』
(140)『新島襄―その時代と生涯―』
(141) 同志社社史資料室
(142)『新島襄―その時代と生涯―』
(143)『新島襄―その時代と生涯―』
(144)『新島襄―その時代と生涯―』
(145) 同志社社史資料室
(146) 同志社社史資料室
(147) 本井康博『写真で見る新潟教会の歩み――1886〜1986』(日本キリスト教団新潟教会、1986年)
(148)『新島襄―その時代と生涯―』
(149) 同志社社史資料室
(150)『新島襄―その時代と生涯―』
(151) 同志社社史資料室
(152) 同志社社史資料室

《コラム・その4》

(153)『新島襄―その時代と生涯―』
(154)『新島襄―その時代と生涯―』
(155)『新島襄―その時代と生涯―』
(156)『新島襄―その時代と生涯―』
(157)『大漢語林』(大修館書店、1992年)
(158)『新島襄―その時代と生涯―』
(159)『新島襄―その時代と生涯―』
(160) 同志社社史資料室

(54)『新島襄—その時代と生涯—』
(55) 石黒コレクション保存会
(56)『新島襄—その時代と生涯—』
(57) 同志社社史資料室
(58)『新島襄—その時代と生涯—』
(59) 同志社社史資料室
(60)『新島襄全集』VII
(61)『新島襄—その時代と生涯—』
(62)『新島襄—その時代と生涯—』
(63)『新島襄—その時代と生涯—』
(64) 同志社社史資料室

《コラム・その2》

(65) 同志社社史資料室
(66) *Andover 1998-1999*, Phillips Academy, 1999
(67)『新島襄—その時代と生涯—』
(68) Amherst College Archives and Special Collections (by permission of the Trustees of Amherst College)
(69) 井上勝也『新島襄　人と思想』(晃洋書房、1990年)
(70) Amherst College Archives and Special Collections (by permission of the Trustees of Amherst College)
(71)『新島襄とアーモスト大学』
(72) C.M. Fuess, *Amherst, The Story of a New England College*, Little, Brown, and Company, 1935
(73)『新島襄—その時代と生涯—』
(74)『新島襄—その時代と生涯—』
(75)『新島襄—その時代と生涯—』
(76)『新島襄—その時代と生涯—』

《第3章》

(77)『新島襄—その時代と生涯—』
(78)『新島襄—その時代と生涯—』
(79)『日本人の100年』5 (世界文化社、1962年)
(80)『新島襄全集』VI(口絵)
(81)『新島襄—その時代と生涯—』
(82) 同志社社史資料室
(83) 佐波亘編『植村正久と其の時代』5 (教文館、1976年)
(84)『新島襄—その時代と生涯—』
(85)『新島襄—その時代と生涯—』
(86) 犬塚孝明『寺島宗則』(吉川弘文堂、1990年)
(87) 同志社社史資料室
(88) 同志社社史資料室
(89) 同志社社史資料室
(90) 竹中正夫『神戸女子神学校物語』(教文館、2000年)
(91)『新島襄—その時代と生涯—』
(92) 同志社社史資料室
(93) 同志社社史資料室
(94) W.S. Tyler, *History of Amherst College during its First Half Century, 1821-1871*, Clark W. Bryan and Company, 1873
(95) 同志社社史資料室
(96)『新島襄—その時代と生涯—』
(97)『新島襄—その時代と生涯—』
(98)『人物探訪　日本の歴史』18(暁教育図書、1975年)
(99) 伊谷隆一編『柏木義円集』1 (未来社、1970年)

写真・挿図類の出典・所蔵(提供)者一覧表

《口絵》

① 同志社編『新島襄—その時代と生涯—』(同志社、1993年)
② 同志社社史資料室
③『新島襄—その時代と生涯—』
④『新島襄—その時代と生涯—』
⑤ 同志社社史資料室
⑥ 高梁市歴史美術館
⑦『新島襄—その時代と生涯—』
⑧ 同志社社史資料室
⑨『新島襄—その時代と生涯—』
⑩『新島襄—その時代と生涯—』
⑪ 同志社社史資料室
⑫『新島襄—その時代と生涯—』
⑬『新島襄—その時代と生涯—』
⑭『新島襄全集』III(口絵、同朋舎、1987年)
⑮『新島襄—その時代と生涯—』
⑯『新島襄—その時代と生涯—』

《第1章》

⑰『新島襄—その時代と生涯—』
⑱『新島襄—その時代と生涯—』
⑲ 同志社社史資料室
⑳『新島襄—その時代と生涯—』
(21)『新島襄全集』V
(22) 函館市立函館図書館
(23)『新島襄全集』V
(24) 福永久寿衛『沢辺琢磨の生涯』(沢辺琢磨伝刊行会、1979年)
(25)『新島襄—その時代と生涯—』
(26)『新島襄—その時代と生涯—』
(27)『新島襄—その時代と生涯—』
(28)『新島襄—その時代と生涯—』
(29) 同志社社史資料室

《コラム・その1》

(30) 岡山県高梁市
(31) 函館市立函館図書館
(32)『新島襄—その時代と生涯—』
(33)『新島襄—その時代と生涯—』
(34)『新島襄—その時代と生涯—』
(35) 同志社社史資料室
(36) 同志社社史資料室
(37)『新島襄—その時代と生涯—』
(38) 同志社社史資料室
(39) 同志社社史資料室
(40) 同志社社史資料室
(41)『新島襄—その時代と生涯—』

《第2章》

(42) 同志社社史資料室
(43)『新島襄—その時代と生涯—』
(44) 同志社社史資料室
(45)『新島襄—その時代と生涯—』
(46)『新島襄全集』III
(47)『新島襄—その時代と生涯—』
(48) 同志社社史資料室
(49)『新島襄全集』VI(口絵)
(50)『新島襄—その時代と生涯—』
(51)『新島襄—その時代と生涯—』
(52) 同志社社史資料室
(53)『新島襄—その時代と生涯—』

P

R

S

J

K

L

F

G

H

I

人名索引

＊　太字の数字は注のページを示す。

現代語で読む新島襄
Neesima Joe for Today's Readers

2000 年 11 月 29 日　発　　行
2022 年 4 月 1 日　第22刷発行

編　者　学校法人 同志社
『現代語で読む新島襄』編集委員会

発行者　池　田　和　博

発行所　丸善出版株式会社
〒101-0051 東京都千代田区神田神保町二丁目17番
編集：電話 (03)3512-3261／FAX (03)3512-3272
営業：電話 (03)3512-3256／FAX (03)3512-3270
https://www.maruzen-publishing.co.jp

組版印刷・富士美術印刷株式会社／製本・株式会社 松岳社

ISBN 978-4-621-04806-1 C 0095　　Printed in Japan